DUMONT
RICHTIG WANDERN

# *Norwegen*

**Sabine Gorsemann**
**Christian Kaiser**

50 km

Kristiansund ⑤   Orka

⑥

Ålesund   Sunndalsøra   Oppd

⑬   Åndalsnes   70

Valldal   ⑩   ⑦   Snøhetta

Måløy   ⑫   2286 m   ⑧

Geiranger   9

⑪   15   Dombås

Nordfjord   Loen   ⑭   Ro

Florø   Lom   Otta

Jostedalsbreen   55   ⑯

Førde   1   2469 m   ⑰

5   Sogndal   Jotunheimen

Øvre Årdål   ⑱   Gjendesheim

Sognefjord   ⑮   ⑲

Lærdalsøyri   ㉑   Forse

Aurland   ㉓   ㉒   ㉔   E 16   ⑳

Gudvangen   Fagernes

Flåm   Gol

Dale   16   Voss   Finse   ㉘   ㉙   Gjeilo

Bergen   ㉕   Hardangerjøkulen   ㉗   Haugastøl

㉔   Eidfjord   ㉖   Hardangervidda   40   7

13   Odda

Sauda   Haukeligrend   Rjukan   Dramm

Haugesund   11   13   37   ㉚   11   ㉛   Svel

Kongsberg   ③

Stavanger   ㉟   Dalen   ㉝   ㉜   Ulefoss

Valle   45   Vrådal

Lysefjord   Lysebotn   ㉞

㊱   Åmli   E 18   ㊲   Larv

39   Kragerø

Tonstad   Evje   Arendal

Egersund   E 18   42

Flekkefjord

Lyngdal

Kristiansand

Skagerrak

## Die Wanderungen

Titelbild: Im Aurlandsdalen
Titelvignette oben: Waldstorch-
schnabel und Hahnenfuß
Titelvignetten unten: Papageitaucher
auf Runde; Haus in der Nähe von
Dalen; abends gegen 22 Uhr in der
südlichen Hardangervidda

Über die Autoren: Sabine Gorsemann,
geboren 1956, arbeitete nach dem
Studium der Fächer Deutsch, Englisch
und Geschichte in der Erwachsenenbil-
dung und promovierte 1994 mit dem
Thema »Reiseliteratur«. Sie arbeitet als
Lehrbeauftragte für Kulturwissenschaf-
ten an der Universität Bremen, verfaßt
Reiseführer und leitet Studienreisen,
v. a. im skandinavischen Raum.
Christian Kaiser, geboren 1950, stu-
dierte Geographie, Sport und Sonder-
pädagogik und ist in Bremen als Lehrer
tätig. Beide wandern seit vielen Jahren
in Norwegen. Bei DuMont veröffent-
lichten sie den Band »Richtig wandern
Island«.

Die Deutsche Bibliothek –
CIP-Einheitsaufnahme:
Gorsemann, Sabine:
Norwegen / Sabine Gorsemann;
Christian Kaiser
Köln: DuMont, 1997
    [Richtig wandern]
    ISBN 3-7701-3261-0

© 1997 DuMont Buchverlag, Köln
Alle Rechte vorbehalten
Druck und buchbinderische Verarbei-
tung: B.o.s.s Druck und Medien, Kleve

Printed in Germany  ISBN 3-7701-3261-0

# Inhalt

## Natur und Kultur in Norwegen

## Die Wanderungen

# Wanderinfos von A bis Z — 229

# Ins Ursprungsland des Freiluftlebens

*Ja, wir lieben unsere Heimat,*
*die, vom Meer zernagt*
*und durchfurcht, mit tausend Heimen*
*aus den Fluten ragt.*
(Norwegische Nationalhymne)

Ohne hier beurteilen zu wollen, ob für eine liebenswerte Heimat nicht auch noch profanere Gesichtspunkte bedenkenswert wären, muß man festhalten, daß die Bewohner Norwegens es landschaftlich in der Tat ausgesprochen gut getroffen haben. Selbst die Großstädter aus Oslo, Trondheim oder Bergen brauchen sich nur kurz in die Straßen- oder Gondelbahn zu setzen, um in wenigen Minuten in der schönsten Natur zu sein. Sie, aber auch viele Menschen aus kleineren Siedlungen und ländlichen Gebieten gehen dann »ins Fjell«, in jene Regionen von meist über 500 Höhenmetern, die heutzutage fast nur noch von Wanderern bevölkert werden und in die es auch immer mehr ausländische Touristen zieht.

Auf meist zuverlässig markierten Wanderwegen geht es dann zu spektakulären Wasserfällen, durch liebliche Waldstücke, an schroffen Graten und Hanggletschern vorbei oder über ein sanft gewelltes, seenreiches Hochplateau. Gerade noch am Fuße eines Fjordes, befindet man sich wenig später in einem fantastischen Gebirgspanorama; kaum hat sich das Auge an das Spiel von Licht und Schatten in einem Hochtal gewöhnt, endet es Hunderte von Metern oberhalb eines Trogtales mit Ausblicken, wie man sie sonst nur aus dem Flugzeug kennt. Die gibt es auch von den Bergspitzen, wobei ein Blick über das gesamte Jotunheimen oder die Rondane ebenso unbeschreiblich ist wie der über Fjorde oder Schären im Küstenbereich. Hier trifft man bei seinen Wanderungen auf Seevögel wie den Eissturmvogel, woanders laufen dem Wanderer unvermittelt einige Rentiere über den Weg – und hoffentlich keine Moschusochsen. Vielleicht begegnet der Wanderer einem Elch oder Polarfuchs und stolpert über ein gut getarntes Schneehuhn. Die Begegnung mit Vertretern der eigenen Spezies hält sich, von Ausnahmen abgesehen, in Grenzen, Relikte der norwegischen Großväter, wie alte Floßanlagen, Schleusen oder kleinere Stauteiche, säumen die Wanderwege.

# Natur und Kultur in Norwegen

## Klima und Landschaftsformen: Landeskunde

Wer im Atlas die geographische Lage unseres Wandergebietes betrachtet, wird feststellen, daß wir uns knapp südlich des nördlichen Polarkreises bewegen. Breitenmäßig vergleichbare Weltgegenden sind Südgrönland, Alaska oder die nördliche Hudsonbai – Gebiete, die im Durchschnitt gut 20 °C kälter sind, so wie es sich für solch nördliche Breiten eigentlich gehört. Die extreme Abweichung vom Temperatursoll verdankt Norwegen dem als Golfstrom bekannten nordatlantischen Strom, dessen warme Wassermassen für eisfreie norwegische Häfen sorgen. Dafür aber, daß die erwärmte Meeresluft in das Land hineingetragen wird, ist die Westwindzone verantwortlich. Die westlichen Winde führen allerdings nicht nur angewärmte Luft mit sich, sondern diese ist zudem kräftig mit Feuchtigkeit angereichert. In Norwegen regnet/schneit es folglich insgesamt sehr viel. Für das gesamte Land haben Statistiker einen Jahresdurchschnitt von 1500 mm Niederschlag errechnet, gut das Doppelte von dem, was in Deutschland fällt. Darauf muß man vorbereitet sein, und wer in Norwegen unterwegs ist, sollte immer wieder einmal einen Blick auf die Wetterkarten norwegischer Tageszeitungen werfen, um sich eventuell regionale Unterschiede zunutze zu machen, die es gerade bezogen auf die Niederschlagshäufigkeit gibt.

KLIMA

Verantwortlich für die unterschiedliche regionale Verteilung der Niederschläge sind die Skanden, die in Südnorwe-

Wolken ziehen sich über dem Geiranger-fjord zusammen

gen ein regelrechtes Bollwerk gegen das Meer bilden, durchlöchert lediglich von den zahlreichen Fjorden. Gegen diese Gebirgswand trifft nun die feuchte Luft und wird zum Aufsteigen gezwungen. Das bewirkt ihre Abkühlung und damit eine Abnahme des Vermögens, Feuchtigkeit zu speichern; es kommt zum Steigungsregen im westlichen Küstenbereich. Für die östlich gelegenen Gebiete des Landesinneren im Lee des Gebirges bleibt dann weniger Niederschlag. Auch so mancher innere Fjordbereich duckt sich in den Regenschatten der Berge. In diesen Klimaoasen, die somit auch mehr Sonnenschein haben, finden sich die norwegischen Obstanbaugebiete. Aber wie es mit statistischen Werten nun einmal so ist, bei unseren Norwegenbesuchen der vergangenen Jahre erlebten wir Bergen, die ›regenreichste Stadt Europas‹, dreimal bei strahlendem Sonnenschein, während wir in Røros und der Rondane in zwei Sommern tagelange Regenfälle abwarten mußten. Also – das Wetter kann einem bei der Planung von Wanderungen schon einen gehörigen Strich durch die Rechnung machen. Andererseits aber bewirkt die eingangs erwähnte geographische Lage nahe des Polarkreises, daß man bei einem Norwegenurlaub im Sommer viel mehr Zeit hat als anderswo. Warum sollte eine mehrstündige Gebirgswanderung nicht erst um 17 Uhr beginnen? Dann hat man stundenlang phantastische Lichtverhältnisse bei flachstehender Sonne, und richtig dunkel wird es erst zwischen 2 und 4 Uhr, und das auch erst im August.

**GEOLOGIE**

Das in Skandinavien anstehende Gestein ist teilweise uralt, so auch in Norwegen südlich des Hardanger-Fjordes, wo es ein archaisches Alter von weit über 1 Mrd. Jahre erreicht. Etwas jünger, geologisch aber auch schon echte Veteranen, sind die Skanden, die sich als Teil des Kaledonischen Gebirges vor 500–600 Mio. Jahren zu falten begannen, sich regelrecht an den Baltischen Schild anschweißten, über ihn schoben und somit für ein ziemliches Durcheinander von vielartigen Gesteinen sorgten. Aber auch dieses Gebirge wurde in den folgenden Millionen von Jahren stark abgetragen und würde heute als Hindernis für die feuchten westlichen Winde nicht mehr viel hermachen, wenn nicht im Tertiär Westskandinavien erneut deutlich angehoben worden wäre. Für das heutige Aussehen haben geologisch gesehen aber in letzter Minute die Eiszeiten gesorgt, die bis vor ungefähr 10 000 Jahren der Oberfläche den letzten Schliff gaben.

**GLETSCHER**

Gletscher bilden sich in Gebieten, wo der Zuwachs an Schnee auf das Jahr bezogen größer ist als die Abnahme, also etwa in den Skanden. Der Schnee formt sich durch Anschmelzen und Wiedergefrieren zu Firn und durch den nach und nach hinzukommenden Druck der auflagernden Schichten zu Gletschereis um. Dieses fließt, der Schwerkraft folgend, langsam ab. Dazu benutzt es die vom Wasser vorgezeichneten Wege, also die vorhandenen kleinen Einker-

Bei Finse am Hardangerjøkul

bungen der Bachläufe und je weiter der Weg führt, auch die Täler. Je mehr Eis nun zu Beginn der Eiszeiten in den Bergen hinzukam und je tiefer die Schneegrenze fiel, um so höher wurden die Gletscher auch in den Tälern und um so weiter reichten sie. Sie bildeten große Eisstromnetze und weiteten sich schließlich insgesamt zu den alles bedeckenden, bis zu 2500 m mächtigen Inlandeismassen aus.

In den voreiszeitlichen Tälern leisteten die Gletscher nun ganze Arbeit. Das Eis selbst schob das vorhandene Lockermaterial vor sich her, schluckte es und transportierte es weiter. Es schliff das anstehende Gestein ab, fror an Felsen an und riß sie beim Weiterfließen aus ihrem Verbund. Die mitgeführten Gesteinstrümmer ihrerseits unterstützten und verstärkten die abschleifende Wirkung des Eises. Tauwasser drang in kleine Spalten ein und sprengte den Stein, wenn es wieder gefror. Es konnte sich aber auch zu regelrechten Schmelzwasserströmen vereinen, die zwischen Gletscheroberfläche und Felswand in Spalten eindrangen, um auf ihrem weiteren Lauf unter dem Gletscher den Untergrund auszuhöhlen. Dabei half diesen Flüssen unter Eis natürlich wieder mitgeführter Gesteinsschutt sowie der ungeheure Druck der aufliegenden Eismassen. Besonders wirkungsvoll wurde die Tiefenerosion der Talgletscher, wenn sie auf bereits vorhandene Geländestufen trafen. Wie ein langsamer Eisfall richtete sich die gesamte Energie auf den Fuß der Stufe und konnte, wie ein Wasserfall auch, den Stufenrand nach und nach zurückversetzen, rückschreitend erodieren.

Das Ergebnis dieser glazialen Umgestaltung der alten Täler waren gewaltige Übertiefungen und zu steilwandigen

Felsen umgewandelte Talhänge, so daß sich im Querprofil eine typische U-Form zeigte. Gerade in Westnorwegen nahm die Vertiefung derartige Ausmaße an, daß nach Rückzug des Eises das Meerwasser weit in diese Taltröge vordringen konnte, die berühmten Fjorde bildete. Der Sognefjord reicht z. B. über 200 km ins Land und hat bis zu 1500 m hohe, nahezu senkrechte Wände. Daß er außerdem noch bis über 1200 m tief ist, unterstreicht die Dimensionen, in denen das Eis hier gewirkt hat. In andere Übertiefungen konnte das Meer nicht mehr eindringen, dort finden sich dann Seen, die manchmal kaum vom Fjord zu unterscheiden sind.

**FJORDE**

Innerhalb der Trogtäler finden sich häufig Stufen von bis zu mehreren hundert Metern, die entweder Verstärkungen voreiszeitlicher Absätze sind oder Punkte, an denen sich zwei oder mehr Gletscher vereinigten. Dann wuchs die Mächtigkeit des Eises und mit ihr die erodierende Kraft. Häufig sieht man an solchen Stellen oberhalb in den seitlichen Felswänden die wiederum u-förmigen Einmündungen der ehemaligen Seitentalgletscher. Aus diesen glazialen Hängetälern fallen meist schöne Wasserfälle hinunter ins Haupttal.

Nicht nur Spuren vergangener Eiszeiten sind in Norwegen allgegenwärtig: Auch heute gibt es in unserem Wandergebiet Gletscher. Angesichts der langen Talgletscher des Jostedalsbreen (*bre* = Gletscher) erhält man eine Idee davon, wie seinerzeit die Umgestaltung zu Trogtälern vonstatten ging. In Jotunheimen finden sich viele Hang- und Kargletscher, die diesem Teil der Skanden (auch Teilen des Küstengebirges) ein typisch alpines Erscheinungsbild geben. Gerade die Kare, ob mit oder ohne Eiseinlagerungen, tragen zu den schroffen Gebirgsformen bei. Es sind Hohlformen, die sich insbesondere durch Frostsprengung steil in die Felsen hineingearbei-

Fjellandschaft oberhalb des Setesdalen

tet haben und mit ihrer Halbkreisform an Sessel erinnern. Häufig werden Berge von mehreren Seiten durch Kare angenagt, so daß sich die steilen Rückwände treffen und scharfe Grate bilden; die Berge können dann pyramidenförmige Gestalt annehmen und enden in ihren norwegischen Namen häufig auf *tind*. Solche alpinen Formen finden sich zudem noch in der zentralen Rondane.

FJELL

Wenn die Norweger in den Bergen wandern, sagen sie, sie gehen ins Fjell. Mit Fjell bezeichnet man aber hierzulande nicht nur die eben beschriebenen Hochgebirgsformationen, sondern alles Land, das oberhalb des forstwirtschaftlich genutzten Waldes liegt. Insbesondere gehören hierzu auch die großen Plateaus, wie die Hardangervidda oder das Dovrefjell mit ihren eher weichen, abgerundeten Formen. Diese Gebiete waren schon vor den Eiszeiten ziemlich eingeebnet worden und wurden durch die hier als flacher Eisschild auftretende Vergletscherung weniger stark umgeformt. Beim Rückzug der Gletscher konnte sich auf diesen ebenen Flächen vereinzelt und in der Hardangervidda großflächig Grundmoränenmaterial ablagern, in das immer wieder große Seen eingesenkt sind. Man fühlt sich dann mitunter wie an der Küste. Hier wie dort finden sich im Wasser immer wieder längliche, flache Inseln aus blankpoliertem, anstehendem Gestein, und auch die Ufer weisen häufig diese glattgeschliffenen Felsen auf. Es handelt sich um Rundhöcker, die durch Gletschereis gebildet wurden. Sie laufen meist flach aus in die Richtung, aus der das Eis kam und sind schroffer auf der entgegengesetzten Seite, da hier durch Anfrieren Gesteinsstücke herausgerissen wurden. An der Küste bilden die Rundhöcker die bekannten Schären. Auf unseren Wanderungen werden wir diese sanft geformten Hochflächen nur auf der Hardangervidda besuchen, uns sonst eher an ihren Rändern aufhalten, da dort die Landschaft durch steile Abbrüche kleingliedriger und aussichtsreicher ist.

Norwegen ist insgesamt ein gebirgiges Land, mehr als die Hälfte seiner Fläche liegt über 500 m hoch, und meist beginnt hier auch schon das Fjell, da der Nutzwald endet. Es wird nur noch vereinzelt Sommerweidewirtschaft betrieben, so daß man sagen kann, daß neben der Energiewirtschaft der Wandertourismus die Hauptform der Nutzung in diesem Teil Norwegens darstellt.

## Pflanzen und Tiere

Rings um die golfstrombeheizten Küsten und geschützten Fjordränder zwischen Oslo und Trondheim sind die nordischen Laub- und Mischwaldbestände, die diese gemäßigten Tieflagen ehemals überzogen, heute weiträumig unterbrochen von Nutzflächen. Obst und Gemüseanbau haben hier ihre Standorte; auf kargeren Böden finden sich Weideflächen, und forstwirtschaftliche Fichtenäcker nehmen im heutigen Baumbestand einen Anteil von 70–80% ein. Dennoch finden sich in geschützten Fjordenden und abgelegenen Talzügen vielfach üppige Vorkommen der ursprünglichen Vegetation. Beginnt in einer solchen Gegend eine Wanderung hinauf ins Fjell, vielleicht am grasbewachsenen Ufer eines Fjordes, auf dem sich Eiderenten tummeln und Austernfischer mit ihren spitzen roten Schnäbeln in der seichten Strandzone nach Nahrung den Boden durchstochern, so ist man landeinwärts bald von Wald umgeben, in dem in günstigen Lagen die Rotbuche vorherrschen kann. Esche, Ahorn, Ulme und Eiche kommen daneben vor. Beim Höhersteigen allerdings ändert sich das Bild, und Birkenbewuchs, durchsetzt mit Eberesche, bestimmt es bald. Auch Nadelbäume treten hinzu, meist Kiefer oder Fichte. Im Unterholz kann sich je nach Lichtverhältnissen eine blumenreiche Krautschicht mit Storchschnabel, Buschwindröschen, Hahnenfuß und Glockenblume entwickeln, an schattigeren Plätzen breiten sich üppige Farne aus. In höheren Lagen überziehen oft dichte Teppiche aus Beerensträuchern den Waldboden. Rausch- und Heidelbeere sind die begehrtesten Sammelobjekte und bereichern im Spätsommer den Wanderproviant. Auch Walderdbeeren finden sich hier und da an geschützten Stellen. Die Waldregionen werden von zahlreichen Vogelarten bevölkert, wie sie auch in Mitteleuropa vorkommen, darunter Spechte, Drosseln und Meisen sowie das scheue Auerhuhn. Der größte nordische Waldbewohner ist der Elch, der sich aber auch in sumpfigem Terrain aufhalten kann. Auch auf Rotfuchs und Schneehase kann man beim Wandern in den bewaldeten Regionen treffen. Wo die klimatischen Verhältnisse mit steigender Höhe und Entfernung zum ausgleichenden Meer extremer werden, geht der Baumbestand in den borealen Nadelwald mit oft flechten- und moosüberzogenen Bergkiefern und Fichten über, nur vereinzelt von Birken unterbrochen. Diese schließen sich darüber als Fjellbirkengürtel an, meist werden die Bäume hier nur noch mannshoch und ähneln oft eher hohem Buschwerk, bevor die baumlosen Strauchheidegebiete, in denen Weidensträucher, Heidekrautgewächse, Wacholder, Krähenbeere und Zwergbirke vorkommen, die Fjellregion ankündigen, die fast die Hälfte der norwegischen Landesfläche ausmacht. Grasland, wollgrasbestandene Moore und schließlich flechtenüberzogene Geröllhalden, auf denen sich vereinzelt die Polster des Stengellosen Leimkrauts und die weißen Blüten von Silberwurz und Gletscherhahnenfuß finden können, wechseln hier ab und bilden das vielfältige Mosaik der Fjellvegetation. Hier ist der Lebensraum für Rentier, Polarfuchs und

Glockenblumen

Der Polarfuchs im Sommerfell

Das Fjell ist Lebensraum für große Rentierherden

Lemming, auch Schneehasen sind im Fjell verbreitet. In Moorgebieten halten sich Watvögel wie Rotschenkel und Bekassine auf. Das Alpenschneehuhn ist ein typischer Fjellbewohner, ebenso wie der Goldregenpfeifer, der seinen melancholischen Ruf oft auf einsamen Hochflächen ertönen läßt.

## Naturschutz und Naturnutzung

Viele Landschaftsräume Norwegens lassen erst beim näheren Hinsehen menschlichen Einfluß erkennen, andere können noch als ursprünglich bezeichnet werden, wieder andere werden durch die wirtschaftliche Nutzung drastisch verändert.

**NATIONALPARKS** Nationalparks und Naturschutzgebiete sind häufig dort eingerichtet worden, wo es um den Erhalt ursprünglicher Naturlandschaften ging. Die bekanntesten wie Rondane, Dovrefjell, Femundsmarka, Hardangervidda und Jotunheimen erstrecken sich überwiegend in Bergregionen, die von Menschen nur sporadisch zur Jagd oder Sommerweide genutzt wurden. Erst mit dem Wandertourismus etablierte sich hier und in anderen Hochfjellregionen eine regelmäßige Nutzung. Diese geht zwar einigen Naturschutzaktivisten schon zu weit, denn gerade in diesen klimatisch extremen Gebieten sind Flora und Fauna empfindlich gegen störende Einflüsse. Dennoch hat sich in Norwegen der Standpunkt durchgesetzt, daß die Natur nicht vor den, sondern für die Menschen geschützt werden soll.

Land- und Forstwirtschaft nahmen und nehmen großen Einfluß auf die Natur. Wo ehemals Wald war, sind in günstigen Lagen Felder und Obstbaumplantagen entstanden, Tieflandmoore sind zu Viehweiden kultiviert, große Rodungen wurden auch für die Holzkohleherstellung durchgeführt, später begann man mit Aufforstungen, die besonders in Südwestnorwegen die Fichte zur vorherrschenden Baumart machte, wo ursprünglich Laub- und Mischwald zu finden waren. Der boreale Nadelwald Ostnorwegens weicht zunehmend produktiven Forsten, und nur wenige Prozent dieser typisch nordischen Waldart stehen bislang unter Schutz. Aktionen gegen die andauernde Abholzung dieser nordischen Urwaldart werden immer wieder von Naturschützern und Wandervereinen initiiert.

**LAND- UND FORSTWIRT-SCHAFT**

Auf unkultiviertem Gebiet wirkt die Weidewirtschaft auf das Pflanzenwachstum ein, Rinder und besonders Schafe bevölkern Waldgelände, auf den baumlosen Hochflächen weiden Schafe und Ziegen.

Eine neue Nutzung besonders der Fjellgebiete hat sich mit der Energiegewinnung durch Wasserkraft etabliert. Norwegens hoher Stromverbrauch wird fast ausschließlich daraus gedeckt und vielfach energieintensive Industrie wie die Aluminiumproduktion gleich als Großabnehmer neben dem Kraftwerk angesiedelt. In den Hochlagen von Setesdalsheiene, am Rand der Hardangervidda, in den Bergen von Sunnmøre und Trollheimen sind riesige Wasserreservoire entstanden, werden Flüsse umgeleitet oder verschwinden unvermittelt in Schächten, um im Berg versteckte Turbinen anzutreiben. Besonders der Bestand an wildlebenden Rentieren leidet stark unter diesen Eingriffen. Die Wanderrouten der Tiere von einem Weideplatz zum nächsten sind vielfach durch die Wasserkraftanlagen unterbrochen, ihre Weidegründe in Stauseen untergegangen. Und auf neuen Zufahrtsstraßen oder verlegten Wanderrouten dringen Menschen in wichtige Rückzugsgebiete der besonders in der Zeit des Kalbens scheuen Tiere vor.

**ENERGIE-ERZEUGUNG**

## Streifzug durch die norwegische Geschichte

Die spärlichen Siedlungsräume zwischen Fjord und Fjell wurden nach dem Ende der letzten Eiszeit vor ca. 13 000 Jahren von steinzeitlichen Jägern und Sammlern durchstreift, erste seßhafte Siedler begannen ab 3000 v. Chr. mit bäuerlicher Wirtschaftsweise, doch erst mit der Wikingerzeit beginnt die Geschichte Skandinaviens Gestalt anzunehmen. Besonders von den heutigen norwegischen Bezirken Sørland und Vestland ging ab 800 eine Expansion aus, die diese Nachfahren germanischer Völkerwanderungsstämme bekannt machte. Norwegen, der Weg nach Norden, war der

**WIKINGER**

Seeweg, auf dem die Boote der Wikinger die Westküste befuhren, um Siedlungsplätze, Handelsmöglichkeiten oder Gelegenheiten zu Raub und Plünderungen zu suchen. In den engen Talzügen war die Siedlungsgrenze schon um diese Zeit vielfach erreicht, und das Problem der Überbevölkerung führte zu immer weiteren Expeditionen der Wikinger, die besonders vom Vestland aus nach Mitteleuropa, Britannien und nach Island vordrangen. Die Stammesgesellschaft basierte im 9. Jh. noch weitgehend auf Sippen, die einem Häuptling unterstanden. Einer dieser unabhängigen Kleinkönige war Harald Halvdanarson vom Oslofjord, der unter dem Namen Harald Schönhaar als erster König Norwegens in die Annalen einging. Mit seinem riesigen Landbesitz in Vestfold am Oslofjord als Grundlage begann er in der zweiten Hälfte des 9. Jh. mit der Unterwerfung seiner Nachbarn, die in einer legendären Seeschlacht bei Stavanger endete. Norwegen war als Königreich jedoch nicht von Bestand, sondern zerfiel nach Haralds Tod 933 wieder. Dauernde Konkurrenz um Thron, Land und Abgaben prägten die Folgezeit, Olav II. Haraldsson starb 1030 auf dem Schlachtfeld von Stiklestad und verhalf dadurch dem Christentum zum Durchbruch; ein Jahr später wurde er heiliggesprochen.

Unter seinen Nachfolgern trat eine erste Konsolidierung von Staat und Kirche ein. Die Stadtgründungen von Trondheim, Bergen und Oslo fallen ebenso in diese Zeit wie der Bau der ersten Stabkirchen. Die bäuerliche Bevölkerung diente nun kirchlichen und weltlichen Grundherren, zahlreiche Klöster wurden gegründet, und die Mönche brachten neue Kulturpflanzen und Anbautechniken ins Land. An der Westküste blühte der Handel mit Fisch, der im 13. Jh. zuneh-

**MITTELALTER**

1152 begann man in Trondheim, damals die reichste Stadt Norwegens, mit dem Bau des Nidarosdoms

mend in die Hand der Hansekaufleute geriet. Über die See-
handelswege kam 1349 die Pest ins Land, der die Hälfte der
Gesamtbevölkerung zum Opfer fiel. Ganze Landstriche wurden entvölkert, Grundherrschaften verkamen, die Wirtschaft
war schwer geschädigt.

Durch Personalunion kam Norwegen 1380 unter dänische
Regierung, und in den folgenden 400 Jahren bestimmte
Kopenhagen in vieler Hinsicht die Geschicke des Landes.
Den Bauern in der Provinz konnte das ziemlich gleich sein,
doch stellte die Durchsetzung der Reformation auch im
abgeschiedensten Tal eine wichtige Veränderung dar, denn
nun predigte der Pfarrer dänisch, und auch die bald gedruckt
erscheinende Bibel war in der Sprache der Machthaber verfaßt.

**DÄNISCHE HERRSCHAFT**

Der Kieler Frieden brachte 1814 das Ende der dänischen
Herrschaft, Norwegen fiel an Schweden. Doch hatten natio-
nalromantische Strömungen die mittlerweile entstandene
norwegische Bürgerschicht erreicht, und die Proteste gegen
die neue Fremdherrschaft wuchsen. Das kulturelle Erbe
wurde wiederentdeckt, norwegische Volkskunst und Tradition, Literatur und Sprache rückten ins öffentliche Interesse.
Politisch setzte ein langer Weg der kleinen Schritte in Richtung Unabhängigkeit ein, der erst 1905 mit der endgültigen
Auflösung der Union vollendet wurde. Norwegen wurde kon-
stitutionelle Monarchie mit der Landeshauptstadt Kristiania,
die erst 1925 wieder auf ihren ursprünglichen Namen Oslo
umgetauft wurde. Als König Håkon inthronisierte man den
dänischen Prinzen Carl, und dieser erwies sich als echte
Integrationsfigur. Die konnte das neue Staatswesen gut ge-
brauchen, denn in den weit verstreut liegenden Siedlungen
und isolierten Tälern setzte sich ein Heimatgefühl, das über
den eigenen Wohnort hinausging, erst allmählich durch.

**SCHWEDISCHE HERRSCHAFT**

**UNABHÄNGIG-KEIT**

Parallel zur Unabhängigkeit verlief die industrielle Entwicklung weg vom rückständigen Agrarland, deren Bevölkerung auf Subsistenzbasis wirtschaftete. Neben die schon
etablierten Sparten Bergbau und Forstwirtschaft traten neue
Industrien, darunter als wichtiger Motor der Entwicklung der
Ausbau der Stromerzeugung aus Wasserkraft.

Im Zweiten Weltkrieg blieben die skandinavischen Länder
neutral, was allerdings den Einmarsch deutscher Besat-
zungstruppen in Dänemark und Norwegen 1940 nicht ver-
hinderte. Aufgrund seiner strategischen Lage und des wich-
tigen Erzhafens Narvik war die skandinavische Westseite für
beide Kriegsparteien interessant, und die Nazi-Besatzer ver-
kauften ihre Annektion unter der Ideologie des germani-
schen Großreiches. Auch wenn diese bei einigen Norwegern
fruchtete und andere gut daran verdienten, das Land zur
Kriegsfestung aufzurüsten, war der Widerstand gegen die
Deutschen groß. Regierung und Königsfamilie waren ins
Exil geflohen und hielten Kontakt zur *Hjemmefront,* die den

**ZWEITER WELTKRIEG**

Widerstand im Land organisierte. Als spektakulärster Sabotageakt ging die Zerstörung der chemischen Fabrik Vemork bei Rjukan in die Geschichte ein. Das dort produzierte schwere Wasser sollte zur Herstellung der deutschen Atombombe verwendet werden. Mit dem Erfolg der Partisanenkämpfe nahmen die Vergeltungsmaßnahmen der Besatzer gegen die norwegische Bevölkerung zu, zehntausend Norweger verloren dabei ihr Leben, über 30 000 wurden inhaftiert. Nach der Kapitulation Deutschlands 1945 machte man in Norwegen 60 000 Kollaborateuren den Prozeß, darunter dem Statthalter der Besatzungsmacht Quisling, der wegen Hochverrats hingerichtet wurde.

**NACHKRIEGS- ZEIT**

Das sozialdemokratisch regierte Norwegen wurde früh Mitglied in der Nato, nachdem Pläne zu einer skandinavischen Militärallianz gescheitert waren. Wirtschaftlich machten Finanzhilfen des Marschallplans und IWF-Kredite den Wiederaufbau möglich, Infrastruktur und Industrialisierung, die Wohlstand für alle bringen sollten, verschlangen in dem riesigen, dünn besiedelten Land hohe Summen. Seit den Erdölfunden in der Nordsee Ende der 60er Jahre flossen jedoch genug Devisen ins Land, um bis Mitte der 80er Jahre sämtliche Auslandsschulden begleichen zu können. Die heimische Stromwirtschaft basiert auf der ›nachwachsenden‹ Wasserkraft, und Norwegen exportiert die fossilen Energieträger fast vollständig. Weder die aufwendigen Verkehrsverbindungen in jeden Winkel des Landes noch die dort nach internationalem Maßstab konkurrenzlos unrationalen Bedingungen wirtschaftenden Bauern wären denkbar ohne die durch den Ölverkauf finanzierte Subventionspolitik. Und diese wiederum läßt erkennen, woher der Widerstand gegen einen EU-Beitritt in Norwegens Gesellschaft kommt, der schon zum zweiten Mal eine Volksabstimmung gegen die Mitgliedschaft entschieden hat.

**GEGENWART**

# Hinweise und Tips zum Wandern

## Verhalten in der Natur

Als Wanderer hat man in der norwegischen Natur sowohl Freiheiten wie auch Verantwortung, sich selbst und seiner Umgebung gegenüber. Das **Jedermannsrecht,** ein ungeschriebenes Gesetz, erlaubt es, sich zu Fuß frei zu bewegen, ohne die Natur zu beeinträchtigen. Darüber hinaus ist vieles Auslegungssache und erfordert Fingerspitzengefühl. Privates Land darf betreten werden, auch Zelten ist erlaubt, wilde

**JEDERMANNS- RECHT**

Zelten in freier Natur erfordert besondere Rücksichtnahme

Beeren, Pilze und Totholz sammeln ebenso wie Bootfahren und Baden. Doch gilt das nicht für – oft sehr naturbelassene und weitläufige – Wohngrundstücke und landwirtschaftliche Flächen, auch wenn kein Zaun sie abgrenzt. Ebensowenig schützt das Jedermannsrecht motorisiertes Wildcampen oder das Zeltlager einer Busladung Touristen an einer Raststelle. Wo Einzelne weitab der Zivilisation kaum Spuren hinterlassen, werden Karawanen von Reisenden und Wanderern zum auffälligen Stein des Anstoßes und wird das Jedermannsrecht in seinem Bestand in Frage gestellt.

Verboten ist: Haus- und Hofgrundstücke sowie Felder oder andere eingezäunte Nutzflächen ohne Absprache bzw. Erlaubnis betreten, Bäume fällen oder Äste absägen, Pflanzen pflücken, die unter Naturschutz stehen, in der Sommersaison vom 15. 4. bis 15. 9. offenes Feuer-, grundsätzlich, Feuer auf anstehendem Fels entfachen, jede Art von Jagd und Angeln in Süßwasserrevieren ohne Absprache mit den Landbesitzern, Abfall hinterlassen oder vergraben, Campingklos ausleeren, Tiere stören, Lärm machen, Zäune beschädigen oder Gatter nach dem Durchqueren offenlassen, mit Motorfahrzeugen von den befestigten Fahrwegen abweichen.

Der Verantwortung sich selbst gegenüber trägt man am besten durch vernünftige Planung der Ausflüge in die Wildnis Rechnung. Wer den beschriebenen Routen folgt und die Hinweise zu Schwierigkeitsgrad und Ausrüstung beherzigt, ist schon dadurch auf der sicheren Seite. Wichtig ist darüber hinaus eine realistische Selbsteinschätzung und Kenntnis möglicher **Gefahrenquellen:** Gletscher sind im Sommer für Wanderer tabu, die die Verhältnisse nicht genau kennen und keine Erfahrung in solchem Gelände haben. Hauptgefahr

GLETSCHER

sind vom Schnee verdeckte Spalten und Schrunden, d. h. Klüfte zwischen angrenzendem Fels und Eis. Geführte Gletschertouren hingegen, wie sie z. B. in Jotunheimen und am Jostedalsbreen angeboten werden, sind ein großartiges und risikoloses Vergnügen.

**SCHNEE**

Schneebrücken über Wasserläufen sollte man meiden, denn von oben ist nicht zu beurteilen, wie dick und tragfähig die Unterlage ist. Altschneefelder können im steilen Gelände zum Problem werden, und es lassen sich keine Angaben darüber machen, welcher Neigungswinkel bei welcher Schneebeschaffenheit und eigener Trittsicherheit gefahrlos zu meistern ist und welcher nicht. Geneigte Schneefelder können beim Abstieg andererseits zu erheblichem Lust- und Zeitgewinn führen, im Auge zu behalten ist dann aber der etwaige Bremsweg, der nicht im Abgrund oder einem Geröllfeld enden sollte.

**STEILHÄNGE**

Steilhängen an Schluchten, besonders aber an Küsten, ist immer mit Vorsicht zu begegnen, da sie unterhöhlt sein und abbrechen können. Wenn gar Schneewächten darüberhängen, sollte man einen weiten Bogen um dieses Gebiet machen.

## Ausrüstung

Von der sinnvollen **Ausrüstung** hängt nicht nur der Wanderspaß, sondern auch die eigene Sicherheit ab. Das fängt mit den richtigen Schuhen an. Mit Turnschuhen im Hochgebirge herumzulaufen, ist einfach riskant. In Norwegen, so ist vielfach zu lesen, geht man mit Gummistiefeln wandern. Dazu muß allerdings gesagt werden, daß die skandinavische Version mit den bei uns gebräuchlichen Exemplaren wirklich nur das Obermaterial gemeinsam haben. Einige Wander-Spezialgeschäfte führen die gummierten Trekkingstiefel mittlerweile.

**KLEIDUNG**

Auf einigen Wanderungen müssen Bäche gefurtet werden, die empfindlich kalt sein können. Watschuhe sind hierbei zu empfehlen, umfunktionierte Surfschuhe sind besonders gut geeignet, da sie warm halten. Im feuchten Terrain, sei es auf dem Weg durch eine regennasse Strauchschicht, sumpfiges Wiesengelände oder ein angetautes Altschneefeld, sind Stulpen nützlich. Wer bei Regen auf einen Poncho schwört, braucht sie dann ohnehin zusätzlich. Warme Sachen muß man auf jeder längeren Wanderung dabeihaben, vor allem im Gebirge. Baumwolle, besonders Jeans, bleiben nach einem Regenschauer oder einem schweißtreibenden Aufstieg naß und kühlen den Körper aus, was im besten Fall unangenehm, im schlimmsten gefährlich sein kann. Entweder kann man sich also hundertprozentig auf seine Regenbekleidung verlassen, hat Ersatzkleidung im Rucksack oder trägt geeignetere

Materialien, die schnell trocknen und möglichst auch noch wärmen, wenn sie einmal feucht geworden sind. Nichts geht nach unserer Erfahrung über Wolle, wenn es um die Wärmeleistung geht, oft reicht schon eine dünne Schicht, direkt auf dem Körper getragen. Die oberste Lage der Kleidung sollte wind- und regendicht sein, ansonsten alles variabel und bequem, um dem sportlichen Bewegungsdrang keine Schranken zu setzen.

Ein höhenverstellbarer Ski- und Wanderstock ist in vielen Situationen hilfreich, sei es, um bergab die Gelenke zu schonen, bergauf Kraft zu sparen oder beim Furten die Standfestigkeit zu erhöhen. **HILFSMITTEL**

Wer häufiger im Hochgebirge unterwegs ist, und dazu sind in Norwegen schon Regionen über 1500 m zu rechnen, der sollte sich Grödeln anschaffen, leichte Steigeisen für Altschnee- und Firnfelder. Sie halten im Unterschied zu richtigen Steigeisen auch unter normalen Wanderstiefeln, und man braucht den Umgang mit ihnen auch nicht besonders zu üben. Unter die Schuhsohlen geschnallt, graben sich die metallenen Zähne in den Firn und geben sicheren Halt.

Die Grundausrüstung im Wanderrucksack sollte folgende Utensilien enthalten: kleines Erste-Hilfe-Set, besonders Pflaster, Taschenmesser, Trillerpfeife, Kompaß, Mücken- und Sonnenschutzmittel, Sonnen- oder Gletscherbrille, Wasserflasche, Proviant, warmes Ersatzhemd oder Pullover, Mütze oder Stirnband. Für Karten oder Wanderbuch empfiehlt sich ein Plastikschutz gegen Feuchtigkeit. Damit alles dies zusammen mit Regenzeug und Kameratasche nicht wie Blei im Kreuz hängt, sollte der Rucksack eher etwas geräumiger als zu klein sein. Mit einem ›Day-Pack‹ stößt man schnell an die Grenzen, größere Exemplare haben mehr Tragekomfort durch gepolsterte Gurte und rückenfreundliche Form. **GRUND-AUSSTATTUNG**

Das Thema Proviant ist weitgehend Geschmackssache. Bei Tagestouren ist es unerheblich, was und wieviel an Wegzehrung mitgenommen wird, spätestens nach der Rückkehr kann man sich ja die verbrauchte Energie zurückholen. Süßes ist allerdings nur bedingt zu empfehlen, und reinen Zucker, z. B. Traubenzucker als Energiespender zu verwenden, geradezu kontraproduktiv. Der Blutzuckerspiegel wird zwar kurzfristig angekurbelt, doch sinkt er anschließend rapide ab, man fühlt sich schlapper als zuvor. Besser sind Kohlenhydrate, die der Körper langsamer verbraucht, also Getreideprodukte. Vollkornkekse eignen sich hervorragend als Wanderproviant und sind in jedem norwegischen Supermarkt zu bekommen. **PROVIANT**

Das Wasser aus den norwegischen Bergbächen ist bedenkenlos trinkbar. Auf den meisten von uns beschriebenen Touren ist die Getränkeversorgung unterwegs deshalb gesichert. Wenn kein geeignetes Gewässer am Wanderweg liegt, wird unter dem Stichwort ›Ausrüstung‹ Trinkwasser genannt, muß also die Wasserflasche gefüllt mitgenommen werden. Zum **WASSER**

Durstlöschen ungeeignet sind nicht nur stehende Gewässer oder die Flüsse in Siedlungsräumen, sondern im Hochgebirge auch die Gletscherbäche, die an ihrer leichten Trübung – milchig-graublau – zu erkennen sind. Das Schmelzwasser enthält, wenn es von einer Gletscherzunge abfließt, winzigste Gesteinspartikel, die den Magenwänden schaden können. Unsinn ist die verbreitete Ansicht, jedes Schmelzwasser sei wegen Mineralienmangel zum Trinken ungeeignet. Geschmolzenen Schnee kann man gefahrlos trinken. Der erhöhte Bedarf an Vitaminen und Mineralien, der bei sportlicher Betätigung immer entsteht, läßt sich mit Brausetabletten beheben, die bei uns in jeder Drogerie erhältlich sind und dem Trinkwasser zugesetzt werden können.

## Die Wanderungen auf einen Blick

Obwohl die Wanderungen außer etwas Kondition keine besonderen Fähigkeiten oder Kenntnisse erfordern, sind doch einige Touren anspruchsvoller und verlangen gute Trittsicherheit auf Geröll- oder Schneefeldern oder Schwindelfreiheit, vor allem Nr. 10, 12, 17, 18, 29 und 36. Einfach und familienfreundlich sind die Wanderungen Nr. 1, 3, 4, 5, 8, 11, 13, 20, 21, 24, 25, 27, 28, 31, 32, 34, 37 und 38. Aufgrund ihrer Länge oder der zu überwindenden Höhenmeter sind die Touren 2, 6, 9, 14, 16, 19, 23, 30 und 33 als mittelschwer einzustufen, während die Nr. 7, 15, 22, 26 und 35 dieser Kategorie aufgrund anspruchsvollerer Streckenabschnitte zuzurechnen sind. Wanderungen, die sich in mehrere Tagesetappen aufteilen bzw. zu mehrtägigen Trekkingtouren ausdehnen lassen, sind die Nr. 2, 9, 17 und 18. Bei den Streckenwanderungen 2, 17, 18, 24, 28, 35 und 38 muß die Hin- oder Rückfahrt mit Bus, Bahn oder Schiff organisiert werden. Spektakuläre Fjordblicke gewähren Wanderung 11, 14 und 36, Küstenlandschaften erlebt man auf Wanderung 4, 5, 13, 24, 37 und 38. Hochalpines Panorama zeichnet die Wanderungen 6, 9, 10, 12, 14, 15 und 16 aus. Phantastische Talzüge und Seen liegen einem auf den Wanderungen 7, 17, 18, 22, 23 und 26 zu Füßen. Durch typisches Fjell führen die Wanderungen 2, 20, 25, 27 und 35. Zu herrlichen Aussichtsgipfeln führen die Wanderungen 5, 14, 16, 19, 29, 30 und 33. Beeindruckende Wasserfälle liegen auf den Wanderungen 6, 7, 11, 19, 21 und 26 am Weg. Gletscher zum Greifen nah erlebt man auf den Wanderungen 10, 14, 15, 16, 28 und 29. Liebliche Waldregionen werden auf den Wanderungen 1, 4, 8, 21, 32, 33 und 38 durchstreift. Bergbau- und Verkehrsgeschichte sowie die heutigen Nutzungsformen des Fjell werden auf Wanderung 3, 8, 12, 21, 26, 31 und 32 thematisiert.

**Hinweis:** In den folgenden Kapiteln wird unter Dauer die für die Wanderung benötigte Gehzeit ohne Pausen angegeben.

**1**

# Wo im Winter Hauptsaison ist

Zwischen der Femund-Engerdalregion im Norden und der schwedischen Grenze im Süden erhebt sich der Berg Trysilfjellet markant aus dem hügeligen, dünnbesiedelten Waldgebiet.

**WEGVERLAUF:** Fageråsen – See Entjern (1 Std.) – Alm Rektensjkeret (45 Min.) – Alm Nordbysætra (15 Min.) – Fageråsen (1 Std.)

**DAUER:** ca. 3 Std.

**LÄNGE:** ca. 12 km

**HÖHENUNTERSCHIED:** ca. 200 m

**SCHWIERIGKEITSGRAD:** einfache Wanderung auf erkennbaren, größtenteils markierten Pfaden

**WEGBESCHAFFENHEIT:** Trampelpfade durch Wald, teils steinige und morastige Stellen

**AUSRÜSTUNG:** Trinkwasser, Mückenschutz

**WANDERKARTE:** Die Tur- og sykkelkart Trysilfjellet og omegn (Wander- und Fahrradkarte Trysilfjell und Umgebung) 1 : 50 000 ist für 10 NOK in der Touristeninformation erhältlich.

**RASTMÖGLICHKEIT:** Fageråsen Fjellstue, am Beginn des Skigebietes, vom Fahrweg ausgeschildert, zu Fuß eine halbe Stunde vom Start- und Endpunkt der Wanderung entfernt

**HINWEIS:** Die Region um Fageråsen ist im Winter ein gut markiertes und beliebtes Skiwandergebiet.

**ANFAHRT:** Vom Ortszentrum von Trysil über den Trysilelva Richtung Skizentrum Trysilfjellet Nord (Fageråsen) fahren (mautpflichtig). Hinter der Bomstation auf dem Fageråsvegen bis zur Gabelung mit dem Fjellvegen, auf diesem durch das Ferienhausgebiet nach halbrechts bis zu der T-Kreuzung mit Telefonzelle, hier links auf den Fageråsringen abbiegen und diesem bis hinter Ring 10 folgen. Dort gibt es in einer Senke links der Straße eine Parkmöglichkeit. Ein paar Meter weiter in der Rechtskurve der Straße stehen die ersten Wanderschilder. Die Tour beginnt wenige Meter dahinter, dort wo linker Hand die große Hinweistafel steht.

## DER WANDERWEG

An der Hinweistafel folgt man einem Schild, das nach rechts zum Entjern weist. Auf einer breiten Schotterspur legt man die ersten Meter zurück. An den blauen Markierungen an Felsbrocken, manchmal auch auf Steinen mitten auf dem Weg kann man erkennen, ob man auf der richtigen Spur ist. Die grünen Holzkreuze hingegen sind

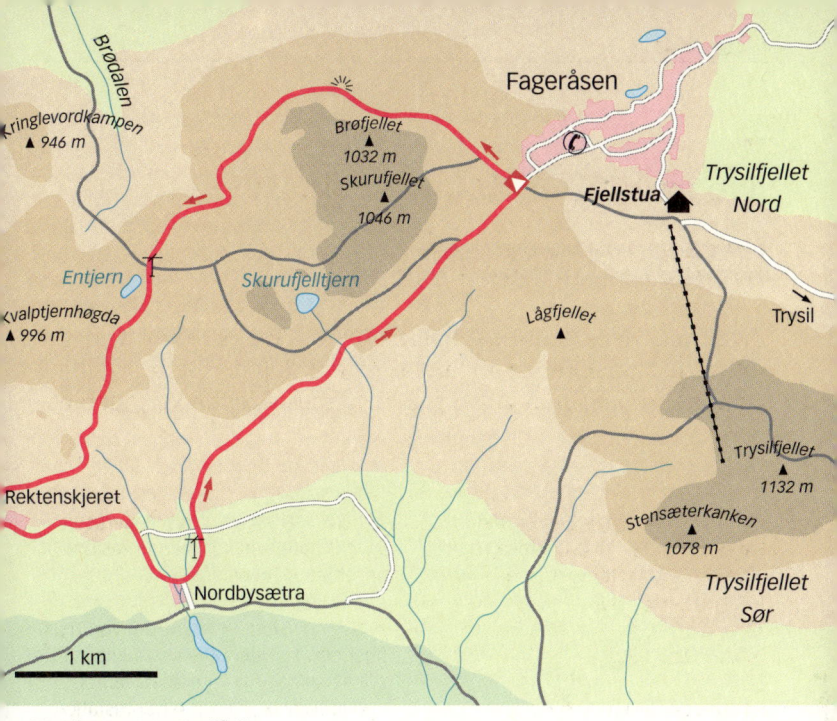

**Wanderung 1**: Im Trysilfjell

Anzeichen dafür, daß hier im Winter eine Skiloipe entlangführt. Die Schotterschneise verwandelt sich nach kurzer Zeit in einen breiten Trampelpfad, auf dem es problemlos und bequem vorangeht. Rechts steht dem Blick über weite, bewaldete und nur sanft gewellte Ebenen nichts im Wege. Man passiert einen ersten Abzweig nach links, der zum Skurufjellet hinaufführt. Bei einer zweiten Gabelung hält man sich links Richtung Entjern, während geradeaus Slettås ausgeschildert ist. Fast unmerklich steigt der Pfad an, erreicht dann einen Steinmann rechts der Spur, von dem aus der Blick aber nur unwesentlich besser ist als vom Wege. Wald und Hügel so weit das Auge reicht und nur wenig verstreute Bebauung hier und da. Bald darauf ist wieder eine Gabelung erreicht, und nun bleibt man rechts, während die Skiroute links hangaufwärts führt.

Ein kleiner Hügelrücken schiebt sich rechts in den Blick. Wenn dieser passiert ist (30 Min.), öffnet sich voraus die Talkerbe des Brødalen, in die der Pfad einschwenkt, um sie weit oberhalb am Hang zu umlaufen. Dabei wird ein kurzes Geröllstück passiert, unter dem ein Rinnsal unsichtbar dahinplätschert. Der Kringlevordkampen liegt nun voraus, dann geht es hinter dem Brødalen stärker nach Süden. Über eine flache Paßebene hinweg kommt der **Entjern** in Sicht. Er liegt in einer licht bewaldeten, flachen Mulde, über die hinweg nun auch in der gleichen Himmelsrichtung bewaldete Kuppen auftauchen. Am Seeufer (ca. 1 Std.) bietet sich eine erste Pause an. Weiden- und Wacholderbüsche umsäumen die kiesigen Ufer. An einen Baumstamm sind Wegweiser genagelt: Man geht nach links Richtung Nordbysætra. Am Seeufer entlangwandernd, erreicht man ein kleines Rinnsal, überquert es und läßt den Entjern hinter sich. Blaue Pflöcke weisen den Weg durch die feuchte, grasige Ebene zu einer flachen Kuppe, dann taucht der Pfad wieder in bewaldetes Terrain ein, um bald darauf (1.30 Std.) eine weite, morastige Senke rechts mit dem Waldrand zu umgehen. Über die Senke hinweg ist links immer wieder der felsige Skurufjellet zu erkennen.

Durch Fichtenwald geht es nun merklich bergab. Bald begleitet zur Rechten ein schmaler Bach den Pfad, der nun über felsigeres Terrain führt und sich etwas weiter nach links wendet. Bei einer Gabelung führt der Hauptweg rechts noch einige Meter bergab und erreicht dann eine neue Kreuzung, an der es im spitzen Winkel nach links geht, dem Schild Nordbysætra nach. Gleich danach führt der Pfad auf eine Lichtung. Dort liegt die ehemalige Alm **Rektenskjeret,** über die man nun hinwegwandert (1.45 Std.). Der Weg verläuft oberhalb der verfallenden Gebäude. Oft sind hier Schafe anzutreffen, die auf dem ehemaligen Hofgelände guten Weidegrund finden.

Wieder geht es in den Nadelwald hinein. Der Pfad wendet sich bei einer weiteren Gabelung nach rechts und führt hangabwärts, dann stößt er auf einen ehemaligen Wirtschaftsweg, mit dem es weiter bergab geht. Nun ist etwas Aufmerksamkeit erforderlich, denn

noch bevor der Hof **Nordbysætra** erreicht wird, zweigt die Route nach links ab. Eindeutig zu weit abgestiegen ist man, wenn parallel zum Weg der Zaun von Nordbysætra auftaucht, denn man muß das Hofgelände oberhalb umgehen. Nach 2 Std. halte man nach einem Baum Ausschau, an dem ein Pfeil mit den Routennummern 6 und 15 angebracht worden ist. Da der Trampelpfad schon ein paar Meter davor im heidebestandenen Gelände abbiegt, muß man eventuell etwas nach ihm suchen. Der Weg führt auf einen schon hörbaren Bach zu, den man auf einigen Steinen überquert. Die Umzäunung des Gehöfts liegt nun etwas weiter rechts. Der Pfad ist spätestens ab dem Bachlauf wieder deutlich erkennbar und blau markiert. Durch Wald führt er zu einem zweiten Wasserlauf und auf einer Holzplanke über ihn hinweg. Dann geben Schilder Aufschluß darüber, daß es links zu unserem Ausgangspunkt Fageråsen geht; noch 5 km sind es bis dorthin.

Nach wenigen Minuten auf diesem Weg quert man eine Fahrspur, dann steigt der markierte Pfad in Sichtweite einer links gelegenen Bachschlucht steil an. Oben, auf wieder flacherem Terrain, liegen einige sumpfige Tümpel, eine zweite Fahrspur wird gequert, und der Pfad führt nun steigungslos durch lichten Mischwald dahin. Bei einem kleinen Bachlauf wird das Gelände offener und der Blick kann frei zum **Skurufjellet** schweifen, dessen Gipfel man nun bald ganz umrundet hat. Auch den höheren **Trysilfjellet** und seinen Nachbarn Stensæterkanken sieht man jetzt zur Rechten. Von links stößt die Route Nr. 5 auf unseren Weg, nach rechts führt ein Abzweig zur Skistua am Trysilfjellet. Geradeaus geht es an einer großen sumpfigen Wiese und letzten Hinweisschildern vorbei, die die richtige Richtung anzeigen, zum Ausgangspunkt oberhalb der Ferienhäuser zurück (3 Std.).

# Waldnutzung im norwegisch-schwedischen Grenzland

Die riesigen, dünnbesiedelten borealen Nadelwälder entlang der norwegisch-schwedischen Grenze bilden den Lebensraum für eine artenreiche Fauna mit großen Elchbeständen, Rotwild, Auerhühnern und allen drei großen und äußerst seltenen Raubtieren Skandinaviens, Braunbär, Luchs und Wolf. Alle drei Arten sind im Hedmarksbezirk, besonders im Finnskogen südlich von Trysil, sporadisch nachgewiesen, doch trotz kläglicher Bestandszahlen von Bauern und Jägern nicht wohlgelitten. Obwohl der Luchs seit 1992 zu den geschützten Tierarten gehört und es nach Schätzungen landesweit nur 300 Tiere gibt, wurde 1994 sogar eine Quote von mehr als 40 für die Jagd freigegeben und auch geschossen. Die Schutzbestimmungen für Waldregionen und die darin lebende Tierwelt sind auf der norwegischen Seite allgemein nicht sehr weitreichend. Trotz der Proteste von Naturschützern und Wandervereinen werden in Norwegen auch heute noch ursprüngliche Waldgebiete für die Forstwirtschaft genutzt; ganze 1,2 % der norwegischen Wälder stehen unter Naturschutz.

Auch Trysil am Ufer des breiten Trysilelva entwickelte sich mit der Forstwirtschaft. Der vom Femundsee kommende Fluß, der jenseits der schwedischen Grenze als Klarälven bis zum Vänernsee fließt, bildete bis Anfang der 90er Jahre die Flößroute für den Holztransport. Doch die Holzindustrie bietet mit zunehmender Rationalisierung immer weniger Arbeitsplätze; Mitte des Jahrhunderts verdienten in dieser Branche 30 000 Menschen ihren Lebensunterhalt, heute sind es kaum noch 5000. Und so dient der Wald inzwischen auf andere Art und Weise als Einnahmequelle: In Trysil reicht das Angebot an Urlaubsaktivitäten von Elch-, Biber- und Bärensafaris über Reit- und Angeltouren bis zu Schlittenhundfahrten. Bislang nutzen vor allem einheimische Touristen die Erholungsmöglichkeiten in der Waldregion Ostnorwegens, und das besonders im Winter. In Trysil wird für Skiwanderer ein Routennetz von 120 Kilometer markiert.

Das Norsk Skogsbruksmuseum in Elverum (Østerdalen) behandelt das Thema Waldnutzung so erschöpfend wie kein anderes im Land (geöffnet: täglich 10–16 Uhr, von Mitte Juni bis Mitte August täglich 10–18 Uhr). Zusammen mit der benachbarten Freilichtausstellung Glomsdalsmuseum bietet die große Anlage ein tagesfüllendes Programm.

**2**

## Wo Südnorwegen lappländisch wirkt

### Wanderung in der Femundsmarka

Der Wechsel zwischen den bewaldeten Ufern entlang des Femund-Sees und den kahlen, hügeligen Hochflächen darüber prägt die Wanderungen im Nationalpark Femundsmarka. Die lange, einfache Streckentour läßt sich gut in kürzere Abschnitte unterteilen und mit Übernachtungen in den am Wege liegenden Wanderhütten kombinieren.

**WEGVERLAUF:** Anleger Røa – Hütte Røvollen (1 Std.) – Schild nach Svukuriset (1 Std.) – Haugen (1.30 Std.) – Kuvolsætra (1 Std.) – Svukuriset (1.30 Std.) – Elgå (2.30 Std.)

**DAUER:** ca. 8.30 Std. (Abkürzungsmöglichkeiten)

**LÄNGE:** 30 km

**HÖHENUNTERSCHIEDE:** keine nennenswerten Auf- und Abstiege, die Wanderung bewegt sich zwischen 700 und 900 Höhenmetern; Abstecher zum Store Svuku: zusätzlich 600 Höhenmeter

**SCHWIERIGKEITSGRAD:** einfach

**WEGBESCHAFFENHEIT:** gut erkennbare, meist markierte Pfade, teils steinig

**VARIANTEN:** Variante A: Rundwanderung Elgå – Svukuriset (5 Std.) Variante B: Abstecher auf den Store Svuku (5.30 Std.)

**AUSRÜSTUNG:** im Hochsommer unbedingt Mückenschutz (möglichst Mückennetz), ggf. Mehrtagesausrüstung

**WANDERKARTEN:** TK 1 : 50 000, Blatt 1719 II, Elgå, und 1719 I, Røa

**RASTMÖGLICHKEITEN:** Selbstversorgerhütte Røvollen (DNT-Schloß, der Schlüssel ist bei der Touristeninformation Røros oder im Wanderhotel Svukuriset zu leihen), Schutzhütte am Anleger Røa, Wanderhotel Svukuriset

**HINWEISE:** Beliebte Freizeitaktivitäten in der Femundsmarka sind Kanufahren (Kanu-Verleih und Informationen beim Femund Canoe Camp in Sorken, ☎ 62 45 90 19) und Angeln (Auskünfte in der Touristeninformation Engerdal, ☎ 62 45 80 00), im Winter natürlich Skiwandern.

**ANFAHRT:** Den Anleger Røa erreicht man mit dem Passagierschiff Femund II, das auf der Route Elgå (R 221) – Sørvika (R 702) verkehrt (Sommersaison täglich, Sept. und Okt. nur Di und Fr). Mehrtageswanderung: Mit dem Schiff ab Elgå (Abfahrtszeiten: 6.6.–31.8. täglich 11.45 Uhr, 13.6.-15.8. Mi und So nur 16.45 Uhr) bis zum Anleger Røa. Kurzwanderungen: Schiff ab Sørvika um 9 Uhr (direkter Anschluß von Røros mit dem 8.15 Uhr-Bus), dann vom Anleger Røa nach Røvollen und zurück

**Wanderung 2:** In der Femundsmarka

(Rückfahrt um 14.15 Uhr ab Røa) oder bis nach Haugen (knapp! - Rückfahrt ab Haugen um 13.30 Uhr). Je nach Fahrplansituation sind Wanderungen bis Svukuriset (Rückfahrt 17.15 Uhr ab Anleger Revlingen) bzw. von dort bis auf den Store Svuku möglich (Informationen über die Abfahrtszeiten bei der Touristeninformation Røros, ✆ 72 41 00 00 oder 72 41 11 65).

## ◀ DER WANDERWEG

Vom **Anleger Røa** geht es an einer Schutzhütte und einer Übersichtstafel vorbei auf dem DNT-Weg in einen lichten Birken- und Kiefernwald hinein. Man strebt gleich dem Flüßchen Røa zu, dessen breites, flaches Bett eine solide Brücke überspannt. Jenseits verzweigt sich der Weg: Rechts führt ein idyllischer Pfad am Ufer entlang, verläuft sich aber im Gelände. Der linke führt nach Røvollen, zunächst etwas vom Bachufer entfernt hangaufwärts, dann wieder gut markiert durch weitgehend trockenes, sandig-felsiges Terrain, auf dem vereinzelt Kiefern – die hier dominierenden Nadelbäume – zwischen Wacholder, Heidekraut und Rentierflechten aufragen. Zurück kann der Blick bald über den riesigen See Femund und die jenseitigen Bergkuppen schweifen.

Nach einer Weile erreicht man ein Schild, das die Nationalparkgrenze anzeigt (30 Min.). Der Untergrund wird felsiger, ein Blockfeld wird gequert. Die verwitterten Gesteinsbrocken sind – ebenso wie der anstehende Fels in der Nähe – von gelblich-grünen Flechten überzogen. Hinter einer schon etwas altersschwachen Holzbrücke, die einen kleinen Bach überspannt (45 Min.), wird der Bewuchs wieder üppiger. Jenseits eines weiteren Bachlaufs und des anschließend wieder lichter bewachsenen Felsengrundes führt der Weg ein paar Meter abwärts. Nach 1 Std. Geh-

*Map labels:* Sørvika, Røsanden, Granbekkhøgda 789 m, Røvollen, Røa, Djunhåen, Røvola 823 m, Svarttjørna, 720 m, Nedre Roasten, Storvika, Røveltjørnane, Haugen, Grøtadalen, Kuvola 850 m, Falkfangarhøgda 967 m, Kuvolsætra, Store Svuku 1415 m, Langneset, Flata, Nordbekkdalen, Svukurismyra, Revlingodden, Midtbekkdalen, Svukuriset, Revlinga, Sørbekkdalen, Gråvola 912 m, Revlingsjøane, Langodden, Sandtjørnvola 1098 m, Sagodden, Saghekken, Litlebekken, Elgå, 2 km

31

zeit kündigt ein Rinnsal die **Hütte Røvollen** an, die gleich darauf zwischen den Bäumen durchschimmert. Wer hier übernachtet oder die Nachmittagsfähre vom Anleger Røa aus zurück nimmt, hat Zeit für einen äußerst lohnenden, einstündigen ›Umweg‹ am Ufer der Røa entlang:

**Abstecher:** Unweit der Hütte liegen Picknickplätze am Ufer. Folgt man von dort dem Pfad flußaufwärts, so stößt man bald auf Biberbauten. Die hier einst fast ausgerotteten Nager sind seit den 60er Jahren wieder im Nationalpark heimisch. Vor der Brücke am Nedre Røasten gelangt man wieder auf den DNT-Weg und auf ihm nach links zur Hütte zurück.

Bei der Røvollen-Hütte weist ein Schild auf den DNT-Weg nach Haugen, dem man zur Brücke am Nedre Røasten folgt (1.15 Std.). Jenseits taucht der breite See noch mehrmals neben der markierten Route auf, dann liegt rechts der kleinere Svarttjørna. Der Weg windet sich oberhalb von ihm leicht ansteigend auf einem trockenen Hügelrücken entlang. Das Gelände ist nun von winzigen Tümpeln und moorigen Feuchtwiesen durchsetzt, die der Wanderpfad aber geschickt umgeht. Niedrige Birken in den Senken wechseln mit vereinzelten hohen Kiefern auf den wasserarmen Kuppen ab, und über die weite Hochfläche hinweg ragt voraus schon die Kuppe des Store Svuku auf. Nach 1.45 Std. trifft man auf einen scharf links abzweigenden, unmarkierten Pfad. Leicht bergan geht es auf dem Hauptweg weiter in Richtung Süd-Südwest, wobei der Baumbewuchs nun deutlich abnimmt und einer schütteren Krautschicht aus Heidelbeere, Krähenbeere und Zwergbirke weicht.

Nach 2 Std. kommen die ersten Ausläufer einer Seenplatte in Sicht. An einer deutlichen Weggabelung weist ein **Schild** links nach Svukuriset, wohin der DNT-Weg über die kahlen Hochflächen weiterführt. Wir folgen aber dem rechten, unmarkierten Weg nach Haugen. Auch er verläuft zwischen den Seen. Hinter jeder Kuppe taucht eine neue Bucht auf, und es läßt sich schwer sagen, ob die neue Wasserfläche noch zum gleichen See gehört oder schon zum nächsten. Wenn der gut erkennbare Pfad einen Bachlauf überquert, liegen beiderseits die großen Røveltjørnane. Der weiter südlich gelegene der beiden Seen taucht mit seinen birkenbewachsenen Ufern immer wieder im welligen Gelände auf. Nach etwa 2.30 Std. lassen wir einen Abzweig nach Storvika rechts liegen, 100 m weiter biegt linker Hand ein parallel zum Ufer verlaufender Pfad nach Südosten ab, während sich der Weg nach Haugen hier am Seeende von ihm entfernt. Wie bisher führt er in südwestlicher Richtung zum Femund-See. Die markante Kuppe des Store Svuku ragt zur Linken in einiger Entfernung auf, während rechts der flache Hügelrücken Røvola das seengesprenkelte Gelände, das man gerade durchwandert hat, nur wenig überragt. Die Richtung wird nun beibehalten, auch wenn weitere Pfadspuren hinzukommen.

Nach 2.45 Std. ist die Grenze des Nationalparks wieder erreicht. Nun wird das sanft abfallende Gelände allmählich wieder bewachsener. Erste Kiefern ragen einsam vor der weiten Wasserfläche des Femund auf, dessen Ufer sich der Pfad nur zögernd nähert. Nach 3 Std. passiert er links einen kleinen See, bevor er deutlicher abwärts führt und in einer lieblich bewachsenen Talmulde auf eine beschilderte Weggabelung trifft. Man hält sich geradeaus und passiert gleich darauf einen Weidezaun durch ein Gatter. Dann tauchen auf der saftiggrünen Wiese die Hofgebäude von **Haugen** auf, darunter ein gut erhaltener Stabbur, einer der typischen, in Blockbauweise gebauten Speicher. Es geht an den Hauptgebäu-

Blick vom Store Svuku

den vorbei (3.30 Std.), und man passiert ein zweites Gatter auf dem alten Fahrweg, der durch Wald in wenigen Minuten zum Anleger führt. Wer nicht von hier das Schiff nehmen, sondern weiterwandern will, wende sich statt zum Anleger von den Hauptgebäuden aus nach links, wo nahe einer kleinen Sägemühle ein weiteres Tor durch die Umzäunung führt. Es ist bereits mit jenen roten Farbklecksen markiert, die den Wanderweg von nun an begleiten. Gleich außerhalb des Hofgeländes gabeln sich die Spuren; die rechten sind zwar schmal, aber markiert. Leicht ansteigend führen sie bald durch üppigen Nadelwald in Richtung Süden. Nur ab und zu blitzt die Wasserfläche des Femund rechts zwischen den Bäumen auf. Nicht immer sind die Pfade deutlich erkennbar, anfangs kommen noch etliche Spuren von den Seiten hinzu. Hier ist es deshalb wichtig, auf die nächsten roten Markierungen an den Baumstämmen zu achten. Nach insgesamt etwa 4 Std. säumen Leitungsmasten eine Weile den Pfad. Nachdem man unter der Stromleitung hindurchgegangen ist, wird der Weg wieder deutlicher, der Wald allmählich lichter und von Birken durchsetzt. Auf Holzplanken überquert man den Bachlauf. Jenseits kommt man zu der verlassenen Alm **Kuvolsætra** (4.30 Std.). An einem ersten Gebäude vorbei gelangt man zu einer üppigen Wiese, auf der sich weitere Hofgebäude verteilen. Dort steht ein Picknicktisch mit Bänken – eine hübsche Stelle für eine Pause.

Weiter geht es quer über die Wiese auf ein Toilettenhäuschen zu, in dessen Nähe man über Planken das andere Bachufer erreicht. Gleich dahinter ist der Weg ins Unterholz wieder rot markiert. Er gabelt sich aber sofort: Während die linke Spur ins Grøtådalen führt, gelangt man auf der rechten, wie ein verwitterter Wegweiser anzeigt, nach Svukuriset. Diesem Weg, der schmal, aber gut markiert ist, folgen wir. Er führt zunächst durch Wald, dann durch eine sumpfige Passage, in der man sich selbst die beste Route suchen muß, auf den nächsten, sanft ansteigenden Hang zu. In dem trockenen Ter-

Brücke über die Røa

die große bewirtschaftete Wanderhütte **Svukuriset.** Nach insgesamt 6 Std. erwarten den Wanderer hier auf einem alten Gehöft gediegene Unterkunft und gute norwegische Hausmannskost. Svukuriset ist einer jener Almhöfe, die nach der Aufgabe der Femundshytta zu ganzjährigen Farmen ausgebaut wurden. Doch das Leben am Rand der Vidda war schwer, und der Hof wurde mehrfach verkauft, bevor der DNT ihn 1926 übernahm, später das große rote Haupthaus errichtete und die älteren Hofteile liebevoll restaurierte.

Auf der letzten Etappe der Streckenwanderung folgt man zunächst dem Fahrweg, der das Gelände des Wanderhotels Richtung Anleger Revlingen verläßt. Gleich hinter der Einfahrt biegt man aber schon, dem Schild Richtung Elgå folgend, links ab. Auf Holzplanken werden zwei idyllisch dahinplätschernde Bäche überquert. Die kleingliedrige Landschaft wirkt hier fast parkartig. Bald geht es wieder leicht aufwärts, ein See kommt links etwas unterhalb der Route in Sicht, dann weitet sich die Landschaft. Auf einer flachen Anhöhe führt der Weg unter einer Stromleitung hindurch. Auf steinigem Untergrund geht es weiter bergan zum breiten Paßsattel zwischen dem Sandtjørnvola und dem niedrigeren Gråvola. Der Femund, der nun bald 200 m tiefer liegt, verschwindet für eine Weile rechts hinter dieser Kuppe. Wenn nach 7 Std. voraus der See mit der Bucht von Elgå in Sicht kommt, hat die Mühe des Anstiegs ein Ende. Nun führt der Weg weniger beschwerlich hinab und in eine weite Heidelandschaft hinein, die bald wieder von Nadelgehölzen durchsetzt ist. Einige Moorflächen sprenkeln dieses Gelände und müssen nach etwa 7.30 Std. durchquert werden. Die gut gewählte Routenführung und Holzplanken oder Steine im nassen Untergrund helfen dabei, sie problemlos zu überwinden. Auch der Bach Sagbekken ist überbrückt (7.45 Std.). Dahinter

rain ragen einige mächtige Kiefern auf. An ihnen vorbei erreicht man erneut das freie, fast unbewachsene Hochplateau, wo einem wieder ein frischer Wind um die Nase weht und schnell dahinziehende Wolken oft schöne Licht- und Schattenspiele auf die Hänge des Store Svuku projezieren. Vorbei an einem weiteren Grenzschild wandert man auf eine einsam stehende Birkengruppe zu, die eine Reihe kleiner Tümpel weiträumig umgibt.

Im wieder steinigen, unbewachsenen Gelände stößt man wenig später wieder auf die breite, zwei- bis dreispurige DNT-Wanderroute, die direkt von der Røvollen-Hütte hierherführt. Nun kann man nach etwa 5.15 Std. wieder den beruhigenden Ts nach Svukuriset folgen. Vorbei an einer birkenbestandenen Bachaue und einem Grenzschild erreicht man einen steinigen Wegabschnitt. Von einer letzten Kuppe bietet sich ein großartiger Blick über den Femund, dann folgt lichter Wald und hangabwärts jenseits eines Bachbetts beginnt, nun schon in tieferer Lage, wieder ein Waldgebiet, in dem die Wanderroute bald einen Forstweg kreuzt, um dann eine Weile ungestört von Zivilisationsspuren weiterzuführen. Etwas unvermittelt stößt man nach 8 Std. auf eine Straße. Jenseits leiten die roten Markierungen nun bald zu umzäuntem Kulturland, in das man durch ein Gatter gelangt. Der Wanderweg trifft auf das Hotel Fjellstua, von dem aus in wenigen Minuten die Hauptstraße bei der Kirche von **Elgå** und der Fähranleger erreicht sind (8.30 Std.).

## VARIANTEN

A) Svukuriset – Elgå (oder Rundtour): Von Svukuriset führt ein Fahrweg (für Fahrzeuge inzwischen gesperrt) zum Anleger Revlingen und kurz davor links abbiegend in etwa 2.30 Std. nach Elgå. Diese Route kann man aber auch mit dem letzten Teilstück der beschriebenen Wanderung zu einer unproblematischen 5 Std.-Rundtour kombinieren.

B) Abstecher Store Svuku: Den Abstecher auf den Store Svuku vom Anleger Revlingen aus via Svukuriset (5.30 Std.) kann man in der Hauptsaison mittwochs und sonntags auch als Tagestour von Sørvika aus unternehmen (Ankunft 11 Uhr, Rückfahrt 17.15 Uhr). Vom Anleger Revlingen geht es den Fahrweg hangaufwärts in knapp 1 Std. nach Svukuriset, durch die Einfahrt, dann an der Wanderhütte vorbei zu einer kleinen Brücke, jenseits nach links hangaufwärts zu den ersten Markierungs-Ts, auf die gleich eine Gabelung folgt: Der linke Pfad führt zum Store Svuku. (Alternativ bleibt man auf der Fahrspur, die den Hof umgeht, und gelangt so ebenfalls zu dieser Stelle.) Die Markierungen begleiten nun die Strecke bis zum 1415 m hohen Gipfel hinauf. Zunächst führt die Route durch mooriges, birkenbestandenes Terrain,

dann, auf steinigerem Untergrund verlaufend, hält sie bei einer Gabelung, nun steiler ansteigend, auf den Doppelgipfel des Store Svuku zu. In der Paßsenke angekommen, wendet man sich über Blockfelder dem linken Gipfelplateau zu, über das hinweg ein mächtiger Steinmann den besten Aussichtspunkt markiert. Dort angelangt (2.45 Std.), informiert ein Schild darüber, daß Carl von Linné, der schwedische Naturforscher, hier am 27. Juli 1734 durchreiste. Der Rückweg ist wegen der beschwerlichen Geröllpassagen nicht wesentlich schneller zu schaffen als der Aufstieg, so daß man nach einer knappen halben Stunde wieder aufbrechen sollte, wenn man die Abendfähre noch erreichen will.

## WEITERE HINWEISE

Eine Entdeckungstour für groß und klein ist ein Spaziergang zu dem im Sommer bewirtschafteten und Gästen offenstehenden Hof Gutulisetra am Rand des Fichtenurwaldes des **Gutulia-Nationalparks** (1. Juli-Wochenende bis Mitte August, Koch- und Aufenthaltsmöglichkeit, keine Restauration). Von der Straße Femundsenden Richtung Elgå zweigt die Zufahrt zu einem Parkplatz am See Gutulisjøen ab. In etwa 45 Min. erreicht man auf dem beschaulichen Uferweg die Alm.

Das **Blokkodden Villmarksmuseum** in Drevsjø vermittelt einen hervorragenden Einblick in die Geschichte der Femundsmarka. Allsommerlich wird in dem Freiluftmuseum norwegische und samische Kultur wieder lebendig; Führungen von Ende Juni bis Mitte August sowie in der Woche vor und in der Woche nach Ostern täglich zwischen 11 und 16 Uhr. Das Museumsgelände ist ganzjährig zugänglich, im Winter auch auf markierten Skiloipen.

# Leben in der Femundsmarka

Wo heute Nationalpark und Landschaftsschutzgebiet zwischen dem Femundsee und der schwedischen Grenze liegen, haben sich Menschen erst spät dauerhaft niedergelassen. Kaltes, trockenes Klima und überwiegend karge Böden stellten keine günstigen Bedingungen dar. Die sanft gewellten Wald- und Fjellregionen dienten Rentierjägern seit der Steinzeit als Revier. Um 1600 zogen auch samische Rentierzüchter aus Lappland hierher und nutzten die Weideflächen in regelmäßigem Turnus. Als Nomaden hinterließen sie jedoch nur wenige Siedlungsspuren.

Die Erzfunde 1644 änderten alles. Schon im selben Jahr wurde die königliche Kupferhütte in Røros errichtet und mit den Schürf- und Nutzungsrechten im Umkreis von 40 km – im Süden bis in den heutigen Nationalpark hinein – um den nun entstehenden Ort ausgestattet. Dazu zählte die Bestimmung, daß alle Bauern in diesem Areal für die Mine zu arbeiten hatten. In ein paar Jahren war das Gebiet abgeholzt, denn die Hütte brauchte Holzkohle für den Schmelzprozeß, die Minen benötigten Brennholz, um den Abbau zu erleichtern. Zahlreiche Arbeiter ließen sich um die Hütte in Røros nieder, andere bei den Minen, und etliche betrieben auf den gerodeten Flächen nebenbei Landwirtschaft auf

Wie viele andere Almen in der Femundsmarka wird auch die Gutulisetra im Gutulia-Nationalpark nur noch im Sommer bewirtschaftet

Sommerhöfen, die oft zur Kupfergesellschaft gehörten. Der Kahlschlag der Wälder dehnte sich bald weiter nach Süden in die Femundsmarka aus. Immer neue Gebiete mußten Brennholz liefern, immer weiter wurden die Wege zur Hütte. Die Flüsse und Seen zwischen dem Femund und Røros wurden ab 1700 durch Flößkanäle verbunden, der Femund um einen Meter aufgestaut, um das nötige Gefälle nach Norden herzustellen. Fischarten, die vorher nur im Femund vorkamen, breiteten sich über die Verbindungsrinnen aus. Doch blieb es mühsam, die Stämme zur Kupferhütte zu schaffen, und so wurde 1743, knapp ein Jahrhundert nach den ersten Erzfunden, am Westufer des Femund, gegenüber von Haugen, die Dependance Femundshytta angelegt.

Der Hof Haugen gehörte wie die Nachbaralmen zur Hütte, und als diese 1822 schloß, siedelten sich einige Nebenerwerbsbauern mangels Alternativen fest auf den Sommerfarmen an. Etliche werden noch im Sommer bewirtschaftet, doch heute meist für Wanderer, die nun Unterkunft im historischen Ambiente von Fjølburøsten, Ljøsnåvollen oder Svukuriset finden. Haugen ist noch heute ganzjährig bewohnt und zählt zu den einsamsten Bauernhöfen des Landes. Nur per Boot im Sommer und per Schneescooter im Winter erreicht die Familie die Außenwelt, dazwischen besteht oft wochenlang überhaupt keine Verbindung, und das Frühjahrsfest in Elgå am 17. Mai verpassen die Bewohner von Haugen mit ziemlicher Regelmäßigkeit, denn es fällt in die Zeit der Hauptschneeschmelze. Dennoch entschlossen sich Åse Haugen, die Tochter der früheren Besitzer, und ihr Mann Svein Waldal 1986, von ihrem weiter südlich gelegenen Hof mit ihren zwei kleinen Kindern hierher zu ziehen und den elterlichen Besitz zu übernehmen.

Eine wichtige Rolle spielt die Jagd – von September bis Weihnachten auf Schneehühner, ein paar Wochen im Jahr auf Elche; die Fuchsjagd dauert bis in den März. Einige Almhütten gehören zum Hof und werden an Angler vermietet. Im Sommer wird Fischerei betrieben. Besonders der Sik, eine kleine Saiblingsart, von der ein halbes Dutzend professioneller Fischer einige tausend Kilo pro Saison aus dem Femund ziehen, bringt Einnahmen. Die ›Femund Fiskerlag A/L‹ in Elgå verarbeitet und vertreibt die Fänge. Im Laden am Fähranleger gibt es die köstlichen Fische frisch, geräuchert oder gebeizt und eingefroren zu kaufen. Ein typischeres Essen als Sik kann man sich bei einem Besuch am Femund nicht vorstellen.

## 3

# Auf den Spuren der Flößer

Durch eine alte, heidebewachsene Moränenlandschaft, in der zahlreiche Toteislöcher vom Wirken der Eiszeiten zeugen, geht es von einem Wasserlauf zum nächsten. Am Wege liegen einige jener alten Kanäle, auf denen das Holz dieser einst bewaldeten Region zur Kupferhütte nach Røros geflößt wurde.

**WEGVERLAUF:** Langen – Svarttjørna (40 Min.) – Straße am Feragselva (40 Min.) – Abzweig nach Ljøsnåvollen (30 Min.) – Flößerrinne Langtjørnrenna (45 Min.) – Hütte Furubakken (45 Min.) – Ufer des Rundtjørna (30 Min.) – Langen (1 Std.)

**DAUER:** ca. 4.50 Std.

**LÄNGE:** ca. 20 km

**HÖHENUNTERSCHIED:** keine nennenswerten Auf- und Abstiege

**SCHWIERIGKEITSGRAD:** einfach

**WEGBESCHAFFENHEIT:** gut erkennbare, meist markierte Wanderwege, z. T. Forst- oder Fahrwege

**AUSRÜSTUNG:** Mückenschutzmittel, evtl. Mückennetz

**WANDERKARTE:** TK 1 : 50 000, Blatt 1719 I, Røa

**RASTMÖGLICHKEITEN:** Zwei unbewirtschaftete Hütten der Forstverwaltung sowie die Höfe Langen und Fjølburøsten (knapp 2 km auf dem Fahrweg ab der Brücke über den Feragselva) bieten Unterkunft und Verpflegung in gediegener Atmosphäre.

**ANFAHRT:** Ab Røros auf der R 702 Richtung Sørvika bis zum Hof Langen; Zubringerbus nach Sørvika ab Bahnhof Røros in Verbindung mit dem Fährschiff Femund II (s. S. 30 f.).

## DER WANDERWEG

Nördlich der Hofgebäude von **Langen** weisen nahe der Ferienhäuser zwei Schilder auf die Wanderwege hin: Dem linken folgt man Richtung Marenvollen, auf dem rechten (Ljøsnåvollen) kehrt man später zum Ausgangspunkt zurück. Am linken Rand des Kulturlandes führt der markierte Pfad an einem sanft geneigten Hang mit Heide und lichtem Baumbestand entlang. Ein Bach wird auf Steinen gequert. Das gewellte Gelände ist von kleinen, sumpfigen Mulden zwischen trockeneren Rücken und vereinzelten größeren Felsbrocken zergliedert; eine alte Grundmoräne bildet den Untergrund.

Der bequeme, gut ausgetretene Pfad führt unter den Masten einer Stromleitung hindurch. Dann werden Spuren der eiszeitlichen Vergangenheit der Region in Form großer, kreisrunder bis ovaler Senken im Gelände erkennbar. Wo ein Forstweg die Wanderroute kreuzt (30 Min.), liegen mehrere dieser Toteislöcher links des Weges. Das erste ist wasserlos, unten von heller Rentierflechte überzogen, das andere weist im abflußlosen Talgrund einen länglichen Tümpel auf. Hier sind während des Abschmelzens der Gletscher, die diese Region überlagerten, große Eisblöcke unter Moränenschutt liegengeblieben und erst langsam über Jahre hinweg

abgetaut. Zurück blieben die charakteristischen Mulden. Jede von ihnen ist von gleichmäßig geneigten Hängen umschlossen. Entlang der Route liegen noch mehrere solcher Einsenkungen.

Bald wird in einiger Entfernung links der See **Svarttjørna** sichtbar (40 Min.), etwas später kreuzt man erneut eine Fahrspur. Obwohl nur wenig bewaldet, dient das Gelände auch der Forstwirtschaft, die hier und da ihre Spuren hinterlassen hat. Einige kleinere Moorpassagen, die mit Hilfe ausgelegter Holzplanken überwunden werden, wech-

**Wanderung 3:** Rund um den Femundsåsen

Die alten Flößkanäle verbinden die Seen miteinander

seln mit steinigeren Wegabschnitten ab, bis man nach 1.20 Std. auf die **Straße am Feragselva** stößt. Man folgt ihr nach rechts, über eine flache Anhöhe, dann über zwei Seitenbäche hinweg und vorbei an einem schotterigen Rastplatz am Fluß bis zum beschilderten Abzweig nach Ljøsnåvollen, den man kurz vor der Brücke über den Feragselva erreicht (1.50 Std.).

**Abstecher:** Wer einen alten Almhof besuchen will, kann dem Fahrweg weiter über den Fluß nach **Fjølburøsten** folgen (hin und zurück etwa 1 Std.), wo im Juli und August ›Seterkost‹, z. B. Milch und Rømmegrøt, angeboten werden.

Man folgt dem markierten Pfad nun nach rechts, Richtung Ljøsnåvollen. Von rechts kommt ein Forstweg, der sich halblinks fortsetzt. Kurze Zeit verläuft der Wanderweg auf ihm, bevor sich die ehemalige Fahrspur im ansteigenden Gelände verliert. Die Markierungen weisen den Wanderweg etwas links der Spuren. Bald kommt der Rundtjørna in Sicht. Über ihn hinweg sind linker Hand die Bergkuppen des Storvigelen und des Vigelen zu sehen. Bald nähert man sich deutlich dem Ufer des Feragshåen. Ein Inselchen mit einer einsamen Baumgruppe liegt bald zur Linken, dann wird die Sicht kurzzeitig von einer flachen Kuppe versperrt, bevor der Blick wieder frei über die Wasserfläche schweifen kann, die sich hier zum Feragen verbreitert. Jenseits eines letzten Sumpfstückes kommt nach 2.35 Std. in einer schilfbestandenen Ausbuchtung die **Flößerrinne Langtjørnrenna** in Sicht, ein Teilstück des alten Wasserweges, auf dem Holz zum Femundsee transportiert wurde. Nach links zur Bucht des Feragen hin ist die hölzerne Rinne trockengefallen, das Wasser versickert kurz vor dem Austritt an einigen morschen Stellen. Vom Ufer der Landzunge aus ist die auf niedrigen Stelzen aufgebockte Konstruktion gut zu sehen. Durch diese Rinne kamen die Baumstämme geschossen, die auf diese Art und Weise von den bewaldeten Hängen der Femundsmarka nach Røros gebracht wurden.

Der Wanderweg überquert die hier nun wassergefüllte Verbindungsrinne etwas weiter landeinwärts, und man wandert links des Kanals entgegen der Strömung. Schnurgerade führt er ein paar hundert Meter durch den Wald zum benachbarten Langtjørna hinüber, der einige Meter aufgestaut wurde, um das nötige Gefälle für die Flößerrinne zu erzeugen. Am Abfluß, dessen Ufer beidseitig solide befestigt sind, erreicht man eine Hütte der Forstverwaltung. Sie ist zwar spartanisch ausgestattet, aber zugänglich und überdies geräumig. Wie bei solchen Hütten üblich, ist es erlaubt, hier eine Nacht zuzubringen. Doch auch auf Tageswanderungen ist diese Stelle ein idealer Platz, um zu rasten und die kulturgeschichtlichen Spuren zu erkunden. Ein paar Meter weiter stößt der markierte Wanderweg kurz vor einer Brücke auf einen Pfad, der nach rechts zum Seeufer führt. Hier, im Bereich des natürlichen Seeabflusses, sind die Ufer wieder stark befestigt. Ein Wall aus Holz und Steinen staut den See, daneben ist eine alte Slipanlage für die Boote der Flößer noch deutlich im Unterholz zu erkennen. Da der Fluß nicht mehr ungehindert abfließt, seitdem dieser Wasserweg im beginnenden 18. Jh. angelegt wurde, mußten die Boote an dieser Stelle über Land gezogen werden.

Über die Brücke hinweg verläßt man den Uferbereich und überwindet im wieder freier werdenden Heidegelände nach einigen Minuten einen Zaun auf einem Übertritt. Kurz darauf ist eine Gabelung erreicht, an der man rechts nach Langen weiterwandert. Mit den bekannten DNT-Zeichen gut markiert und breit ausgetreten, verläuft der Weg nun bequem nach Süden. Im wieder bewaldeten Terrain wird ein zweiter Zaun durch ein originelles Tor passiert. Es besteht aus einem hölzernen ›Vor-

hang‹ aus dicht nebeneinander hängenden mannshohen Pflöcken. Rechts blinkt ab und zu der Langtjørna durch die Nadelbäume, die bald wieder von kleinen Moorflächen abgelöst werden. Über alte Bohlen und neuere Planken kommt man hinüber; der Weg existiert offenkundig nicht erst, seitdem Freizeitwanderer die Region entdeckt haben.

Nach etwa 3 Std. fallen auf einer Kuppe zur Linken große Findlinge ins Auge, dann kommt eine Hütte in Sicht. Kurz darauf quert man auf einer Bohlenbrücke einen Bachlauf im moorigen Uferbereich eines Tümpels, der weiter hinten in den Langtjørna mündet. Dort liegt bald rechts am Ufer die **Hütte Furubakken** (3.20 Std.). Bei einem morschen Steg über ein weiteres Rinnsal stößt man auf mehrere Wegweiser: Zurück geht es nach Svartvika, geradeaus und rechts nach Langen. Wir nehmen den rechten Abzweig.

Auf gut erkennbarem Pfad folgt man den Markierungen über eine kleine Anhöhe hinweg zur Landenge zwischen

Die einstigen Flößer-Hütten dienen heute Wanderern als Notunterkünfte

# Die Bergbaustadt Røros

Bis in die 70er Jahre dieses Jahrhunderts hinein war die Geschichte des Städtchens Røros untrennbar mit dem Kupferbergbau verknüpft. Als Erzabbau und Verhüttung nach weit über 300 Jahren unrentabel geworden waren, stellte man die ältesten Teile der Bergbausiedlung, Bergstaden, mitsamt der Schmelzhütte und ihren Schlackehalden unter Denkmalschutz. Mit ironischem Unterton wird bei Stadtführungen darauf hingewiesen, daß die Schutthalde Slegghaugen wahrscheinlich der größte von der UNESCO als Weltkulturerbe betitelte Abfallberg ist.

Die alte Bergbaustadt Røros

Wenige Meter von der Touristeninformation entfernt beginnt die Bergmannsgate, die Hauptstraße der Altstadt. An ihrem unteren Ende steht das einstige Wohnhaus der Bergwerksdirektoren, das in ein Hotel umgewandelt worden ist. In den umliegenden Gebäuden entlang der Straße lebten vor allem die Ingenieure. Blickt man die Bergmannsgate entlang, so täuscht die geschickte Nutzung der Perspektive eine beachtliche Länge vor, die in Wirklichkeit dadurch erzeugt wird, daß die Straße zur Erzhütte hin schmaler wird und die Gebäude dort kleiner sind. In ihnen lebten die Hüttenarbeiter. Im grauen Eckhaus an der Bergskriverveta befand sich die Verwaltung und Gerichtsbarkeit der Kupfergesellschaft. In dem grünen Haus gleich daneben wurde zu Beginn des 19. Jh. ein Laden eröffnet. Zuvor hatte es nur den zur Bergbaugesellschaft gehörenden Monopolhandel gegeben, und die Preise waren, wie die Arbeitslöhne, von der königlichen Gesellschaft festgelegt. Kein Wunder, daß viele Arbeitskräfte Nebenerwerbslandwirtschaft betrieben und dies von dem Unternehmen gern gesehen wurde. Die Häuser entlang der Hauptstraße (z. B. Nr. 30) lassen dies noch erkennen: Hinter dem zur Straße weisenden Wohntrakt liegen um einen kleinen Hofplatz herum Stallung und Heuschober.

Blickt man hinauf zu den Dächern der Häuser, so fällt deren schwarze Schotterbedeckung auf. Gras, die übliche Abdeckung auf den norwegischen Bauernhöfen, verkümmerte in der rauchgeschwängerten Luft nahe der Erzhütte, so benutzte man stattdessen die Schlacke, die bei der Verhüttung abfiel. Brände kamen nach zwei verheerenden Großfeuern im späten 17. Jh. nicht mehr vor, wozu strikte Sicherheitsbestimmungen und ein Verbot von offenen Feuern in den Häusern beitrugen. So blieb die nach 1670 entstandene planvolle Bebauung der Altstadt mit in Blockbauweise errichteten Holzhäusern weitgehend erhalten. Auch der rechtwinklige Grundriß des kleinen Stadtkerns ist auffallend; auf der anderen Seite des Flusses Hyttelva sind die Straßen verwinkelter. Dort liegen am Fuß der Abraumhalde die armseligen Katen derjenigen, die nicht selbst für ihren Lebensunterhalt sorgen konnten. Einige der winzigen Häuser am Sleggveien gehören zum Museum und sollen nach Restaurierungsarbeiten wieder zu besichtigen sein. Auch wenn einige Türbalken ältere Jahreszahlen tragen, so sind die Behausungen doch jünger als die Häuser auf Bergstaden. Sie wurden lediglich aus Holzteilen älterer Gebäude zusammengesetzt. Auffallend sind auch einige merkwürdige Hausnummern, die neben den neueren Schildern hier und da noch zu lesen sind, etwa Sleggveien 188. Sie beziehen sich auf die Reihenfolge, in der die Häuser errichtet wurden; so war also dieses das 188. Haus des Ortes.

Jenseits der Schlackehalde schließt sich stadtauswärts das Gebiet von Småsetran an. Hier hatten die Bergwerksarbeiter ihre Parzellen, beinahe in Sichtweite der luftverpestenden Schmelzhütte auf der anderen Flußseite. Das flache Gebäude auf dem Malmplassen (Erzplatz) wurde im Stil des Vorgängerbaus von 1888 rekonstruiert und ist heute zentraler Teil des Rørosmuseums (geöffnet: Mo–Fr 11–15.30 Uhr, Sa und So 11–14 Uhr; 21.6.–15.8. Mo–Fr 10.30–18 Uhr, Sa und So 10.30–16 Uhr). Innen wird auf anschauliche Weise die Erzverhüttung gezeigt. Vor dem »Kopperverk« ist die Waage aufgebaut, mit der die Erzlieferungen gewogen wurden. An der Straße ragt der Glockenturm auf, der die Arbeiter werktags zur Schicht rief, und darüber erhebt sich der markante Turm der Kirche von 1784, deren Glocke sonntags an eine andere Pflicht erinnerte. Mit 1600 Menschen faßte die Kirche, zu jener Zeit das einzige Steingebäude von Røros, die gesamte Stadtbevölkerung.

zwei Seen, wo eine weitere Hütte der Forstverwaltung Wanderern offensteht. Der Flößkanal Litjirenna in unmittelbarer Nähe ist noch gut erhalten, ebenso die Bootsrampe. Eine Brücke überspannt den schmalen Kanal, dann geht es noch ein Stück am **Ufer des Rundtjørna** entlang, bevor der Weg sich hangaufwärts von ihm wegwendet (3.50 Std.). Doch vor dem Anstieg sollte man die Uferregion etwas aufmerksamer betrachten: Überall deuten Holzspäne und angespitzte Baumstümpfe auf die Aktivitäten von Bibern hin. Ein großer Bau liegt direkt am Wege, und man fragt sich, wie lange wohl die Kiefer mit dem Markierungs-T noch unbehelligt mitten im Revier der Nager aufragen wird.

Hangaufwärts entfernt sich der Weg vom See und trifft nach 4 Std. mit einem von halblinks kommenden Forstweg zusammen, dem man nach rechts Richtung Langen folgt. Alte verwitterte Baumstümpfe zeugen von der Vernichtung der Waldbestände, die schon vor Jahrhunderten ihren Anfang nahm. Nur niedrige Birken und Weidensträucher haben sich heute in der kargen Heidelandschaft angesiedelt. Man gelangt zu einem Schild, das die in spitzem Winkel abzweigende, fast in entgegengesetzte Richtung verlaufende Linné-Route anzeigt. Es verrät, daß der Naturforscher diese Stelle am 22. Juli 1734 passierte. Nun hat man den höchsten Bereich der flachen Kuppe Femundsåsen erreicht. Links blickt man von hier auf die Berge der Femundsmarka, den Flenskampen und den Store Svuku. Von einem richtigen Abstieg ist anschließend in dem auch weiterhin gewellten Gelände kaum etwas zu merken. Nach 4.30 Std. erhebt sich neben dem Weg eine mächtige alte Kiefer, die Storkalla genannt wird. Voraus überblickt man die weite Senke. Wenige Minuten später biegt der Wanderweg mit den Markierungs-Ts wieder von dem Forstweg ab und führt rechts von ihm zum Ausgangspunkt bei den Ferienhäusern am Hof **Langen** zurück (4.50 Std.).

## WEITERE HINWEISE

Die **Olavsgruva** ist als einzige der alten Erzgruben der Region für Besucher zugänglich; Anfahrt von Røros auf der R 31 nach Osten, auf dem Olavsgruveien nach links; im Sommer mehrmals täglich Führungen, Auskunft bei der Touristeninformation.

Ein lohnender **Abstecher** in die Umgebung beginnt auf der Hauptausfallstraße R 30 von Røros Richtung Trondheim: Vorbei am Bahnhof, nach wenigen hundert Metern vor einem kleinen See links ab zum Flughafen und gleich wieder rechts Richtung Sundet, passiert man nach 1 km die Dünen Kvitsanden und kreuzt nach 2 km die Bahnlinie; am Flugfeld vorbei und über die Brücke der Glåma (Sundetbru, 3 km) hinweg, dann an der nächsten Gabelung nach links abbiegend, erreicht man nach ein paar hundert Metern auf einer flachen Kuppe eine Parkbucht am Eingang zur **Schlucht Skårhåmmårdalen**. Sie liegt zur Rechten und ist an einem kleinen See im Talboden zu erkennen. Durch ein altes Drehkreuz gelangt man zum Spazierweg hinunter. Am schilfbestandenen Ufer erreicht man unter den höherwerdenden Felswänden einen idyllisch im Talgrund gelegenen Pavillon, der allerdings schon bessere Zeiten erlebt hat. Dahinter wird die Schlucht unwegsamer. Über Stock, Stein und dicke Moospolster muß man sich seinen Weg selbst bahnen, um am Schluchtende wieder problemlos nach links zur Straße oder nach rechts hinaufzugelangen. An beiden Seiten der Klamm kann man zum Ausgangspunkt zurückwandern, in Höhe des Pavillons führen beidseitig Pfade wieder hinauf. In 1.30 Std. läßt sich die eiszeitliche Klamm mit ihren bis zu 30 m hohen Wänden und dem üppigen Bewuchs im geschützten Talboden gut erkunden.

# 4

# Wandern in Großstadtnähe

## Durch die Bymarka bei Trondheim

Trondheims historischem Erbe kommt man nicht nur innerhalb der Stadtgrenzen auf die Spur: Ein Ausflug in die Bymarka, der mit einer Straßenbahnfahrt beginnt, führt durch die alte Allmende der Trondheimer, in der die Stadtbürger seit dem Mittelalter Jagd- und Weiderechte besaßen.

**WEGVERLAUF:** Lian – Hof Stykket (40 Min.) – Straße zum Gråkollen (25 Min.) – Fahrweg nach Tømmerdal (25 Min.) – Abzweig nach Tunga (15 Min.) – Straße zum Gråkollen (25 Min.) – Lian (35 Min.)

**DAUER:** ca. 2.45 Std.

**LÄNGE:** ca. 13 km

**HÖHENUNTERSCHIEDE:** keine besonderen Auf- und Abstiege; Abstecher auf den Geitfjellet 150–250 m

**SCHWIERIGKEITSGRAD:** einfach, etwas Orientierungsvermögen ist erforderlich

**WEGBESCHAFFENHEIT:** variiert von schmalen Pfaden bis zu breiten Spazierwegen; teils müssen feuchte Stellen gequert werden

**AUSRÜSTUNG:** Trinkwasser, bei Wind stille Mückenschutz

**WANDERKARTE:** TK 1 : 50 000, Blatt 1621 IV, Trondheim

**RASTMÖGLICHKEITEN:** Cafés im Hotel von Lian und in der Skistua (nur an Wochenenden geöffnet)

**HINWEIS:** Der See an der Endstation der Straßenbahn ist im Sommer als Bade- und Picknickplatz beliebt.

**ANFAHRT:** mit der Straßenbahnlinie 1 (»Gråkollenbahn«) bis zur Endstation Lian oder mit dem Auto auf dem Byåsveien Richtung Grånåsen Sprungschanze bis zum Abzweig nach Lian

---

## DER WANDERWEG ▶

Von der Endstation der Linie 1 bei **Lian** aus folgt man einem Fahrweg, der oberhalb der Badestelle am hübsch gelegenen Liavatnet entlangführt. Eine Serpentinenstraße zum Hotel zweigt scharf rechts ab. Wir folgen jedoch dem Trampelpfad, der etwas links der Gabelung in die Wiese hineinführt und leicht ansteigend auf einen Fahnenmast zuhält. Die Aussicht zurück reicht über die sanft geneigten Hänge bis zum Fjord hinunter, um den sich die Innenstadt von Trondheim erstreckt. An dem Fahnenmast wird nach 10 Min. die Straße wieder passiert, die noch zu einigen Häusern führt. Man bleibt jedoch links von ihr auf dem etwas tiefer gelegenen Pfad, der wenige Minuten später in einen gesperrten Forst-

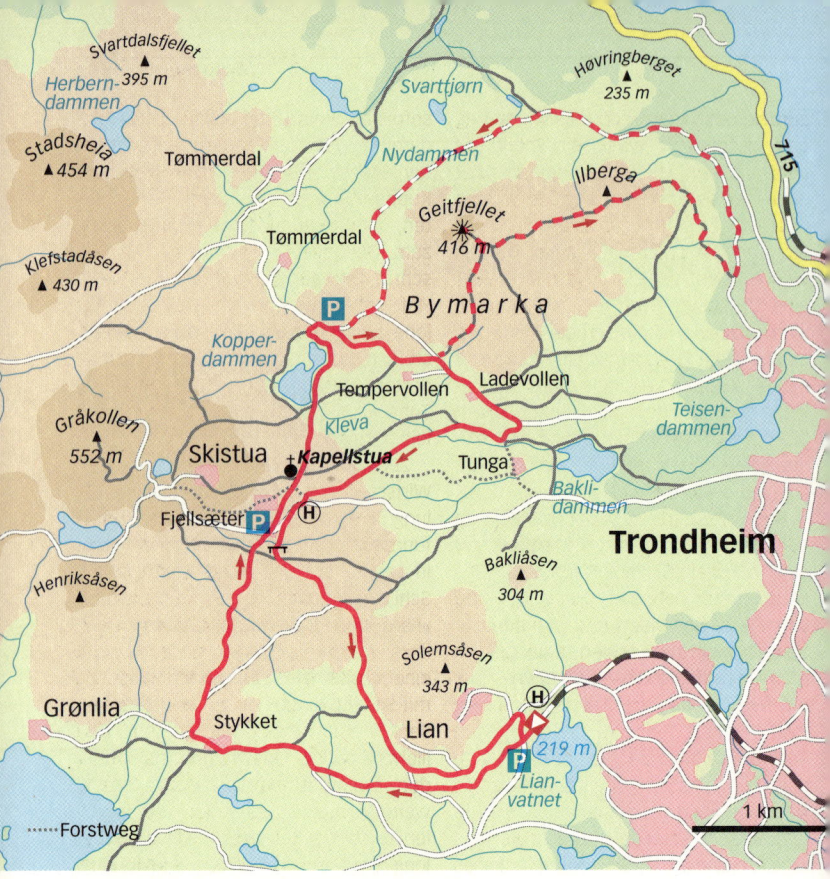

**Wanderung 4**: Durch die Bymarka bei Trondheim

weg mündet, auf dem man eine Weile in der eingeschlagenen Richtung weitergeht. Die letzten Häuser bleiben nun zurück. Auch im Sommer sind hier und da noch Loipenmarkierungen zu sehen. Der Weg verwandelt sich nun wieder in einen Trampelpfad, der sich in einem sumpfigen Wiesenstück etwas verläuft: Man bleibt am linken Rand des kleinen Feuchtgebietes, durch das die winterliche Skiroute direkt führt. Mitten im Sumpf steht nach etwa 30 Min. eine Tafel mit einem Übersichtsplan. Gleich dahinter biegt man mit dem wieder gut erkennbaren Fußweg halbrechts ab und passiert einen Wegweiser, der zurück nach Lian zeigt. Eine kleine Holzbrücke überspannt ein Rinnsal, und

kurz dahinter trifft man auf einen Forstweg, dem man nach rechts folgt.

Das bisher nur stellenweise baumbestandene Wiesengelände geht für kurze Zeit in einen lichten Wald über, aus dem man nach ein paar Minuten unweit des **Gehöftes Stykket** bei einigen Hütten wieder heraustritt. Unterhalb eines zweiten Gehöftes gelangt man zu einer Wiese mit einer Picknickbank (40 Min.). Bei einer Gabelung hält man sich rechts und steigt auf der Treckerspur zwischen den Hofgebäuden hindurch etwas steiler hinauf in den Wald, vorbei an einer weiteren Hütte, um nach kurzer Zeit auf einen guten Fahrweg zu treffen. Ein Wegweiser zeigt hier nach Lian und Stykket zurück, doch man setzt die Wanderung nach rechts fort, wohin ein Schild mit der Aufschrift »Fjellseter« weist. Aber auch auf diesem Fahrweg bleibt man nicht lange, denn bald zeigt ein Schild Richtung Fjellseter nach links. Dorthin wendet man sich und folgt nun wieder einem Fußpfad. Nach rechts blickt man landeinwärts nach Heimdal hinunter, während der Fjord zunächst noch hinter einigen Kuppen versteckt liegt. Zur Linken erhebt sich der Gråkollen gut 200 m aus der sanft gewellten Umgebung, eindeutig identifizierbar durch die Radaranlage auf seinem Gipfel.

Nach 1.05 Std. stößt der Wanderweg auf die **Straße**, die zum **Gråkollen** und dem dortigen Skigebiet führt. Wenige Meter weiter liegt linker Hand die Hütte von Fjellseter. Diese und die benachbarte Kapellstua passiert man, indem man einem beschilderten Fußweg über die Straße und den Parkplatz hinweg folgt. Entlang einer rechts gelegenen Schafweide führt der Pfad bald merklich bergab. Er passiert einen beschilderten Abzweig nach links Richtung Skistua und erreicht anschließend das Ufer des Koppardammen. Der Name dieses Waldsees ist mit dem alten Steindamm verknüpft, über den schon bald der Weg zum rechten Seeufer führt. Nachdem die Kupfererzförderung in der Gegend eingestellt worden war, wandelte man die vorhandene Senke durch den Bau eines Staudamms in ein Wasserreservoir für Trondheim um. Am steilen Ufer entlangwandernd, passiert man überwachsene Felsen und schilfbestandene Buchten. Am anderen Seeende steigt die Route an und gabelt sich kurz darauf. Wer sich noch nicht von dem idyllischen Koppardammen trennen will, kann den kleinen Stausee nach links noch einmal ganz umrunden. Unsere Wanderung führt allerdings zur **Fahrstraße nach Tømmerdal** (1.30 Std.), die bei einem zurück zum Koppardammen weisenden Schild erreicht wird. Man biegt nach rechts ab und kommt sofort an einem Parkplatz vorbei. Kurz darauf liegen zur Rechten hintereinander ein weiterer markierter Weg zum Koppardammen und einige Ferienhütten, dann folgt zur Linken ein Abzweig zum Geitfjellet (s. Abstecher, S. 50), schräg gegenüber liegt die Zufahrt zum Hof Tempervollen, ein Stück weiter jene zum Hof Ladevollen. Anschließend stößt man auf einen weiteren beschilderten Abzweig nach rechts Richtung Tunga (1.45 Std.). Diesem folgt man nun leicht bergab.

Zunächst wandert man auf einem Wirtschaftsweg, der sich bei einer Gabelung jedoch in einen halbrechts weiterführenden, guten Fußweg verwandelt. In Laufrichtung ist er gelegentlich mit Schildern markiert, die die Aufschrift »Familiesti« tragen. Die Abzweige nach links werden ignoriert, sie führen zu einem oberhalb gelegenen Häuschen mit Schuppen. Bald ist in einer grasigen Senke eine Bohlenbrücke über den Illelva erreicht. Jenseits geht es wieder den baumbestandenen Hang hinauf; weiter rechts ist das Gehöft Tempervollen zu sehen. Bei einer weiteren Gabelung setzt sich der breite Spazierweg, zwei unmarkierte Abzweige links liegenlassend, fort. Er steigt weiter langsam an und nähert sich nach einer Weile der **Fahrstraße zum Gråkollen** auf Sichtweite an. Nach 2.10 Std. bietet sich bei der Bushaltestelle Koppardammen die erste Möglichkeit, über einen kleinen Trampelpfad nach links zur Straße zu wechseln. Folgt man jedoch dem »Familiesti« geradeaus weiter, erreicht man wenig später den Parkplatz am Fjellseter, wo man dann ebenfalls auf den Fahrweg nach Skistua stößt (2.10 Std.).

Gut 100 m vor dem Parkplatz beim Fjellseter zweigt links ein Forstweg von der Straße ab, der, wie ein Verbotsschild anzeigt, für den Autoverkehr gesperrt ist. Auf ihm verläuft der Rückweg nach Lian. Etwa 10 Min. später passiert man einen scharf rechts abzweigenden Weg, der nach Grønlia, Langmannsseter und

Norwegens alte Hauptstadt

# Trondheim

Trondheim, die drittgrößte Stadt Norwegens, feiert 1997 1000jähriges Bestehen, denn als ihr offizielles Gründungsdatum gilt das Jahr 997, als der norwegische König Olav I. Tryggvason seine Residenz an der Mündung des Nidelva errichten ließ; unter dem Namen Nidaros entwickelte sich der Ort zum geistlichen Zentrum des mittelalterlichen Norwegen.

Seine Bedeutung erlangte Trondheim durch Olav II. Haraldsson. Nachdem dieser die Christianisierung des Landes durchgesetzt hatte und dabei in der Schlacht bei Stiklestad 1030 umgekommen war, wurde sein Grab in Nidaros der wichtigste Wallfahrtsort des Nordens. Kirchen und Klöster entstanden um den Herrschersitz herum. Eine Kirche war schon 1070 über dem Totenschrein des inzwischen heiliggesprochenen Königs errichtet worden. Der Baubeginn des Nidarosdomes fällt in die Gründungzeit des norwegischen Erzbistums Mitte des 12. Jh. Es dauerte mehr als eineinhalb Jahrhunderte, bis das mächtige Bauwerk im romanischen und später gotischen Stil vollendet war. Der Dom und der benachbarte Erkebispegård (Sitz der Erzbischöfe) gelten heute als die wichtigsten mittelalterlichen Baudenkmäler Norwegens.

Das weltliche Zentrum des Landes wurde im 14. Jh. an den Oslofjord verlegt, ab 1380 liefen die politischen Fäden noch weiter südlich in Kopenhagen zusammen. Wirtschaftlich lief Bergen als Hauptstützpunkt der Hansekaufleute dem Hafen am Nidelva den Rang ab, und mit der Reformation 1535, durch die die Macht der Kirche gebrochen und die Reliquien zerstört worden waren, sank die Bedeutung von Nidaros zunehmend. Brände hatten der überwiegend aus Holz gebauten Stadt und dem Dom mehrmals schwer zugesetzt. Während der Kirchenbau zunehmend verfiel, wurde Tronthjem, wie die Stadt inzwischen hieß, im späten 17. Jh. im Renaissancestil wieder aufgebaut, erkennbar am schachbrettartig angelegten Grundriß der Straßen und den flachen, langgestreckten, in strenger Schlichtheit gehaltenen Holzhäusern der Altstadt. Inzwischen hatte im Hinterland von Sør-Trøndelag der Erzabbau begonnen, und Trondheim als Verwaltungssitz und Ausfuhrhafen profitierte von der Kupfergewinnung rings um Røros. Nicht wenige der reicheren Trondheimer Bürger waren in diesem Geschäft engagiert

Blick über den
Nidelva

und errichteten sich repräsentative Wohnsitze wie den Hor-
nemanns- und den Stiftsgården. Mit der Nationalromantik
wurde der Dom als Kulturerbe wiederentdeckt und bis 1930
aufwendig restauriert.

Die Flußschleife des Nidelva und der Kanal umschließen
Trondheims modernes und historisches Zentrum wie ein
natürlicher Stadtgraben. Von der Festung Kristiansten ist
die City gut zu überblicken. Durch den teils malerisch
restaurierten Stadtteil Bakklandet führt die klassische
Besichtigungsroute über die schmale Ziehbrücke Bybrua
nahe der alten Speicherhäuser Bryggene mit ihren Cafés
und Büros zum Dom. Die Monkegate führt über den Markt-
platz an der Touristeninformation und dem Stiftsgården
vorbei und stellt die Verbindung zum Hafen her, über den
hinweg in direkter Verlängerung die Insel Munkholmen
liegt. Am Kanal steht die Fischhalle Ravnkloa, daneben star-
ten die Ausflugsboote nach Munkholmen, das als Badeplatz
beliebt ist. Die Fjordgate führt am Kanal nach rechts, die
Kjøpmannsgate am Nidelva wieder nach rechts, vorbei an
der Bakkebru und der Rückseite der Speicherhäuser. An der
zum Markt abzweigenden Kongensgate liegt der Horne-
mannsgården, jenseits die Prinsengate, auf der bislang
noch der Durchgangsverkehr der E 6 braust. Hier startet die
Gråkollenbahn nach Lian, dem Ausgangspunkt der Wanderung.

zum »Familiesti« führt. Folgt man dem Karrenweg geradeaus weiter durch das Wald- und Wiesengelände, gelangt man allmählich wieder zu den ersten Häusern. Nach insgesamt 2.30 Std. ist der Wendehammer der hier endenden Fahrstraße erreicht. Man setzt den Weg auf der Straße fort und passiert den gleichen Fahnenmast wie auf dem Hinweg. Nun öffnet sich wieder der Blick über Hänge und Fjord. Auf einer Serpentine umrundet man schließlich das Hotel in **Lian** und biegt dahinter nach links zur Haltestelle der Straßenbahn ab (2.45 Std.).

---

## VARIANTE

Schräg gegenüber der Hofzufahrt von Tempervollen weist ein Schild zum Geitfjellet. Der gut ausgetretene Pfad führt mäßig ansteigend zu dieser etwa 100 m höheren Kuppe hinauf, passiert ein paar Feuchtwiesen über Steine und Holzbohlen, bevor er nach etwa 30 Min. einen Abzweig nach links zur Gipfelsenke erreicht. Von ihrem Rand aus hat man einen ausgezeichneten Überblick über Trondheim und den Fjord. Wer dieselbe Strecke zurückwandert, benötigt für den Abstecher 1 Std. Wer sich vom Gipfelabzweig aus statt dessen nach links wendet, kann dem Wanderweg über die weite Hügelkuppe hinweg Richtung Trondheim folgen und gelangt nach einem Abstieg von knapp 200 Höhenmetern auf den Weg Strandlinia, auf dem es in einer weiteren Stunde nach links um den Hang des Geitfjellet herum zum Fahrweg zurückgeht. Man erreicht ihn an dem Parkplatz zwischen dem Koppardammen und dem Hügel Tikneppen.

5

# Atlantik von oben

**Zum Freikollen bei Kristiansund**

Mäßig ansteigend zieht sich der felsige Rücken des Hausbergs von Kristiansund zwischen Fjorden und Sunden hinauf. Von oben verstellt nichts mehr den Blick über die verwirrende Inselwelt.

**WEGVERLAUF:** Brücke bei Leabakken – Teich (30 Min.) – Findling (10 Min.) – Gipfel des Freikollen (1.15 Std.) – Brücke bei Leabakken (1.45 Std.)

**DAUER:** ca. 3.40 Std.

**LÄNGE:** ca. 8 km

**HÖHENUNTERSCHIED:** 550 m

**SCHWIERIGKEITSGRAD:** einfach, etwas Trittsicherheit ist bei Nässe am recht steilen untersten Abschnitt erforderlich

**WEGBESCHAFFENHEIT:** Trampelpfad oder mit Steinmännern markierte Route, je nach Untergrund über anstehenden Fels oder teils feuchtes Grasterrain führend

**AUSRÜSTUNG:** Trinkwasser, Übersichtskarte für die Fernsicht, evtl. Fernglas

**WANDERKARTE:** TK 1 : 50 000 Blatt 1321 II, Kristiansund

**HINWEIS:** Die Wanderung kann an jedem beliebigen Punkt abgebrochen werden. Auch bei weniger guter Sicht ist die Etappe zum See lohnend.

**ANFAHRT:** Der Hausberg von Kristiansund liegt auf der Insel Frei, die man auf der R 1 durch den Freifjordtunnel erreicht. Der Freikollen erhebt sich schon voraus. Richtung Kristiansund führt die Straße am Bolgvatnet und am jenseitigen Hang des Freikollen entlang. Hinter dem See zweigt in einer Rechtskurve in gerader Richtung zur Vadsteinsvika und einer kleinen Industrieanlage eine Straße ab, auf der man nach etwa 100 m bei Leabakken eine Brücke erreicht.

## DER WANDERWEG ▶

Die Wanderung beginnt linker Hand hinter der Brücke bei **Leabakken**. Der Fußweg führt ein paar Meter den bewaldeten Hang hinauf und gabelt sich sofort. Man folgt dem rechten Abzweig entlang eines Zaunes, hinter dem ein Wohnhaus liegt, bis von dort eine Einfahrt durch ein Gatter mit dem Weg zusammentrifft. Nach links geht es auf der Fahrspur bis zu einem Schuppen und gleich dahinter wieder rechts ab auf einen steil aufwärtsführenden Trampelpfad. Nach kaum 5 Min. Gehzeit sind von hier aus durch die Bäume unterhalb wieder der Bolgvatnet und die Straße zu erkennen. Auch wenn der

Weg sich bald darauf verzweigt, kann man sich hier nicht verlaufen, denn beide Spuren führen nach kurzer Zeit wieder zusammen. Der Anstieg ist ziemlich steil, ab und zu ist die dünne Erdschicht auf dem Pfad durch die Wanderer vollkommen abgetreten. Bei Nässe muß man sich auf dem blanken Fels etwas vorsehen, um nicht auszurutschen. Doch ist dies schon das schwierigste Stück der Wanderung und mit etwas Umsicht ohne Kletterei zu schaffen. Nach knapp 15 Min. steht man auf einem flacheren Rücken, auf dem die Route nun bequemer ansteigt. Der dichte Kiefernwald lichtet sich, macht einer fast ebenen Feuchtwiese Platz, durch die ein paar Holzbohlen gelegt sind. Schon hier lohnt sich ein erster Blick zurück: Gut 150 m tiefer liegt die buchtenreiche Meerenge Bolgsvaet mit Kristiansund am jenseitigen Ufer. Die

Stadt erstreckt sich schon auf einer Nachbarinsel, genauer gesagt, auf dreien, die kleineren Holme nicht mitgerechnet, doch sind sie alle durch Brücken miteinander verbunden.

Bald geht es wieder steiler hinauf, Birkengruppen erheben sich auf Gras- und Heidegelände, dazwischen leuchten die ersten flechtenüberzogenen Felsbrocken weißlich-grau aus der Vegetation auf. Halblinks voraus ragt eine kleine Felskuppe auf, dann kommt auf 260 m Höhe ein idyllisch in einer Mulde gelegener **Teich** in Sicht (30 Min.). Umgeben von Felsrücken liegt er rechts unterhalb der Wanderroute. Es lohnt sich, zu der erwähnten Felskuppe ein paar Meter vom Weg nach links abzuweichen, denn von dort überblickt man nicht nur die nördliche Inselwelt, sondern im Süden auch schon ein erstes Mal den Freifjorden und im Hin-

**Wanderung 5**:
Zum Freikollen
bei Kristiansund

tergrund die Schwimmbrücke Bergs-
øybrua. Das Ufer des kleinen, windge-
schützt gelegenen Sees ist ein idealer
Platz für eine erste Rast, doch der Klamm
gleich jenseits des Gewässers sollte man
ebenfalls seine Aufmerksamkeit schenken. Diese schneidet, nur wenige Meter
steil abfallend, quer zur Laufrichtung in
den Hang, ist unten üppig bewachsen
und von einem schmalen Rinnsal durch-
flossen. Dann wird das Gelände felsiger.
Der Bergrücken besteht aus kahlen,
grauen Rundhöckern, auf denen sich vielerorts nur noch in den Gesteinsfugen
etwas Bewuchs festkrallt. Über diese
glazial geprägte Landschaft verläuft die
Route in südliche Richtung. Sie wird nun

Auf dem Hausberg von Kristiansund

schon von vereinzelten Steinmännern
markiert. Rechter Hand fällt jenseits
einer nassen Mulde ein großer, abgerun-
deter **Findling** auf (40 Min.), der verloren
auf dem fast ebenen Felsboden liegt.
Auch er ist wohl eine Hinterlassenschaft
der eiszeitlichen Gletscher. Wieder geht
es entlang der leicht nach links weg-
führenden Markierungen einen Absatz
im Bergrücken hinauf, dann folgt eine flachere Passage mit kleinen Feuchtstellen
und dichterem, wenn auch überwiegend
niedrigem Bewuchs, aus dem vereinzelt
kleinere Birken aufragen.

Der Weg nähert sich nun allmählich
der Westflanke des langgezogenen
Bergrückens nach rechts an, und nach
etwa 1 Std. sind in dieser Richtung die
unzähligen Inseln, Holme und Schären
zu überblicken, in denen sich die Rund-
höckerlandschaft des Fjells in ›ertrun-
kener‹ Form fortsetzt. Voraus sind bald
die ersten höheren Berggipfel auf dem
Festland auszumachen. Noch einige
Male wechseln sich Absätze und kleine
Ebenen ab, wobei man leicht geneigt
ist, die jeweilige Kante mit dem darauf
thronenden Steinmann irrtümlich schon
für das Ziel zu halten. Der **Gipfel des
Freikollen** ist jedoch an einem weithin
sichtbaren Antennenmast neben einem
großen Steinmann zu erkennen. Wenn
er in Sichtweite liegt, passiert man eine

niedrige Mauer, die ein Nadelbäum-
chen schützend umgibt, daneben ist
eine flache Felsplatte einladend zur
Bank umfunktioniert. Wenig später ist
man am Ziel (1.55 Std.) und kann sich in
der Pause nicht nur mit der fantastischen Aussicht, sondern auch mit den
Eintragungen im Gipfelbuch unterhalten. Auf derselben Route wie zuvor geht
es nach **Leabakken** zurück (3.40 Std.).

## WEITERE HINWEISE

An der R 64 zwischen Kristiansund und
Molde liegen nahe des Hofes Nøsen-
seter die **Marmorgrotten Trollkyrkja**
im Küstengebirge. Eine Karte auf dem
Parkplatz skizziert den Verlauf des gut
einstundigen Fußwegs dorthin, der die
bewaldeten Hänge zügig ansteigt; 400
Höhenmeter werden überwunden.
Zwei Einstiege in die Höhlen sind
gefahrlos und teils gesichert. Ist man
mit Regenjacke und Taschenlampe
ausgerüstet, steht der Erkundung der
Höhlen nichts mehr im Wege. Innen
fällt die Trollelva in rauschenden Kaskaden durch die übereinanderliegen-
den Grotten.

# Wege über das Meer

Das hübsche Hafenstädtchen Kristiansund erstreckt sich an der geschützten Bucht Vågen. Die Fischerei sicherte hier immer die wirtschaftliche Existenz der Bevölkerung, doch heute zeigt sie sich krisengeschüttelt. Als Zulieferbasis für die Erdgasförderung spielt die Stadt inzwischen eine bescheidene neue Rolle. Touristen gelangen oft über den Wasserweg hierher – auf Kreuzfahrtschiffen oder der Hurtigroute. Wer über Land kommt, kann als innerstädtische Verbindung das Sundboot nehmen, vom Piren nahe der City auf die andere Seite des Vågen übersetzen, das sehenswerte Klippfischmuseum Milnbrygga besuchen und um die Bucht, vorbei an der Museumswerft Mellemverftet, zum Zentrum zurückspazieren.

Erst seit 1992 erreicht man Kristiansund, das auf der Achse Molde – Trondheim liegt, von Sunndalsøra aus ohne Fähre. Das teils staatlich, teils privatwirtschaftlich finanzierte Bauprojekt Krifast sorgt mit seinen drei technischen Renommierstücken dafür: Der Freifjordtunnel wurde 5 km und gut 130 m tief unter dem Fjord durchgebohrt. Die markante Hängebrücke, die den Gjemnessund und die dort verlaufende Fahrrinne in über 40 m Höhe überspannt, schwebt ca. 600 m davon frei zwischen den 100 m hohen Brückenpfeilern. Das dritte Teilstück, die Schwimmbrücke über den Bergsøysund, schließt die Lücke nach Osten auf ungewöhnliche Weise. Weil der etwa 1 km breite Sund hier 300 m steil abfällt, war weder an eine Hängebrücke noch einen Tunnel zu denken. Statt dessen wurden sieben Pontons aus Leichtbeton mit innenliegendem Stahlskelett konstruiert, die nun die Brücke auf der Wasseroberfläche tragen. Der ganze, knapp 1 km lange Brückenbogen ist nur an den beiden Landverbindungen fest verankert. Nachgebende Stahlseilkonstruktionen sorgen dafür, daß der in sich biegsame Brückenbogen sich den Wind- und Strömungsverhältnissen anpassen kann. Schon die Fahrt nach Kristiansund ist also ein Erlebnis und insofern die dafür erhobene Mautgebühr wert.

Die Landverbindung der Nachbarinsel Averøy führt auf der R 64, der Nebenstrecke von Kristiansund nach Molde, mitten durch das offene Meer. Der Atlanterhavsveien verbindet mit seinen acht Brücken eine Kette kleiner Eilande und winziger Schären. Bei stillem Sommerwetter bietet sich die gut 8 km lange Straßenverbindung mit hübschen Rastplätzen und herrlichen Ausblicken über Inseln und Meer für kleine Entdeckungstouren entlang der Schärensäume an (s. S. 53).

**6**

# Zum norwegischen ›Matterhorn‹

**Vom Innerdalen zum Aussichtspunkt über dem Sunndalen**

Man mag sich gar nicht entscheiden, ob die Aussicht auf die beiden Kletterberge Innerdalstårnet und Skarfjellet oder der Blick vom Wendepunkt dieser Wanderung 1000 m hinunter ins Sunndalen spektakulärer ist.

**WEGVERLAUF:** Parkplatz Nerdalen – Renndølsetra (1 Std.) – großer Steinmann (1.30 Std.) – Ende des Naturschutzgebietes Innerdalen (1 Std.) – Steinmann auf Felsplatte (1.30 Std.) – Parkplatz Nerdalen (4.30 Std.)

**DAUER:** ca. 9.30 Std.

**LÄNGE:** 25 km

**HÖHENUNTERSCHIED:** insgesamt 850 m, davon knapp 300 m Steilanstieg in Serpentinen

**SCHWIERIGKEITSGRAD:** Etwas Kondition ist erforderlich.

**WEGBESCHAFFENHEIT:** gut markierte Wege, teils steinig oder feucht

**AUSRÜSTUNG:** Grundausstattung

**WANDERKARTE:** Sunndal – vill og vakker, Fremdenverkehrskarte für die Sunndal Kommune, 1 : 80 000

**RASTMÖGLICHKEITEN:** Renndølsetra und Innerdalshytta

**ANFAHRT:** Von Sunndalsøra geht es auf der R 70 ca. 10 km nach Norden am Sunndalsfjorden entlang. Hinter Oppdøl führt die erste Straße rechts

zunächst ins Viromdalen. Dort, wo dieses endet und in einer deutlichen Stufe ins Innerdalen übergeht, endet auch die für den öffentlichen Verkehr zu befahrene Straße vor der Hofstelle Nerdalen bei einem großen Parkplatz.

## DER WANDERWEG ▶

Vom Parkplatz **Nerdalen** aus folgt man dem Fahrweg taleinwärts und kann halbrechts voraus schon die mächtigen Felsen des 1790 m hohen Skarfjellet sowie den spitzen Kegel des Innerdalstårnet (1450 m), des norwegischen ›Matterhorns‹, bewundern. Nach wenigen Minuten hat man die Hofstelle passiert. An einer Weggabelung geht es auf dem linken Abzweig bei einem Verbotsschild für motorisierte Fahrzeuge weiter. Dann versperrt ein kleines Wäldchen das grandiose Panorama. Deutlich macht sich nun die kräftige Steigung des breiten Wirtschaftsweges bemerkbar. Nach etwa 30 Min. weist ein Schild auf den Beginn des Landschaftsschutzgebietes **Innerdalen** hin, das 1967 eingerichtet wurde. Nach weiteren 5 Min. kommt man durch ein Tor, das zugleich das Ende der gut 200 m hohen Talstufe anzeigt, die man durchschritten hat. Jetzt geht es leicht bergab, und voraus

öffnet sich der Blick über das eigentliche Innerdalen mit dem gleichnamigen
See. Ob es nun Norwegens schönstes
Tal ist, wie in der Werbung immer wieder behauptet, mag jeder selbst entscheiden. Daß hier bereits seit 1889
eine Touristenhütte existiert, ist zumindest ein Beleg für die außergewöhnliche Schönheit dieser Gegend. Bald
kommt der Innerdalsvatna zur Rechten

**Wanderung 6:** Vom Innerdalen
zum Aussichtspunkt über dem Sunndalen

näher. Über ihn hinweg ist schon das Hängetal rechts neben dem Innerdalstårnet zu erkennen, aus dem ein Bach in breiten Kaskaden herunterstürzt. An seinem Ufer entlang wird später der Aufstieg erfolgen. Schließlich erreicht man **Renndølsetra** (1 Std.). Dieser Seter bietet in den Sommermonaten Unterkunft und Verpflegung und ist mit seinen grasgedeckten Blockhäusern vor der Kulisse aus Innerdalsvatna und steilen Felsen schon für sich genommen einen kleinen Ausflug wert.

Hat man es geschafft, sich aus dieser Idylle zu verabschieden, geht es kurz darauf über eine kleine Brücke, vor der links ein Schilderbaum über weitere Wanderziele informiert. Dann sind die Gebäude der **Innerdalshytta** erreicht, deren altes Haupthaus mit dem Seter zuvor konkurrieren kann. Man geht geradeaus über das Gelände hinweg und findet einen neuen Wegweiser, der u. a. in der bisherigen Laufrichtung nach Fale weist. (Abstecher: Wanderweg Richtung Innerdalsporten, allerdings nur während einer längeren Schönwetterperiode empfehlenswert, sonst zu feucht.) Dorthin folgt man nun den Markierungen, die den Wanderer bald steil abwärts zum Ålvundelva leiten, über den ein schmaler Holzsteg führt (1.30 Std.). Der Fluß hat hier so tief in das Gestein eingeschnitten, daß ein Kopfsprung hinunter denkbar wäre. Für eine Weile das letzte Mal können sich die Füße auf einem ebenen Weg erholen. Mit seinem grasigen bis moosigen Untergrund erinnert er an einen Trimm-Pfad. Dann taucht die Spur in ein urwaldartiges Gebiet ein, durch das sie in vielen Windungen über Fels und Stein führt. Immer wieder wird die Sicht frei auf den Innerdalstårnet, der einem durch den besonderen Blickwinkel – man schaut von unten schräg hinauf – wie eine überdimensionale Zinne erscheint. Vor diesem grandiosen Anblick fällt der Aufstieg zum 300 m höher errichteten quaderförmigen Steinmann gar nicht schwer – der Berg ruft! Erleichtert wird die Anstrengung zudem durch einen musterhaft angelegten Pfad, der in gleichmäßigem Winkel und in vielen Serpentinen, gesäumt von Birken, Farnen und Wiesenblumen ansteigt und einen dabei regelmäßig an den links in vielen Kaskaden herabstürzenden Bach heranführt. Gleich zu Beginn des Anstiegs gibt es eine kleine Aussichtsplattform, von der aus diese riesige Wasserrutsche am besten zu betrachten ist. Aus der Nähe des **Steinmannes** an der Kante des Hängetals (2.30 Std.) zurückschauend, gewinnt man noch einmal einen Überblick über das gesamte Innerdalen mit seinen Seen, Wäldern und der kleinen Ansiedlung, sowie über die jenseits der gegenüberliegenden Talseite steil aufragenden Berghänge. Sie werden vom Snøfjell überragt, der mit seiner Schneekappe bei unserer Wanderung seinem Namen gerecht wurde. Nur der **Innerdalstårnet**, der – aus neuer Perspektive gesehen – nun mächtig von seinem Nachbarn **Tårnfjellet** überragt wird, hat hier oben etwas von seiner Ausstrahlung verloren. Nichtsdestotrotz wird sein Ruf von den einheimischen Bergsteigern erhört, die sich hier schon 1895 zu einem Kletterverein zusammenschlossen. Bevor es nun zwischen steilen Berghängen im neuen Tal Flatvaddalen weitergeht, sollte man sich für den Rückweg noch einmal kurz den Ausgangspunkt für den späteren Abstieg vergegenwärtigen.

Über einige breite Terrassen führen die Markierungen und der Pfad nun leicht aufwärts und orientieren sich in Laufrichtung mehr nach links. Ein kleiner Teich taucht auf, und bald öffnet sich die Aussicht auf den **Storvatnet** (2.45 Std.), der bisher hinter dem leichten Querrücken verborgen war. 5 Min.

Norwegens ›Matterhorn‹, der Innerdalstårnet

eine feuchte Wiese mit rot eingefärbten Steinen markiert. Durch die Ausläufer des Langvatnet führt eine Spur aus großen Felsplatten, so daß man trockenen Fußes hinüberkommt. Es geht noch kurze Zeit leicht talaufwärts, dann ist die Wasserscheide des Hochtals erreicht, und voraus läßt sich bereits erahnen, daß dieses ähnlich wie auf der Einstiegseite hoch oberhalb eines Haupttales auslaufen wird. Das **Sunndalen** mit dem Fluß Driva liegt allerdings fast 900 m tiefer.

Nach etwa 4.30 Std. hat man mit dem Lauvåtjønnin den letzten von mehreren kleineren Seen passiert. Der Wanderweg führt noch einmal ca. 100 m bergan in die Hänge des Såtbakkollen hinein. Es ist sinnvoll, ihm zu folgen, da es gefährlich sein kann, auf eigene Faust in den Steilabbrüchen herumzuklettern. Vom Pfad aus bieten sich jetzt immer wieder spektakuläre Blicke hinunter ins Sunndalen, wo sich die Felder, Häuser und Autos in nunmehr 1000 m Tiefe befinden. Gegenüber sieht man die Wände des Trogtales – oben schnee-weiß, unten felsig-braun und mit Grün überzogen. Überall folgen Wasserläufe wie weiße Fäden der Fallinie und verschwinden im Bodenlosen. Einige Zeit später erblickt man einen tiefen Einschnitt im Berghang (4.45 Std.). Er reicht bis fast an den Weg heran, der hier durch ein Eisengitter gesichert ist, das allerdings durch die Einwirkungen von Schnee und Eis reichlich gelitten hat. Spätestens, wenn man einen **Steinmann** auf einer ebenen Felsplatte erreicht (5 Std.), bei dem sich zur Linken ein neues Tal öffnet, das Tverrådalen, sollte man wieder an den langen Rückweg denken. Von der eigentlich naheliegenden Idee, durch das Tverrådalen zurück zum Innerdalen zu wandern, können wir wegen des hohen Zeitaufwands und der Unwegsamkeit der Strecke nur abraten. Der Rückweg erfolgt daher auf der gleichen Route wie der Hinweg.

später zeigt eine Mauer aus Feldsteinen an, daß hier oben früher einmal ein (Sommer-)Siedlungsplatz existiert haben muß. Der Weg ist nun etwas steinig, so daß im Gehen wenig Zeit bleibt, hinunter zum See zu schauen. Obwohl das Wasser kristallklar ist, wirkt der Storvatnet durch die Schatten bzw. Spiegelungen der umliegenden Steilwände sehr dunkel. Ab und an führen Spuren hinunter zum See, es empfiehlt sich aber, relativ hoch am Hang zu bleiben, da in Seenähe dichtes Weidengestrüpp das Vorankommen erschwert. Das gilt auch für die Strecke hinter dem Storvatnet, da der Talgrund überaus feucht ist.

Nach 3.30 Std. zeigt ein Schild das **Ende des Naturschutzgebietes** an. Voraus taucht über den Langvatnet hinweg die Hütte des Klettervereins auf. Der Weg wendet sich jetzt mehr zur Talmitte, um diesen See links liegenzulassen. Liebevoll ist ein Stück durch

7

# Wo sich tosende Wasser vereinen

**Rundwanderung um Åmotan, den ›Treffpunkt‹ der Flüsse**

Diese leichte Rundwanderung lebt vom Wasser. Immer wieder sind reißende, stürzende oder fallende Flüsse zu bewundern, die sich bei Åmotan treffen. Ein Abstecher führt zum über zweihundert Jahre alten Gammelsetra, der, idyllisch gelegen, zur Rast einlädt.

**WEGVERLAUF:** Jenstad – Weggabelung an neuer Brücke (1 Std.) – Gammelsetra (15 Min.) – Brücke über die Reppa (45 Min.) – Åmotan (1 Std.) – Jenstad (15 Min.)

**DAUER:** ca. 3.15 Std.

**LÄNGE:** 10 km

**HÖHENUNTERSCHIED:** ca. 400 m

**SCHWIERIGKEITSGRAD:** leichte Rundwanderung mit einigen Steigungen und einer Hängebrücke für Wanderer

**WEGBESCHAFFENHEIT:** Wirtschaftsweg und markierte Pfade

**AUSRÜSTUNG:** Grundausstattung

**WANDERKARTE:** Sunndal – vill og vakker, Fremdenverkehrskarte für die Sunndal Kommune, 1 : 80 000

**RASTMÖGLICHKEITEN:** Gammelsetra (DNT-Hütte mit Kochmöglichkeit und Selbstbedienung)

**ANFAHRT:** Mit dem Auto von Sunndalsøra auf der R 70 Richtung Oppdal; in Gjøra rechts ab in die enge Schlucht der Grøvu. Nach knapp 4 km auf dieser Nebenstraße zweigt vor der Brücke über den Fluß links ein Weg nach Jenstad ab. Nach knapp 2 km stößt man vor den Hofgebäuden auf einen Parkplatz.

## DER WANDERWEG ▶

Vom Parkplatz **Jenstad** führt die Wanderung den Fahrweg hoch, wo u. a. ein Schild auf den Gammelseter hinweist, bei dem die erste Etappe endet. Aber zunächst wird man natürlich einen ersten Blick hinüberwerfen zum Wasserfall der Grødøla auf der anderen Schluchtseite und den anderen Wasserläufen, die, aus fast allen Himmelsrichtungen kommend, in diesem Kessel zusammenlaufen. Dort hinein wird diese Wanderung gegen Ende führen, so daß es nicht weiter stört, daß der Talgrund von hier oben nicht einsehbar ist. Links neben dem Wasserfall, unterhalb einiger Hofgebäude, befindet sich eine Wiese an der Steilflanke. Ob man es glaubt oder nicht, von dort führt auch ein ›offizieller‹ Weg abwärts in die Schlucht, der allerdings nur etwas für Wanderer mit starken Nerven ist. Wir bevorzugen den aufwärtsführenden Fahrweg, der nach wenigen Metern in

Eindrucksvoll stürzt der Wasserfall der Grødøla in die Tiefe

einen Bomveg mit Schranke übergeht, d. h. theoretisch dürfen hier auch Fahrzeuge fahren, wir sind aber keinem einzigen begegnet.

Man wandert zügig bergan und ignoriert dabei die abzweigenden Trampelpfade. Zwischendurch gabelt sich der Weg, beide Spuren vereinen sich aber wieder. Nach 30 Min. führt die Fahrspur dicht an die Schlucht zur Rechten heran, so daß der Blick hinüber zur Hofstelle Lundli frei wird, an der wir später noch vorbeikommen. Der Grund für diese gute Sicht ist ein großer Hangsturz, der sich hier kürzlich ereignete

und mit der Vegetation auch Teile der alten Straße in die Tiefe riß. Überhaupt will der Untergrund in der Nähe der Straße nicht zu den felsigen Schluchten der Bachläufe passen, denn dort, wo durch den Wegebau die Oberfläche aufgeschlossen ist, bemerkt man Sand mit großen eingelagerten Gesteinsbrocken. Es handelt sich um Ablagerungen eines eiszeitlichen Stausees.

Kurz hinter dem Hangsturz hat die Fahrspur ihren steilen Anstieg von ca. 300 Höhenmetern überwunden, und voraus ist schon eine Brücke über die Lindøla zu sehen. Wer auf Pfaden einen kleinen Abstecher zum tobenden Fluß machen will, sollte berücksichtigen, daß die Ufer stark unterhöhlt sind. Deshalb ist wohl die alte Brücke, die nach 45 Min. erreicht ist, außer Betrieb genommen und durch eine neue weiter oberhalb ersetzt worden. Ob am Ufer entlang oder vom Fahrweg aus, ein **Abstecher** zu dieser Brücke, und der alten Mühle daneben lohnt sich. Durch die Fenster ist noch der Mühlstein zu erkennen. Auch die Umleitungen des Flusses, die die Nutzung des Wassers als Antriebskraft ermöglichten, lassen sich noch ausmachen. Man kehrt zur neuen Fahrstraße zurück, wo ein Schild darauf hinweist, daß der alte Weg über den Fluß gesperrt ist.

Weiter geht es auf der Straße bis zu einer Weggabelung unmittelbar an der **neuen Brücke** (1 Std.). Wir lassen diese zunächst rechts liegen und wandern auf einem Wirtschaftsweg weiter am Fluß leicht aufwärts zur **Gammelsetra** (1.15 Std.), einer Hütte des DNT, genauer gesagt der regionalen Unterabteilung ›Kristiansund og Nordmøre Turistforening‹. Dieser alte Sennhof existiert bereits seit 1770. Er wurde in den 40er Jahren unseres Jahrhunderts aufgegeben und 1989 vom Wanderverein liebevoll restauriert. In verkehrsgünstigerer Lage wäre der Almhof sicherlich ein Museum, während er hier als idyllisches Übernachtungsquartier und als Rastplatz für Wanderer dient.

Nach 1.30 Std. reiner Wanderzeit ist man wieder bei der neuen Brücke angekommen und überquert sie mit der Fahrspur. Auffallend sind mächtige alte Kiefern, deren Stämme im Sonnenlicht bräunlichgolden leuchten. Ein Schilderbaum des DNT zeigt u. a. halbrechts in Richtung unseres weiter leicht bergab führenden Fahrweges nach Grøvudalshytta/Vangshaugen. Unmerklich hat sich der Charakter der Umgebung völlig verändert, aus einer üppigen Bodenbedeckung mit Gras und Farn ragt ein lichter Birkenwald mit vereinzelten Kiefern auf. Große Teile des Birkenwaldes sind von Flechten befallen. Es sind sogenannte Aufsitzpflanzen, die nicht von den Birken schmarotzen. Dennoch gehen die Bäume meist ein, aber nicht, weil ihnen die hellgrünen und später wie schwarze Zotteln aussehenden Pflanzen den Garaus gemacht hätten, sondern weil die Bäume zuvor schon krank waren. Gerade Norwegen hat unter dem sauren Regen zu leiden, der von Großbritannien herüberweht. Die Szenerie hat etwas Unheimliches, Beklemmendes an sich.

Es geht sich gut auf dem breiten Weg, der nach und nach immer steiler abwärts führt. Schließlich erreicht man eine **Brücke über die Reppa** (2 Std.).

**Wanderung 7**: Rundwanderung um Åmotan

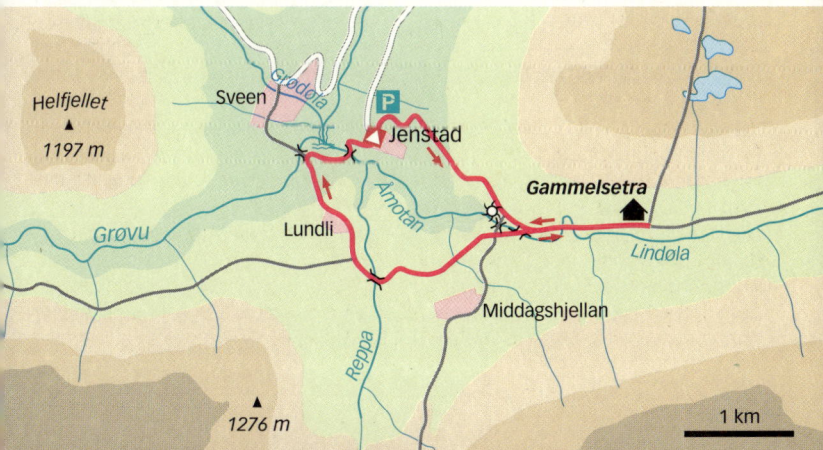

Ein Schild warnt alle Autofahrer davor, sie zu benutzen. Wenige Minuten später steht man vor den Gebäuden von Lundli, die im Sommer bewirtschaftet werden: Kühe begrüßen zuweilen die Wanderer, mit Sicherheit haben sie einige der Steinmänner im Grasgelände auf dem Gewissen. Das Hofgelände mit schönen alten Gebäuden wird rechts unterhalb umgangen (Åmotan/Vangshaugen ist ausgeschildert). Es geht über die Hofwiese und wieder durch ein Birkenwäldchen – alles ist gut markiert. Dann führt der Wanderweg zunächst langsam und dann immer steiler bergab zum Höhepunkt der Tour: Der Grødøla-Wasserfall ist durch die Bäume hindurch bereits zu erkennen, ebenso der Flußlauf im Tal, sowie am Gegenhang der Hof Jenstad. In steilen Serpentinen führt der Weg in lieblicher Umgebung hinab. Je tiefer man kommt, desto geräuschvoller und beeindruckender wird die Szenerie: Wasserläufe rauschen von allen Seiten zu Tal, zum Treffpunkt der Bäche, **Åmotan**. Nach 2.45 Std. ist auf Talniveau zwischen Felsbrocken und Birken wieder ein Schilderbaum erreicht, der nach rechts Richtung Jenstad, Gammelsetra und Fossene weist.

**Abstecher:** Vom Schilderbaum erreicht man, nach links durch dichten Bewuchs wandernd, in wenigen Minuten eine sehenswerte Hängebrücke über den Fluß Grøvu; hier führt der eingangs erwähnte steile Anstieg hinauf zu den Höfen Sveen und Svisdalen, von denen die Aussicht auf den Talkessel ebenfalls beeindruckend ist.

Zurück auf dem Weg Richtung Fossene muß nach wenigen Augenblicken in jedem Fall eine Hängebrücke überwunden werden. Das Schild »Auf eigene Gefahr« wirkt nicht gerade beruhigend. Brücken dieser Art sind aber wirklich nicht problematisch, solange man einzeln hinübergeht, in der Mitte der Plan-ken bleibt und sich nicht auf die seitlichen Maschendrahtgitter verläßt, die allenfalls für Kleinkinder einen Schutz darstellen. Wem wirklich die Knie zittern, der sollte sich notfalls auf dieselben hinabbegeben und mit abgesenktem Körperschwerpunkt gefahrlos hinüberkriechen. Für die Haltbarkeit der Brücken sorgen die Wandervereine. Jenseits gabelt sich der Wanderweg wieder. Geht man links am Ufer entlang, erreicht man nach knapp 3 Std. die Stelle, wo sich die Flüsse Grøvu und Grødola mit den nur wenige Meter weiter oberhalb zusammengeflossenen Wasserläufen Lindøla und Reppa vereinen, um anschließend unter dem Namen Grøvu gemeinsam dem Sunndalen zuzustreben. Auch der Wasserfall ist von dieser beeindruckenden Stelle in seiner ganzen Größe zu beobachten.

Zurück nach Jenstad steigt man direkt von hier auf. Nach wenigen Minuten weisen an einer Wegkreuzung orangefarbene Punkte direkt geradeaus weiter, der T-Weg verläuft weiter links. Beide Wege führen – reich an interessanten Ausblicken – zurück zum Parkplatz, wobei mehrere Gatter zu passieren und anschließend wieder zu schließen sind (3.15 Std.).

---

### WEITERE HINWEISE

In den örtlichen Prospekten wird häufig das Grøvudalen als besonders sehenswert bezeichnet. Uns erscheint das breite Haupttal mit gleichnamiger Hütte und Seter, die in ca. 1.30 Std. zu erreichen sind, eher etwas eintönig. Aber etwa 30 Min. vom Parkplatz Hallen entfernt liegen am lauschigen Bach mehrere idyllische kleine Rastplätze, die bei schönem Wetter zum Picknick und zu einem Bad einladen. Dieser Parkplatz ist zu erreichen, wenn man, statt vor der Brücke über die Grøvu nach Jenstad abzubiegen, diese überquert.

# 8

# Umleitung bei Hochwasser

**Der Vårstigen**

Idyllisch überwachsen zieht sich der alte ›Frühjahrsweg‹ – die berühmteste Etappe des historischen Kongeveien – weit oberhalb der engen Talkerbe der Driva durch das Dovrefjell.

**WEGVERLAUF:** Parkplatz nördlich von Kongsvoll – Brücke über die Vårstigåa (1 Std.) – Parkplatz Nedstavoll (45 Min.) – Parkplatz nördlich von Kongsvoll (1.45 Std.)

**DAUER:** ca. 3.30 Std.

**LÄNGE:** ca. 6 km

**HÖHENUNTERSCHIED:** 150 m Auf- und 250 m Abstieg

**SCHWIERIGKEITSGRAD:** problemlose Kurzwanderung mit einigen kleinen Anstiegen

**WEGBESCHAFFENHEIT:** vielfach karrenbreiter Weg, immer deutlich erkennbar, teils über glattgeschliffenen Felsgrund führend

**WANDERKARTE:** Turkart 1 : 100 000 Snøhetta

**RASTMÖGLICHKEITEN:** Die Kongsvoll Fjellstue, 3 km südlich des Einstiegs, bietet nicht nur Unterkunft und Mahlzeiten in dem historischen Ambiente einer alten Raststation, sondern beherbergt auch eine anschauliche Ausstellung zur Dovrefjell-Region im Untergeschoß des Gasthauses.

**HINWEIS:** Die Streckentour läßt sich bequem hin- und zurück bewältigen.

Motorisierte Wandergruppen können sich aber auch aufteilen. Ein Teil der Gruppe geht dann in beschriebener Richtung, der andere parkt am Endpunkt und wandert entgegengesetzt, um später am Startpunkt wieder abgeholt zu werden. Zur Halbzeit bei einer Pause gibt es sicher viel zu berichten.

**ANFAHRT:** Auf der E 6 zwischen Dombås und Oppdal bis zum Parkplatz 3 km hinter der Kongsvoll Fjellstue.

## DER WANDERWEG ▶

Vom Parkplatz geht es unter der verkehrsreichen Straße hindurch zum beschilderten Beginn des Vårstigen, der breit in das Wald- und Wiesengelände hineinläuft. Er führt gleich zu einer ersten Brücke, auf der man den rauschenden Bach Skåkbekken überquert. Dahinter wendet sich der Weg bald aufwärts und gewinnt am licht bewaldeten Hang des **Drivdalen** zügig an Höhe. So wird nun auch das Rauschen leiser, das von unten heraufdringt, verursacht von dem dort dahinschäumenden Fluß und dem Autoverkehr auf der E 6, der Hauptachse nach Norden. Ab und zu mischt sich auch ein vorbeidonnernder Zug in das Konzert ein, das mit jedem Schritt hinauf abebbt. Hoch oben am jenseitigen Hang des Haupttalzugs kommt ein Seitental in Sicht, aus dem steil ein Wasserlauf herunterstürzt. Auch der Blick zurück lohnt sich schon, denn von dort öffnet sich aus dieser Höhe bereits das mächtige Tal Richtung Süden, dessen u-förmiger Querschnitt gut zu sehen ist, ein eindeutiger Hinweis auf die eiszeitliche Vergangenheit des Dovrefjell.

Nach 30 Min. wird der Anstieg sanfter, man hat nun eine kleine Kuppe erreicht, die kahl und felsig aus dem hellen Grün der Birken herausragt. Einige Steinmänner markieren den ›Gipfel‹, und

**Wanderung 8:** Der Vårstigen

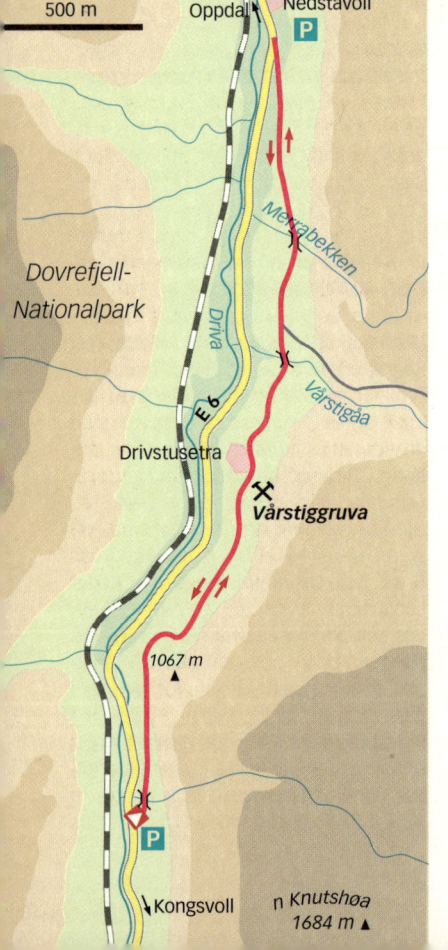

tatsächlich sind die Aussichten von hier nun noch abwechslungsreicher als zuvor. Der Weg wendet sich etwas weiter nach rechts und läuft zunächst auf steil aufragende Hänge zu, um dann wieder in den Wald einzutauchen. Ein Tümpel kommt rechts in Sicht, in seiner Nähe passiert man die von Pflanzen überzogenen Überreste der Grundmauern eines Wohnhauses. Ein Schild weist es als Unterkunft von Grubenarbeitern aus. Wenig später, der Weg hat inzwischen mehrere kleine Rinnsale gequert, weist ein Schild zur **Vårstiggruva,** einer aufgelassenen Grube. Auf einem Abstecher erreicht man nach kurzer Kletterei die verfallenen Eingänge zu den Schächten. Vor dem niedrigeren liegen noch ein paar alte Gerätschaften.

Zurück auf dem Vårstigen erreicht man bald darauf die alte Hofstelle von **Drivstusetra** und wenig später durch nur noch leicht gewelltes Terrain eine Brücke, auf der die hübsch zwischen Felsbrocken heruntersprudelnde **Vårstigåa** überquert wird (1 Std.). Ein paar Minuten später passiert man einen scharf rechts abzweigenden Pfad, bleibt jedoch in der bisherigen Laufrichtung und steigt nun allmählich deutlicher ab. Vorbei an weiteren Zeugnissen alter Sommersiedlungsplätze geht es zum Merrabekken, einem weiteren überbrückten Bach, der hübsch über glatte Felsterrassen hinunterfließt. Voraus öffnet sich der Blick wieder auf das Haupttal, zu dem der Vårstigen nun hinabführt. Der Pfad wird hier felsiger, und man mag kaum glauben, was die Informationstafeln unterwegs über die ersten Versuche berichten, hier mit Kutschen oder Karren herüberzugelangen. Auch wenn das eine oder andere gekrönte Haupt schon im 18. Jh. über den Vårstigen kutschiert wurde – zwangsverpflichtete Bauern schoben und zogen mühsam das Gefährt –, so war der Weg doch erst ab 1820 tatsächlich zum Fahrweg ausgebaut. Davor wird er

Der Vårstigen verläuft
an den Hängen ober-
halb des Drivdalen

also wesentlich ungemütlicher gewe-sen sein als heute. Auch war er für Steinschlag berüchtigt, nachdem durch die Almbewirtschaftung die Hänge im 18. Jh. weitgehend abge-holzt worden waren, ein Zustand, der inzwischen auch der Vergangenheit angehört. Zügig absteigend stößt der alte Verbindungsweg nach 1.45 Std. bei einem Parkplatz wieder auf den neuen, die Nationalstraße E 6, die sich auf dem letzten Wegstück schon durch den Autoverkehr zu Gehör gebracht hat.

## AM WEGE

Der **Vårstigen** (*vår* = Frühling) stellte die berühmteste Etappe des **Konge-veien** dar, denn er umging das wäh-rend der Schneeschmelze im Frühjahr unpassierbare Drivtal, in dem zu ande-ren Zeiten der kräftige Fluß ein halbes Dutzend Mal gefurtet werden mußte. Erst 1853 wurde ein ganzjährig benutz-barer Fahrweg im Flußtal angelegt, dort, wo heute die E 6 verläuft.

Nachweislich existierte schon in vor-historischer Zeit eine Verbindungsroute über das Dovrefjell. Im Mittelalter war dann der Kongeveien zur Überwindung dieses Haupthindernisses zwischen den bewohnten Gebieten, das selbst bis auf wenige Sommeralmen immer unbesiedelt blieb, der wichtigste Weg. Der ›Königsweg‹ führte via Fokstua, Hjerkinn und Kongsvoll nach Nidaros (Trondheim). Seit dem 11. Jh. fanden Reisende in der ersten Fjellstation bei Hjerkinn Unterkunft auf der Gebirgs-überquerung. Auch die heutige Straße erreicht dort mit über 1000 m ihre Paß-höhe. Ein gut beschilderter weiterer Abschnitt des alten Weges führt von Hjerkinn (Beginn an der Hjerkinn Fjell-stue bei der R 29) in etwa 2 Std. nach Grønbakken kurz vor Kongsvoll. Bei der südlichsten Fjellstue in Fokstua liegt das **Naturschutzgebiet Fokstumyrar,** ein Moorgebiet, das für seinen Vogel-reichtum bekannt ist. Bevor man auf der Suche nach Limikolen, Enten- und Raubvögeln das Feuchtgebiet auf guten Bohlenwegen durchstreift – ein Mücken-netz ist hierbei unerläßlich –, muß man sich in der Hütte anmelden.

# Dovrefjell-Nationalpark

Der Dovrefjell-Nationalpark erstreckt sich westlich und – zum kleineren Teil – östlich des Drivatals auf einem von eiszeitlicher Gletscherbedeckung geprägten Gebirgsplateau, aus dessen mäßig geneigtem Gelände zwischen 1300 m und 1700 m der Snøhetta mit 2284 m markant herausragt. Glattgeschliffene Kuppen wechseln mit Grundmoränen ab, in den unteren Lagen mit Strauchheide bewachsen, darüber in relativ artenreiche Gebirgsflora übergehend, begünstigt durch das stellenweise kalk- und damit nährstoffreiche Grundgestein.

Das unwirtliche Klima mit extremen Frostgraden im Winter und kühlen, relativ niederschlagsreichen Sommern macht das Dovrefjell zum geeigneten Lebensraum für Moschusochsen, die in den 50er Jahren aus Grönland eingeführt wurden und sich seitdem beachtlich vermehrt haben. Um die 50 Tiere sollen inzwischen hier leben, während ein kleinerer Teil der Herde vor einigen Jahren in die Femundsmarka auswanderte und dort heimisch geworden ist.

Die Talzüge nordwestlich von Kongsvoll bilden im Sommer das Hauptweidegebiet der Moschusochsen. Zwischen Kongsvoll und der Reinheim-Wanderhütte entlang des Stroplsjødalen, im auf halber Strecke nördlich abzweigenden Kaldvelldalen und dem anschließenden Strølådalen – bis Juni besonders im unteren, bewaldeten Teil – kann man die Tiere mit einiger Wahrscheinlichkeit irgendwo antreffen. Eine Wanderung durch diese Täler ist ab Kongsvoll Fjellstue oder Bahnhof in etwa 6 bis 7 Std. durch relativ einfaches Terrain und entlang meist unmarkierter, nicht immer deutlicher Pfade zu bewältigen – sie endet gegenüber vom Parkplatz Nedstavoll. Vor Beginn der Wanderung sollte man in Kongsvoll nach dem vermutlich letzten Aufenthaltsort der Moschusochsen fragen. *Achtung:* Die massigen, dichtbehaarten und hörnerbewehrten Pflanzenfresser sind zwar in der Regel friedlich, doch wenn man ihnen zu nahe kommt, ist nicht mit ihnen zu spaßen. Warnschilder weisen Wanderer im Dovrefjell-Nationalpark darauf hin, den Sicherheitsabstand von etwa 200 m nicht zu unterschreiten und beim geringsten Anzeichen von Unruhe der Herde – Halbkreisbildung mit den Jungtieren in der Mitte, Schnauben und Scharren – sofort den Rückzug anzutreten. Solchen Warnzeichen kann ansonsten ein blitzschneller Angriff einzelner Tiere folgen, der jede Fluchtmöglichkeit vereitelt.

Heimat der Moschus-
ochsen: der Dovre-
fjell-Nationalpark

Von Kongsvoll aus werden auch regelmäßig Moschus-Safa-
ris veranstaltet, bei denen man sich sachkundiger Führung
anvertrauen kann. Eine weitere Möglichkeit, sich den Tieren
zu nähern, besteht darin, sich bei der Militärstation in Hjerkinn eine Genehmigung zum Befahren der Schotterstraße
zur Hütte von Snøheim ausstellen zu lassen und durch das
militärische Sperrgebiet dorthin zu fahren. Vom geparkten
Auto aus kann man die zotteligen Tiere dann ganz in Ruhe
beobachten.

# Alle Wege führen nach Rondvassbu

## Kreuz und quer durch Rondane

Wie versteinerte Rücken riesiger Urviecher ragen die Bergkuppen von Rondane im Zentrum des gleichnamigen norwegischen Nationalparks auf, umgeben von sanft gewelltem, kargem Fels- und Moränenterrain. Zwischen den sich 1000 m daraus erhebenden Bergkuppen liegt der schmale See Rondvatnet und an seinem Südufer die Wanderhütte, an der alle Wege der beliebten und familienfreundlichen Trekkingregion zusammenlaufen.

**WEGVERLAUF:** *1. Etappe:* Dørålseter – Weggabelung auf 1117 m Höhe (1 Std.) – erster Abzweig Bjørnhollia (1 Std.) – Abzweig zum Rondhalsen (45 Min.) – Anleger am Rondvatnet 15 Min.) – Steinmänner auf 1640 m Höhe (1.15 Std.) – Rondvassbu (1.15 Std.)

*2. Etappe:* Rondvassbu – Rentierfalle (30 Min.). – Talboden im Illmanndalen (30 Min.) – Hangrutsch (1.15 Std.) – Bjørnhollia (1.45 Std.) – Straumbu (2 Std.)

**DAUER:** *1. Etappe:* ca. 5.15 Std., Abstecher 2.30 Std.; *2. Etappe:* ca. 6 Std., Abstecher 2 Std.

**LÄNGE:** *1. Etappe:* ca. 16 km, *2. Etappe:* ca. 18 km

**HÖHENUNTERSCHIED:** 600 m (auf der 1. Etappe)

**SCHWIERIGKEITSGRAD:** *1. Etappe:* Bis zum Rondvatnet einfach; unterwegs muß ein Bach gefurtet werden. Die anschließende anspruchsvollere Überquerung des Rondhalsen kann durch Bootstransfer nach Rondvassbu umgangen werden. *2. Etappe:* problemlos; es geht auf deutlichen Wegen durch einfaches, meist flaches Gelände; etwas abenteuerlich ist der Abstecher ins Skjerdalen, den man aber an jedem beliebigen Punkt abbrechen kann.

**WEGBESCHAFFENHEIT:** Die mit Ts markierten Wanderwege sind meist steinig, besonders auf dem Rondhalsen und dem Abstecher auf den Veslesmeden.

**AUSRÜSTUNG:** Für die 1. Etappe Watschuhe; für die gesamte Strecke Mehrtagesausrüstung; für die Übernachtung in der komfortablen Wanderhütte ist ein Schlafsack empfehlenswert, aber nicht notwendig.

**WANDERKARTEN:** TK 1718 I, Rondane, TK 1818 IV, Atnsjøen

**UNTERKUNFT UND RASTMÖGLICHKEIT:** Hütte Rondvassbu, empfehlenswerte hotelartige Wanderunterkunft (gute norwegische Hausmannskost, Frühstücksbuffet)

**HINWEISE:** Die beschriebene Route kann in verschiedene Tagestouren aufgeteilt und durch das markierte Wegenetz ergänzt werden (vgl.»Varianten«, S. 75). Im Winter (etwa 2 Wochen vor Ostern) ist die Tour als Skiroute markiert. Überdies sind von Mysuseter aus den ganzen Winter hindurch gut 100 km Loipe gespurt. Ergänzt wird das Angebot durch ein kleines Alpingebiet.

**ANFAHRT:** Der Zugang zum Ausgangs- und Endpunkt der Wanderung erfolgt von der östlichen Seite des Nationalparks. Von der Hauptstrecke E 6 aus in Ringebu auf die R 27 bis ins Atnedalen, wo bei Straumbu auch der Endpunkt der Wanderung passiert wird. Gut 10 km weiter biegt der Fahrweg nach Dørålseter links ab und endet bei dieser Wanderhütte. Von der E 6 erreicht man den Park bei Otta, wo die Straße nach Mysuseter und weiter bis Spranget (mautpflichtig) führt. Von dort gelangt man auf dem gesperrten Wirtschaftsweg in gut 1 Std. Gehzeit nach Rondvassbu.

## DER WANDERWEG

*1. Etappe:* Hinter dem Namen **Dørålseter** verbergen sich zwei verschiedene Hüttenanlagen. Die Wanderung beginnt vor der weiter oben im Tal liegenden Hütte des DNT (Øvre Dørålseter). Auf der Höhe der Rezeption steht vor dem Gebäude ein Hinweisschild, das u. a. hangabwärts das Ziel der Wanderung, Rondvassbu, anzeigt. Nach wenigen Metern führt ein Steg über einen Bach, und schon von weitem ist ein Pfad hangaufwärts deutlich zu erkennen, dem man jedoch *nicht* folgt. Man wendet sich vielmehr hinter dem Steg nach links und folgt einer Spur neben dem Bach hangabwärts. Nach knapp 10 Min. kommt der Weg von der unteren Hüttenanlage hinzu (Wegweiser), dann

wird auf Steinen ein kleiner Bach überwunden, und bei einem weiteren Hinweisschild geht es nach links zur **Atna.** Dieser Fluß wird nach 20 Min. auf einer Brücke überquert, anschließend folgt man ihm nach rechts. Kurz darauf kommt man wieder zu einem Abzweig, an dem ein steiler Pfad die untere Flußterrasse in Richtung Hogronden verläßt, man ignoriert ihn jedoch. Nach 30 Min. führt der Weg unmittelbar an der Atna entlang, die sich hier mehrere Meter tief in den Untergrund eingegraben hat. Der Hauptwanderweg verläßt diese sehenswerte Schlucht aber bald wieder. Es lohnt sich jedoch, dem Fluß noch weiter zu folgen, denn hier sind schöne Strudeltöpfe, kleine Wasserfälle und Stromschnellen zu sehen. Der markierte Weg bleibt in Sichtweite, und man kehrt bald wieder zu ihm zurück, um auf ihm nach 40 Min. an eine Furtstelle über den Nebenbach **Bergedalsbekken** zu gelangen, der aus dem gleichnamigen Tal kommt. Je nach Wasserstand wird man ihn auf Steinen überwinden oder seine Watschuhe zum Furten anziehen müssen.

Nach ungefähr 50 Min. steigt der Weg kurz bergan; jetzt kann man sehr schön die verschiedenen Lagen von Flußterrassen überblicken. Dann ist nach 1 Std. eine **Weggabelung auf 1117 m Höhe** erreicht, bei der man auf einen Pfad stößt, der halbrechts über das Hochtal Langholet ebenfalls nach Rondvassbu führt. Dieser schwierige Weg verläuft allerdings über einen vergletscherten Paß von 1750 m Höhe, während unsere einfachere Alternative bei schlechtem Wetter noch die Möglichkeit einer abkürzenden Bootsfahrt bietet. Man hält sich also auf der Spur zur Linken, die nach und nach immer breiter wird. Wie bei anderen vielbegangenen Wegen des DNT ist die Bodenkrume dem Wechsel von starker Benutzung und intensiven Regenfällen nicht gewachsen, so daß die Pfade schnell auswaschen, ausgesprochen

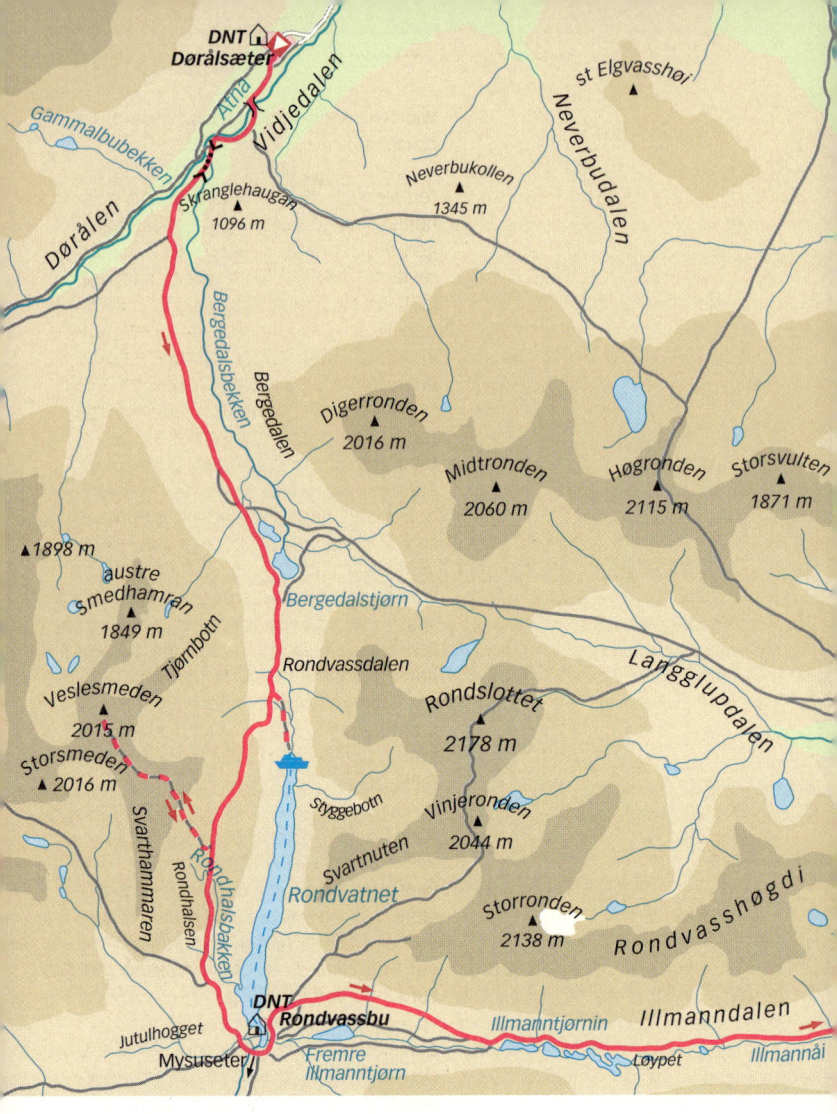

steinig werden und damit entsprechend mühsam zu begehen sind. So weichen die Wanderer immer wieder seitlich aus, wenn sie wie hier die Möglichkeit dazu haben. Die Konsequenz ist eine Schneise von bis zu 30 m Breite, die sich durch die kärglich bewachsene Landschaft zieht. Nach 1.30 Std. wird der Weg wieder ebener, und voraus ist schon die Aufspaltung des Bergedalen in das Langglup- und das Rondvassda-

len zu sehen. Dann führt die Spur noch einmal kräftig bergab (1.45 Std.) zu einem kleinen Teich und hinter ihm gleich wieder aufwärts. Kurz darauf beschreibt der markierte Weg einen deutlichen Bogen nach rechts, den man leicht übersehen kann, denn eine geradeaus weiterlaufende Spur, ist viel besser zu erkennen. Sie führte uns bei unserer Tour in kürzerer Zeit problemlos zum ersten **Abzweig nach Bjørn-**

**Wanderung 9**: Kreuz und quer
durch Rondane

ten Hügeln, die vom Eis als Endmoränenlage zwischen den steilen Berghängen aufgeschüttet wurden und das Tal
regelrecht abschließen. Auch der Weg
läßt sich wieder wesentlich besser
begehen. Nun befindet man sich schon
im **Rondvassdalen,** dessen steile Wände sich immer dichter zusammenschieben. Nach 2.15 Std. zweigt ein weiterer Weg nach Bjørnhollia ab, dann
taucht schon voraus der Rondvatnet
auf, der, ca. 300 m breit, von mehr als
doppelt so hohen Wänden eingeschlossen ist. Auf dem steilen Hang rechts
vom See ist der Pfad zu erkennen, dem
wir über den Rondhalsen nach Rondvassbu folgen werden. Auf dem gemütlichen, leicht bergab führenden Weg
hat man noch Zeit, sich zu überlegen,
ob die Kondition dafür ausreicht. Nach
2.45 Std. muß dann beim **Abzweig
zum Rondhalsen** die Entscheidung gefallen sein.

**Abkürzung:** Wer den Weg abkürzen
will, kann den bisherigen Pfad im Tal
weiter verfolgen (wegen diverser Bachläufe ist er nach Regen recht feucht)
und erreicht nach gut 3 Std. den Anleger, von dem einen das Fährboot direkt
zur Hüttenanlage bringt.

Bei gutem Wetter sollte man unbedingt
den Weg über die Berge wählen. Der
Aufstieg hält allerdings, was der Anblick zuvor versprach: Gleich zu Beginn
müssen ausgesprochen steile und zudem noch schottrige Hänge bewältigt
werden, die in umgekehrter Richtung
nicht zu empfehlen sind! Während der
notwendigen Verschnaufpausen sollte
man die Sicht auf das Ende des Rondvatnet mit dem großen Kar Styggebotn
genießen, denn später verhindert die
Hangneigung den Blick auf den See, nur
die Wände und Berge der Gegenseite
sind dann noch zu sehen. Es geht ein

**hollia** (2 Std.), wo auch der Umgehungsweg wieder hinzukam.
    Nun hat man nicht nur wie zuvor
großartige Ausblicke auf die Steilwand
des **Rondslottet** und die Hochtäler und
Kare am Veslesmeden, auf den später
noch ein Abstecher hinaufführt, sondern auch die nähere Umgebung wird
wieder abwechslungsreicher. Zwei
größere und viele kleinere Seen liegen
in einer Landschaft von sanft gerunde-

Stück an einem Bach entlang, der in steilen Kaskaden den Hang hinunterstürzt. Wenn man diesen Bach gequert und sich nach ca. 3.30 Std. von ihm entfernt hat, ist der schlimmste Teil des Anstieges geschafft. Wer den Abstecher zum Veslesmeden in Angriff nehmen will, sollte hier seine Wasserflasche füllen. Zwar muß man noch etwa 30 Min. bis zum **1640 m hohen** Paß ansteigen, doch sind Hangneigung und Untergrund jetzt angenehmer. Nach 4 Std. schließlich markiert eine ganze ›Versammlung‹ von **Steinmännern** den höchsten Punkt der Strecke über den Rondhalsen, von dem aus es die nächste Zeit wieder abwärts geht, und das insgesamt recht gemütlich. Zur Rechten zieht sich ein scherbiger Hang steil zum Velsesmeden hinauf, links versperrt der Rondhalsen die Sicht. Nach 10 Min. zeigt ein mächtiger Steinmann den Abstecher hinauf zum Aussichtsberg an.

**Abstecher:** Beim Aufstieg zum **Veslesmeden** werden 500 Höhenmeter überwunden (schweres Gepäck evtl. am Hang abstellen). Der Pfad ist gerade im unteren Bereich schwer zu erkennen, da ein Schneefeld ihn in einer Einkerbung überdeckt. Nach 20 Min. ist ein hufeisenförmiger Wetterschutz aus Felsplatten erreicht, nach 45 Min. ist der erste Anstieg bewältigt, und der Pfad führt nahezu im rechten Winkel von der bisherigen Laufrichtung weg nach links (Westen) und hinauf auf einen zunächst breiten Grat, der zum steil aufragenden Hauptberg hin zwar immer schmaler wird, insgesamt aber bequem zu begehen ist. Nach gut 1 Std. müssen noch einmal 100 recht steile Höhenmeter überwunden werden. Direkt neben einer Scharte, die hinab in den Smedbotn stürzt, klettert man über riesige Felsbrocken und -platten die letzten Meter bis zu den Gipfelsteinmännern hinauf. Von oben hat man einen prächtigen Rundumblick (1.20

Std.). Für den Rückweg ist es wichtig, an der Verbreiterung des Grates die richtige Stelle für den Abstieg zu finden. Man muß an der linken Seite des Grates bleiben, also zuerst einen kleinen Linksbogen machen, bevor es dann deutlich rechts abwärts geht. Am besten ist es, man verliert die Markierungen nicht aus den Augen!

Weiter Richtung Rondvassbu läuft man neben dem Bach Rondhalsbekken entlang, der wahrscheinlich im oberen Bereich noch mit Schnee bedeckt ist und sich dann nach und nach zur Linken immer tiefer in den Untergrund einschneidet. Dann kommt voraus tief unten die Hüttenanlage Rondvassbu am südlichen Ende des Sees in Sicht (4.35 Std.). Kurz darauf ist die Weggabelung mit der Parallelroute über Langholet erreicht. Der Weg ist die ganze Zeit gut zu erkennen, führt teilweise über grobes, aber gut begehbares Blockmaterial und wird im weiteren Verlauf des Abstieges immer bequemer. Wenn es bei einem großen Steinmann ein letztes Mal etwas steiler abwärts geht, öffnet sich der Blick über den gesamten Rondvatnet, und nach 5 Std. ist bei einer ersten Brücke beinahe das Seeniveau erreicht. Es empfiehlt sich, diesem Wasserlauf einige Meter aufwärts zu folgen, da er die sehenswerte Schlucht Jutulhogget in den Untergrund eingegraben hat. Über einen weiteren Steg passiert man die Store Ula, den Seeabfluß, und nach insgesamt 5.15 Std. ist schließlich der Ausläufer des Sees umrundet und auf dem Fahrweg **Rondvassbu** erreicht.

*2. Etappe:* Gegenüber vom Haupthaus weisen Schilder an einer Informationstafel den Hang hinauf nach Bjørnhollia, und nach ein paar Minuten ist dieser erste Anstieg geschafft. Ein Blick zurück lohnt sich, bevor man dem bergumrahmten See mit der Hütte und den angrenzenden Moränenebenen den

Rücken kehrt. Dann liegt voraus halb-links der Gipfel Storronden. Den an einer Gabelung zu ihm abzweigenden Weg läßt man aber links liegen und wählt statt dessen die rechte, nach Bjørnhollia führende Spur. Der markierte Pfad hält sich am Hang oberhalb des Illmanndalen, in dem eine zweite Route nach Bjørnhollia zunächst parallel verläuft. Im Tal kommt der Fremre Illmannstjørn bald in Sicht. Unser Pfad stößt nach 30 Min. auf eine alte **Rentierfalle,** ein rechteckiges und von Steinen eingefaßtes Loch im Boden links vom Weg, von Führungsmauern beiderseits der Route eingerahmt. Die Anlage ist ein Indiz dafür, daß hier in früheren Zeiten Jagd auf wildlebende Rentierherden gemacht wurde. Wenig später kommt im Hang zur Linken eine schroffe Kerbe in Sicht, aus der ein Bach über Felsen herunterspringt. Voraus wird nun der **Talboden des Illmanndalen** sichtbar, zu dem der Weg allmählich hinunterführt. Unten treffen die beiden Routen nach Bjørnhollia (1 Std.) zusammen.

Nun geht es an den **Illmanntjørnin** entlang, einer ganzen Kette von Seen, deren sprudelnder Abfluß sich idyllisch zwischen bewachsenen Inselchen hindurchwindet. Die Bachverbindung zum nächsten See wird zweimal kurz hintereinander problemlos über Steine gequert. Bewachsene Moränenhügel markieren den höchstgelegenen Bereich des Tales, die umliegenden Hänge erheben sich sanft geneigt und nahezu unbewachsen zu seinen Seiten. Nach 1.30 Std. wird im rechten Hang oben der Karboden des Løypet einsehbar, voraus schließt eine zweite Kerbe an, die beim Näherkommen jedoch deutlich ›flacher‹ wirkt. Die Seenkette endet und entwässert, noch vereinzelt von kleineren Tümpeln unterbrochen, von hier in Laufrichtung. Die weidenbewachsenen Ufer bieten bei gutem Wetter schöne Rastmöglichkeiten. Ein großer Hangrutsch, der sich weit in das Tal vorgeschoben hat, wird überquert (2.15 Std.). Das Flußtal fällt ab und mit ihm der Pfad, bis er die Flußschotter erreicht und sich ein kurzes Stück auf ihnen fortsetzt. Doch steigt er bald wieder am Hang hinauf, denn unten wird das V-Tal immer enger und ist dort nicht mehr passierbar. Der Weg

Das malerische Anwesen Bjørnhollia hat seinen Almcharakter bewahrt

führt oberhalb des zur Schlucht verengten Illmanndalen über einen sanften Querrücken und einige Nebenbäche hinweg, dann allmählich abwärts. Nach 3 Std. wird voraus erstmals der Musvolstjørn sichtbar, auf den die Route zusteuert. Das Gelände wird bewaldeter, und wo die ersten Birken am Weg stehen, ist unweit des Sees auch die Hütte von Bjørnhollia zu erkennen. Man wandert durch eine liebliche, mit Felsbrocken und Birken durchsetzte Landschaft, verläßt den Nationalpark und erreicht das malerische Anwesen **Bjørnhollia,** das seinen Almcharakter bewahrt hat (4 Std.). Die grasgedeckten Holzhäuser auf dem von niedrigen Feldsteinmauern eingefaßten Hofgelände würden auch einem Freilichtmuseum zur Zierde gereichen. Ob man hier übernächtet oder nicht, eine längere Rast in dem schönen alten Haupthaus oder auf den Bänken davor bietet sich in jedem Fall an. Meist weiden ein paar Ziegen in der Nähe. Man verläßt Bjørnhollia in Richtung Straumbu (Schild) und wendet sich zum Fahrweg nach Gammelseter, auf dem man eine Brücke überquert.

Im wilden Skjerdalen

**Abstecher:** Wer einen Abstecher in die **Schlucht Skjerdalen** unternehmen möchte, wende sich hinter der Brücke nach rechts und folge dem rot markierten Trampelpfad flußaufwärts. Nach ca. 15 Min. liegt der Myldingtjørn direkt neben der Route, bevor diese sich nach links von ihm weg- und hangaufwärts wendet. Ein kurzer, steiler Anstieg endet oberhalb auf flachem, licht bewaldetem Terrain, durch das es am Rand des Tals, nun quasi eine Etage höher, weitergeht. Über das Tal hinweg wird nach ca. 30 Min. ein markanter Wasserfall in einer schroffen Kerbe sichtbar. Eine Lichtung mit verfallenem Schafstall wird passiert, dann führt die Spur wieder ins Tal hinunter und dort nach 45 Min. nach links. Der Wasserlauf ist zuerst unter den Geröllstücken verborgen, tritt dann in kleinen Gumpen und tiefen, klaren Tümpeln zutage, von Felsbrocken, Birken, dicken Moospolstern und Wiesenblumen eingerahmt. Man muß selbst ausprobieren, wie man in diesem engen Kerbtal am besten vorankommt, doch wenn man nach etwa 1 Std. vor einem Abhang aus mächtigen Felsblöcken steht, an dem das Flüßchen rauschend herabstürzt, zeigen rote Markierungen an, daß es an ihm entlang aufwärts gehen soll. Wir sind den Markierungen über das Blockfeld aufwärts gefolgt, wo die Kerbe weitergeht, doch nach weiteren Bachquerungen und glitschigen Passagen dicht an nassen Felswänden haben wir die Erkundung dann abgebrochen. Vom Wasserfall aus, bis zu dem sich die Wanderung in jedem Fall auch für weniger experimentierfreudige Wanderer lohnt, geht es auf derselben Route in 1 Std. nach Bjørnhollia zurück.

Hinter der Brücke folgt man dem linken Weg durch die Hofanlagen von Gammelseter und steigt den dahinterliegenden Hang zügig hinauf. Zahlreiche Trampelpfade zernarben die Flanke, doch oben vereinen sie sich wieder zu einem T-Weg. Der Fluß fließt links unterhalb der steilen Schlucht **Myldingsgjelet,** die diesen Umweg bergauf notwendig machte, und gerät bald außer Sichtweite. Ein letzter Blick zurück über ihn hinweg nach Bjørnhollia und zum Illmanndal bietet sich also an, bevor es über felsiges, hügeliges Terrain am Hang des **Musvolkampen** weitergeht. Wenn voraus in weiter Ferne das Atnadalen erstmals zu erkennen ist, hat man die höchste Stelle dieses Streckenabschnitts erreicht. Einige Zeit später kommt links das steile Langglupdalen in Sicht (4.30 Std.), das, von hohen Bergzügen eingerahmt, mit dem Myldingsgjelet zusammentrifft. In sanften Wellen fällt der Bergrücken des Musvolkampen ab und mit ihm der recht steinige Pfad. Erst wenn nach 5 Std. wieder höherer Bewuchs ihn säumt, die ersten Kiefern den nährstoffarmen Fels besiedeln, wird der Untergrund lauffreundlicher.

Ein kleines Moorstück wird auf ein paar Steinen überwunden, dann stößt der Wanderweg bei einem großen Stapel verwitterter Holzbohlen auf eine alte Fahrspur und führt ein kurzes Stück auf ihr entlang. Anschließend verläuft er gut erkennbar wieder etwas weiter links durch nahezu ebenes, nun wieder unbewaldetes Gelände und hält auf eine Abbruchkante zu. Ist man dort angekommen (5.30 Std.), verstellt nichts mehr den Blick nach Straumbu hinüber, einem inmitten saftiger Wiesen gelegenen Gehöft am jenseitigen Hang des Atnadalen. Diesseits des breiten Flusses bedeckt Nadelwald die Talebene, in die man nun hinabsteigt. Der Pfad fällt rechts steil ab, verzweigt sich aber, so daß man sich die bequemste Abstiegsroute selbst aussuchen kann. Unten führt der Weg durch den Wald und mehrmals über Seitenbäche der Atna hinweg zum Hauptfluß, der auf einer Brücke überquert wird. Jenseits ist dann die Straße erreicht, hinter der die Hofanlage **Straumbu** liegt (6 Std.).

## AM WEGE

Das **Rondane-Gebiet** besteht aus eiszeitlich geprägtem, nährstoffarmem Fjell zwischen gut 1000 und 2000 Höhenmetern. Es war nie besiedelt. Rentierjäger durchstreiften es jedoch schon in der Steinzeit und hinterließen in Form alter Fanggruben ihre Spuren. 1962 wurde das Gebiet als erstes in Norwegen unter Naturschutz gestellt, 1970 erhielt es den Status eines Nationalparks. Das Klima ist mit etwa 500 mm Niederschlag im Jahr für norwegische Verhältnisse sehr trocken, so daß sich hier nicht wie im westlich angrenzenden Jotunheimen Gletscher gebildet haben. Die Vegetation ist karg, vielfach beleben nur Flechten die grauen Hänge. Doch trotz seines zunächst eintönig wirkenden Landschaftsbildes ist der Park eines der beliebtesten Wandergebiete Norwegens.

## VARIANTEN

Ab Dørålseter bis Rondvassbu und mit dem Boot über den Rondvatnet zurück, ab Anleger dieselbe Route zum Ausgangspunkt zurückwandern. Das Schiff fährt erst ab Juli, da der See zuvor noch zugefroren ist. Es startet ab Rondvassbu um 9 und um 16 Uhr, ab Nordende des Sees jeweils eine halbe Stunde später.

Per Fahrrad von Mysuseter oder Spranget nach Rondvassbu (10 bzw. 6 km), von dort über den Rondhalsen wandern und mit dem Boot zur Hütte zurückkehren.

**10**

# Der Kletterwand entgegen

Vom Trollstigen zu den Trolltindane

Zwei anerkannte Superlative werden auf dieser spektakulären Wanderung miteinander verbunden, der Trollstigen, die berühmteste Serpentinenstraße Norwegens, und die Kletterreviere an den Trolltindane, die Bergsportler aus aller Welt anlocken: Diese Wanderung ist zwar kein Spaziergang, doch führt sie ganz ohne Seil und Hacke zur Abbruchkante hoch über dem Romsdalen.

**WEGVERLAUF:** Trollstigen – Seeabfluß des Stigbotnvatnet (1 Std.) – Sattel (1 Std.) – Abbruchkante in 1400 m Höhe (45 Min.) – Trollstigen (2.15 Std.)

**DAUER:** ca. 5 Std.

**LÄNGE:** ca. 10 km

**HÖHENUNTERSCHIED:** 800 m

**SCHWIERIGKEITSGRAD:** Bergwanderung mit anspruchsvollen Passagen, die Trittsicherheit und Kondition erfordern

**WEGBESCHAFFENHEIT:** teils deutlich ausgetretene Pfade, teils Markierungen (Steinmänner); die Block- und Schneefelder sind mühsam zu begehen, aber ungefährlich

**AUSRÜSTUNG:** Wanderausrüstung, Stulpen

**WANDERKARTE:** Turkart 1 : 80 000 Romsdalen

**RASTMÖGLICHKEITEN:** Trollstigen Fjellstue am Ausgangspunkt der Wanderung

**ANFAHRT:** auf der R 63 Valldal–Åndalsnes bis zur Fjellstue oberhalb des Trollstigen

## DER WANDERWEG

Oberhalb des Trollstigen geht man zwischen den Souvenirbuden hindurch zur Aussichtsplattform. Der asphaltierte Gehweg ist nicht zu verfehlen, schon allein wegen des Besucheransturms, der hier bei schönem Sommerwetter herrscht, – und bei anderen Wetterlagen sollte man gleich wieder Abstand von der Tour nehmen, denn gute Sicht ist für diese Unternehmung erforderlich, nicht zuletzt wegen der atemberaubenden Ausblicke, die einen dann am Ziel erwarten.

Schon nach 100 m verläßt man den ›Hauptverkehrsweg‹, um sich dort, wo das Geländer am Weg aufhört und dieser leicht abwärts führt, eine Spur rechts den Hang hinauf zu suchen. Es gibt mehrere Spuren und noch mehr Steinmännchen, allerdings weisen fast alle auf nichts anderes hin als auf die Verspieltheit einiger Wanderer. Jene Steinmänner, die ursprünglich einmal

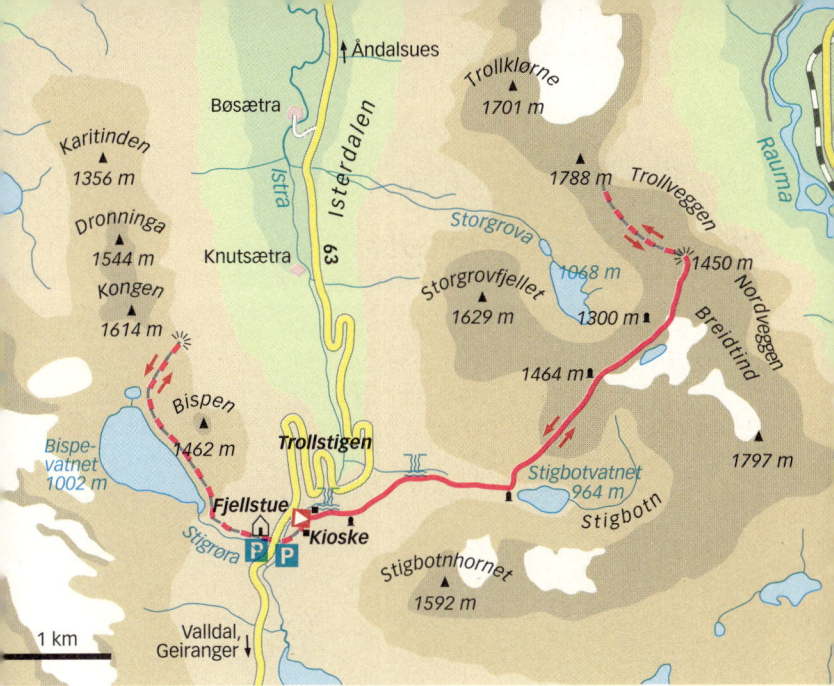

**Wanderung 10:** Vom Trollstigen zu den Trolltindane

den Weg weisen sollten, sind hier unten nicht mehr auszumachen. Über gerundete Felsabsätze steigt man einige Meter an, um auf einem flacheren Absatz zu einem mächtigen Steinmann zu gelangen, der tatsächlich als Orientierungshilfe erbaut wurde. An ihm vorbei geht es nun auf gleichbleibender Höhe zwischen dem nach rechts ansteigenden und nach links zur Aussichtsplattform abfallenden Hang entlang. Der Trollstigen, der sich hier aus dem Talschluß des **Isterdalen** in engen Serpentinen hochschraubt, liegt als deutlich erkennbares Asphaltband unterhalb des Weges, begrenzt vom jäh zu Tal stürzenden Bach Stigrøra. Bald kann man zurückblickend auch den Parkplatz an der Fjellstue ausmachen. Jenseits von ihm erhebt sich der schroffe Kegel des Bispen, dahinter ragt der Kongen auf, beide thronen hoch über dem grünen Isterdalen. Doch diesem Panorama wendet man wieder den Rücken zu und sucht auf dem

schmaler werdenden, stellenweise sumpfigen Sims nach dem Pfad, den man letztlich aber nicht verfehlen kann. Voraus liegen die Hänge des Kartales Stigbotn, aus dem ein Wasserlauf herunterfließt, um weiter unterhalb ebenfalls in einem hohen Wasserfall zur Straße hin abzustürzen. Nach ca. 30 Min. hat der Pfad diesen Bach fast erreicht und steigt nun unweit seines Ufers kräftig hangaufwärts. Auch wenn der Weg im bewachsenen Terrain insgesamt gut zu erkennen ist, kann er zwischen einzelnen Geröllbrocken doch vorübergehend verlorengehen. Dann hilft es, ein paar Meter querfeldein hochzusteigen, denn schaut man zurück, fällt die Spur meist schnell ins Auge. Falsch gegangen ist man, wenn eine Spur direkt zum Ufer führt, als solle man furten, denn man bleibt zunächst auf der rechten Bachseite.

Gut 150 Höhenmeter werden in Sichtweite der oft schneebedeckten Bachkerbe überwunden, bevor das Ge-

Der Trollstigen, die
berühmteste Serpenti-
nenstraße Norwegens
wird von den Bergen
Bispen und Kongen
überragt

lände wieder ebener wird. Die geröll-
übersäte Schwelle der riesigen Karschüssel **Stigbotn** ist erreicht, der Wasserlauf weit und breit nicht mehr zu
sehen, statt dessen ein klotziger Steinmann, an dem die Route im rechten
Winkel nach links abbiegt. Durch ein flaches Blockmeer, von dem sich einzelne
Steinmänner deutlich abheben, hält
man auf die nördlichen Hänge des Stigbotn zu. Unterwegs gluckst und plät-
schert es im Untergrund (1 Std.). Die
Geräusche kommen vom **Seeabfluß**
des Stigbotnvatnet, den wir hier trockenen Fußes auf dem Geröllfeld überqueren konnten.

Etwa 350 m höher liegt in Laufrichtung voraus der Sattel zwischen dem
Breitind und dem Storgrovfjellet. Ein
geschickt plazierter Steinmann ist

schon aus dieser Entfernung zu erkennen und bestätigt die Vermutung, daß
es dort hinaufgehen soll. Doch bevor es
mühsam wird, führt der Pfad zunächst
noch bequem ein Stück am begrünten
Hang aufwärts. Nun kommt endlich
auch der See **Stigbotnvatnet** in Sicht,
der den Karboden füllt. Ein seichter,
breit aufgefächerter Bach, den man auf
Steinen überquert, verschafft dem See
auch von dieser Hangseite her Zulauf.

Dann beginnt das schwierigste Stück
der Tour, das grobe Blockfeld, das sich
bis zum Sattel hinaufzieht. Mühsam,
den Blick fest auf den zerklüfteten
Untergrund geheftet, klettert man von
Stein zu Stein. Leicht kann dabei das
Gefühl aufkommen, diese Etappe werde
wohl nie enden. Nur der Blick zurück
auf das von schroffen Wänden um-

rahmte Kartal und dahinter über das Isterdalen hinweg auf die Bergzinnen von Bispen und Kongen, entschädigt in den Erholungspausen für die Mühe. Wo die Schneefelder beginnen, kann man dorthin ausweichen, und nach knapp 2 Std. sollte diese Passage bewältigt, der Steinmann oben auf dem **Sattel** erreicht sein.

Voraus blickt man nun in eine flache, schneegefüllte Mulde. Links wölbt sich das Gelände nur wenig, ein dort anschließendes, steil abfallendes Kar im Storgrovfjellet liegt noch außerhalb des Blickfelds. Rechts begrenzt der schroffe Höhenzug des Breidtind, der voraus unmittelbar in die Trolltindane übergeht, die weiße Mulde. Man sucht sich zwischen der langgezogenen Senke und dem sanft gewölbten Rücken eine Route in dieser Richtung, wobei es keine Rolle spielt, wo diese genau verläuft. Wer sich mehr nach links orientiert, stößt eher auf die dort gelegenen Steilhänge des Kars, wer sich mehr zur Senke hin hält, bekommt diesen Anblick etwas später geboten. In beiden Fällen fällt eine mächtige Felsnadel ins Auge, die markant aus den Trolltindane aufragt. Rechts von ihr liegt der Aussichtsplatz, der angesteuert werden soll und allmählich in Sicht kommt. Dort steigt das gleißend helle Terrain zwischen schroffen Zinnen mäßig an, und dahinter ist schon das Romsdalen zu erahnen, in das die Trollberge abstürzen.

Bei einem schneefreien Felsblock, der die Markierung 1300 m trägt, passiert man eine letzte Vertiefung, aus der nach links der Blick über das Kartal und seine steil in den Storgrovfjellet einschneidenden Wände grandios ist. Unten leuchtet der vielleicht nur halb aufgetaute See bläulich-türkis auf. Nun beginnt der letzte Aufstieg zur knapp 150 m höher gelegenen **Abbruchkante**. Dort angelangt, wird man nach etwa 2.45 Std. mit einer atemberaubenden Aussicht belohnt. Aus gut 1400 m Höhe schaut man ins Romsdalen hinunter, das hier schon fast auf Meeresniveau liegt. Ameisengroß wirken die Autos auf der Straße und dem großen Parkplatz. Senkrecht fallen die gletschergeschliffenen Wände hier ab, oben von wilden Zacken umkränzt, unten in mächtigen Geröllkegeln fußend. Über das Romsdalen hinweg werden neue Bergregionen sichtbar, so weit das Auge reicht.

Der Rückweg erfolgt auf derselben Route, doch sieht so manches aus dieser Richtung neu aus: Beim Abstieg vom Sattel ist es wichtig, nicht zu weit nach links zu gehen, dort wird das Gelände steiler. In Laufrichtung sollte von hier oben schon der Parkplatz am Trollstigen zu sehen sein. Hat man den Sattel überwunden, hält man am breit aufgefächerten Bach nach dem nun wieder deutlich erkennbaren Pfad Ausschau, gelangt auf ihm zum Geröllfeld an der Schwelle des Kartales und überquert es mit Hilfe der Steinmänner. Die Spuren verzweigen sich etwas, wir haben die mittlere gewählt. Der klotzige Steinmann, an dem man nach rechts abbiegend, den Abstieg beginnt, ist auch aus dieser Richtung erkennbar. Wieder unten, verläßt der Pfad den Bachlauf und verläuft sich wenig später auf dem Absatz oberhalb der Aussichtsplattform. Hier sollte man unbedingt bis zu jenem Steinmann gehen, auf den man beim Hinweg zuerst traf, denn nur von dort aus geht es ohne steile Partien zum Asphaltweg hinunter. Nach gut 5 Std. ist die Fahrstraße an den Souvenirbuden wieder erreicht.

## VARIANTE

Vom Ziel der Wanderung aus ist ein Abstecher zu einem zweiten Aussichtspunkt oberhalb der Trollveggen möglich, allerdings erfolgt er entlang steilerer Hänge, als sie das zurückliegende Wegstück aufwies. Nach der Senke auf 1300 m Höhe verläuft der Weg ansteigend im Linksbogen unterhalb der Gipfelzinnen und führt in die anschließende Kerbe hinein. »Frokostplassen«, Frühstücksplatz, nennen die Kletterer diesen Aussichtspunkt. Für diese Tour ist Trittsicherheit in steileren Schnee- und Geröllhängen erforderlich (hin und zurück ca. 1 Std.).

## AM WEGE

Die 1800 m hohen Trollveggen stellen mit ihren mehr als 1000 m hohen, senkrechten Wänden ein Kletterrevier der Spitzenklasse dar. Nach der Erstbesteigung des Trollryggen 1958 durch zwei norwegische Bergsteiger setzte eine Expeditionswelle ein, in deren Verlauf bislang ein Dutzend Routen bewältigt wurden. Unfälle gab es nur bei einer anderen Nutzung der Trollwand, und zwar als Startplatz für Fallschirmspringer. Nach mehreren Todesfällen wurde die Region 1986 für diese Sportart gesperrt.

## WEITERE HINWEISE

Wenn der Bispen hinter der Fjellstue frei zu sehen ist, kann man zur Senke zwischen ihm und dem Kongen wandern (Gehzeit insgesamt 3 Std.). Der 400 m hohe Aufstieg erfolgt rechts von der Stigrøra, die oberhalb aus dem Bispevatnet kommt und bei einem mächtigen Felsbrocken hinter der Fjellstue in einen kleinen Teich mündet. Um auf die andere Bachseite zu kommen, muß man auf der Straße so lange in Richtung Trollstigen gehen, bis die Fahrspur den Wasserlauf quert. Bis zum Bispevatnet findet man immer wieder Trampelpfade in der Nähe des Baches. Der meist vereiste See liegt in einer großartigen alpinen Landschaft mit Gletschern, bizarren Bergen und Felsen. Hoch oberhalb des Sees führt ein Pfad am steilen, schneebedeckten Hang des Bispen entlang bis in eine Einsenkung beim benachbarten Kongen. Von hier blickt man fast 1000 m hinunter ins Istradalen. Ein Pfad führt von dieser Stelle auch auf den Bispen. Zuweilen begegnet man Wanderern, die ihn ohne Kletterausrüstung bestiegen haben.

An der Touristenstation am Trollstigen ist frühmorgens noch nicht viel los

**11**

# Postkartenansichten von oben und von unten

**Zum Aussichtspunkt Preikestolen am Geirangerfjord**

Wer kennt sie nicht, die berühmten Ansichten von Norwegens bekanntestem Fjord. Nur wenige haben ihn aber bisher von jener Seite gesehen, auf der sich die Felskanzel Preikestolen erhebt. Von dort eröffnen sich großartige Ausblicke auf Wasser und Land.

**WEGVERLAUF:** Homlong – Steinmann (30 Min.) – Serpentine (45 Min.) – Homlongseter (10 Min.) – Preikestolen (10 Min.) – Homlong (1.25 Std.)

**DAUER:** ca. 3 Std.

**LÄNGE:** ca. 7 km

**HÖHENUNTERSCHIED:** 540 m

**SCHWIERIGKEITSGRAD:** einfache Wanderung auf gut erkennbarer, markierter Route (rote Punkte). Die Steigung verteilt sich, so daß das Terrain bis auf kurze Abschnitte meist nur mäßig geneigt ist

**WEGBESCHAFFENHEIT:** breiter, problemloser Fußpfad, teils über Felsplatten führend oder mit Steinen ausgelegt, die bei Nässe stellenweise rutschig sein können

**WANDERKARTE:** TK 1:50 000, Blatt 1219 II, Geiranger

**ANFAHRT:** Im Ort Geiranger zum Campingplatz fahren, an ihm vorbei dem Uferweg 2 km fjordauswärts nach Homlong folgen. Am dortigen Campingplatz Fjelltunet beginnt der markierte Wanderweg zum Homlongseter und zum Preikestolen.

*Achtung:* Am Einstieg gibt es nur wenige Parkmöglichkeiten. Daher sucht man sich entweder am Uferweg einen Halteplatz oder wandert gleich vom Ort aus los (hin und zurück zusätzlich etwa 45 Min.).

**DER WANDERWEG** ▶

Ein Wegweiser markiert den Beginn des Wanderwegs, der von der hier bei ein paar Hofgebäuden und Ferienhäusern endenden Uferstraße nach links abzweigt. Malerisch führt er unter Bäumen an einem von Feldsteinmauern eingefaßten Stück Kulturland entlang aufwärts. Gleich danach passiert man ein Gatter, hinter dem die Parzelle endet. Über blanke Felshänge geht es bergan. Die Route ist mit roten Farbklecksen markiert und leicht zu finden. Hier und da klammern sich in Felsritzen und Mulden schmale Grasstreifen, Büsche oder niedrige Bäumchen fest. Nach hinten öffnet sich mit jedem Schritt bergauf der Blick auf den Fjord und den kleinen, im Sommer ständig überlaufenen Ort an seinem inneren Ende. Meist liegen einige Schiffe auf Reede, und wenn gerade eines der Kreuzfahrtschiffe einläuft, dann hallen die Fjordwände nicht selten vom dumpfen Tuten oder ein paar Salutschüssen wider. Dazwischen brummen winzige Wasserflugzeuge wie überdimensionale Insekten über der Szenerie, die sich auch Touristen für teures Geld aus luftiger Höhe ansehen können. Aber das laute Treiben an Norwegens meistbesuchtem Bilderbuchfjord ebbt trotz der guten Akustik zwischen den Fjordwänden doch allmählich ab, während man dem Wanderweg nun bald entlang bewaldeter Hänge aufwärts folgt.

Immer wieder ergeben sich schöne Ausblicke auf die dunkle Wasserfläche, die rechts unterhalb des Weges hier und da durch das helle Laub hindurchblitzt. Auch die Serpentinen der Fahrstraße Ørnesfjellsvegen, Geirangers einzige Ganzjahresverbindung zur Außenwelt, ist am jenseitigen steilen Hang deutlich zu erkennen.

Nach ca. 30 Min. passiert der Weg eine verfallene Hütte und einen markanten **Steinmann,** gleich darauf durchquert man ein weiteres Gatter. Die Aussicht nach unten ist etwas verdeckt. Durch dichten Laubwald, unter dem üppige Farne wuchern, geht es gleichmäßig aufwärts. Kleine Rinnsale rieseln von den Felsen und geben nun schon

**Wanderung 11:** Zum Preikestolen am Geirangerfjord

eindeutig den Ton an. Bald wird ein Bach überquert, und im freier werdenden Gelände erblickt man wieder den Fjord, an dessen jenseitiger Steilwand ein Wasserfall in einer schroffen Kerbe zu Tal stürzt. Weiter durch licht bewaldetes Terrain führend, steigt der Weg, der zwischendurch mit Steinplatten stufig angelegt ist, in einer **Serpentine** an (1.15 Std.). Die markante Haarnadelkurve zeigt, daß es nun nicht mehr weit bis zum höchsten Punkt der Wanderung ist. Nach 1.25 Std. ist er bei den Almhütten von **Homlongseter** erreicht. Auf einer flachen, grasigen Kuppe unweit eines plätschernden Wasserlaufs liegen malerisch die niedrigen alten Gebäude, vor denen eine Bank zu einer Rast einlädt. Allerdings weist ein Schild geradeaus weiter zum **Preikestolen**, wo einen die spektakuläre Aussicht auf den über 500 m tiefer gelegenen Fjord erwartet. So wird man den letzten kurzen Abschnitt der Strecke wahrscheinlich doch gleich in Angriff nehmen, um nach weiteren 10 Min. auf dem Felsplateau anzukommen und den fantastischen Blick von dort zu genießen.

Blick auf den Geirangerfjord

Der Meeresarm, dessen Flanken beiderseits steil und uferlos zu über 1000 m hohen Bergrücken aufsteigen, ist von hier auf weite Strecke zu überblicken. Gegenüber fallen die Wasserschleier der Sjusystre zum Fjord hinunter. Unten liegt der aufgegebene Hofplatz Knivsflå, einer jener unvorstellbar einsam gelegenen Siedlungsplätze, die sich entlang der senkrechten Felswände auf winzigen Absätzen festkrallen und deren frühere Bewohner die Außenwelt oft nur über das Wasser erreichten. Das milde Klima im Fjord, in dessen geschütztem Inneren viele Obstbäume gedeihen, machte ein Leben auf den abgeschiedenen Hofstellen zwar möglich, doch was die letzten Einödbauern hier noch in den 70er Jahren hielt, ist nicht nur ausländischen Besuchern ein Rätsel.

## ❖ AM WEGE

**Geiranger,** der kleine Ort am Fjordende, ist die Touristenhochburg par excellence. Es verfügt über zehnmal so viele Gästebetten wie Einwohner und zählt insgesamt eine halbe Million Besucher pro Saison. Was die vielen Gäste hierher lockt, ist ein Panorama aus Fjord und Fjell, wie es im Buche steht. Man kann es auf der Fahrt vom Ottadalen auf der R 58 schon von hoch oben genießen: entweder vom 1500 m hohen Aussichtsberg **Dalsnibba,** zu dem sich ab der Djupvasshytta eine mautpflichtige Straße abenteuerlich hinaufzieht, oder später vom Aussichtspunkt **Flydalsjuvet,** wo am überhängenden Rand der steilen Schlucht die Postkartenfotos geschossen werden, für die Geiranger bekannt ist. Groß ist auch der Rummel unten im Ort, besonders rund um die Touristeninformation, die Souvenirläden und den Anleger.

Eine **Bootsfahrt** mit einem Ausflugs- oder Fährschiff durch den Fjord lohnt sich allerdings wirklich. Wer sein Auto stehenlassen will, kann auch die Fähre nach Hellesylt hin und zurück buchen. Unterwegs werden die wichtigsten Sehenswürdigkeiten entlang der Strecke mehrsprachig kommentiert; die Ausflugsboote sind zwar oft recht vollgestopft, fahren aber dichter an die Steilwände heran.

## WEITERE HINWEISE

Die Touristeninformation in Geiranger hat ein Faltblatt mit weiteren Wandervorschlägen herausgegeben; die Wege sind markiert. Besonders empfehlenswert ist die Tour zum Wasserfall **Storseterfossen,** die beim Campingplatz am Hof Westerås (nahe Hotel Bellevue) beginnt (hin und zurück 2.30 Std.). Bei Nässe kann sie allerdings streckenweise zu einer Matsch- und Rutschpartie werden. Ein Pfad führt direkt unter den Wasserfall.

*Auf dem Weg zum Storseterfossen*

`12`

# Alte und junge Stauseen im Hochgebirge

**Ins bergige Hinterland des Tafjorden**

Durch eine liebliche Seen- und Flußlandschaft führt der Weg ins rauhe Gebirge hinauf, wo zwischen schroffen, schneemarmorierten Gipfeln und Bergrücken große Stauseen die Talsenken füllen. Auf dem Rückweg schweift der Blick frei über weite, bewaldete Hänge, von deren dunklem Grün sich die Wasserflächen des Doppelsees Kaldussætervatnet abheben.

**WEGVERLAUF:** Parkplatz am Kaldhussætra – 1. Brücke (30 Min.) – 2. Brücke (20 Min.) – 1. Wanderhütte (1 Std.) – 2. Hütte (40 Min.) – Stordøla-Mündung (20 Min.) – Weggabelung am heimste Viavatnet (40 Min.) – Steinmann am Fagerbotnhalsen (30 Min.) – Hütte am Fagerbotnvatnet (45 Min.) – Hängebrücke (45 Min.) – Parkplatz (45 Min.)

**DAUER:** ca. 6.15 Std.

**LÄNGE:** ca. 18 km

**HÖHENUNTERSCHIED:** 700 m

**SCHWIERIGKEITSGRAD:** anspruchsvolle Wanderung, die Trittsicherheit und Erfahrung im alpinen Gelände erfordert (vgl. »Hinweise«); lohnende, problemlose Abkürzungsmöglichkeit (vgl. »Varianten«, S. 91)

**WEGBESCHAFFENHEIT:** größtenteils gut erkennbare, durchgängig vom DNT markierte Pfade

**AUSRÜSTUNG:** zusätzlich zur kompletten Wanderausrüstung sind Stulpen, Stock und Grödeln zu empfehlen

**WANDERKARTE:** TK 1:50 000, Blatt 1319 III, Tafjord

**RASTMÖGLICHKEIT:** bewirtschaftete Wanderhütte Kaldhusseter (nicht mit dem Hof am Ausgangspunkt identisch!), am Fahrweg in Höhe des heimste Kaldhussætervatnet gelegen; unterwegs unbewirtschaftete Schutzhütten

**HINWEIS:** Die oft noch im Hochsommer anzutreffenden Altschneefelder auf stark abschüssigem Gelände, die in einem eiskalten See mit steilwandigen Ufern enden, lassen die ansonsten mittelschwere Tour für Unerfahrene u. U. zum Wagnis werden. Wir haben die Tour in zwei verschiedenen Sommern gemacht und fanden eine steile Einkerbung beide Male schneegefüllt. Wenn der Schnee weich ist, kann man diese Stelle Schritt für Schritt bewältigen, wobei die Hacken kräftig in den Schnee getreten werden müssen. Mit Grödeln und Stock bereitet diese Stelle keine Probleme. Man sollte mit den genannten Geländearten schon etwas Erfahrung gesammelt haben, um jederzeit selbst entscheiden zu können, was man sich zutrauen kann.

**ANFAHRT:** Der Tafjord liegt in unmittelbarer Nachbarschaft des weltbekannten Geirangerfjords und ist wie dieser einer der inneren Arme des Storfjorden. In Valldal führt von der R 63 eine Stichstraße fjordeinwärts. Durch zwei lange Tunnel hindurch gelangt man in die kleine Ortschaft Tafjord. Man folgt den Ausschilderungen Richtung Kaldhussæter/Reindalsæter. Hinter dem Onilsavatn bleibt man auf der geradeaus verlaufenden Fahrspur, die bald sehr steil und schmal zum Kaldhusdalen hinauf- und dann an den beiden Seen heimste und fremste Kaldhussætervatnet entlangführt. Sehr große oder schwach motorisierte Fahrzeuge können mit dieser Strecke Probleme bekommen. Die Straße endet auf dem Hofgelände des Kaldhussætra; auf dem großen Schotterplatz davor kann man parken.

◼▶ **DER WANDERWEG**

Vom Parkplatz beim **Kaldhussætra** führt die Straße direkt in das Hofgelände hinein, durchquert es und endet bei einer Kraftwerksanlage. Eine schmale Brücke zeigt den Beginn des Wanderwegs an, der von nun an mit den bekannten roten Ts markiert ist. Nicht weit entfernt liegt zur Rechten der Kaldhussætervatnet, zu dessen Ufer der Weg sich bald hinunterwindet, um sich dann wieder ein paar Meter davon zu entfernen. Der ausgetretene Pfad ist nicht zu verfehlen, doch machen Steine und Pfützen es notwendig, die Augen immer auf ihn gerichtet zu halten. So fällt der Blick wohl vor allem auf die Wegränder, die von einer üppigen Krautschicht unter buschigem Birkengestrüpp gesäumt werden. Ausladende Farne, zarte Tannenwedel, dicke Moospolster und bunte Wiesenblumen durchsetzen das wasserreiche und felsenge-spickte Unterholz und geben dem Ganzen ein urwaldartiges Flair. Zum Seeende hin wird der Bewuchs lichter, glatter Fels tritt hier und da hervor, dann ist die Bachmündung in den Kaldhussætervatnet erreicht. Wie über eine Wasserrutsche sprudelt das Flüßchen die Felsplatten hinunter, wird von riesigen Steinbrocken in seinem Lauf unterbrochen, fächert sich auf und fließt in einer kleinen Gumpe wieder zusammen. Wäre man nicht gerade erst losgewandert, dann müßte man in dieser Idylle unbedingt eine Pause einlegen.

Ein Stück flußaufwärts wird eine **erste Brücke** sichtbar, die man nach ca. 30 Min. überquert. Am anderen Ufer geht es zwischen lichtem Kieferngehölz über kargen, trockenen Felsboden dahin. Sanft steigt das weite **Storkaldhusdalen** nun an. Immer wieder bildet der Wasserlauf zur Rechten hübsche Kaskaden und kleine Tümpel, dann verbreitert er sich zum ersten stillen Teich. Sauergräser säumen die moorige Uferzone, die von einem breit aufgefächerten Seitenbach berieselt wird. Es kostet etwas Mühe, diesen nassen Wegabschnitt zu überwinden, dann führt die Spur wieder bequemer um den kleinen See herum, der sich nach einer Biegung ausdehnt. Auf der anderen Seite wird er von steilen Felsufern begrenzt, über die der Talbach ein paar Meter abstürzt. Wie auf einem verwunschenen Pfad bewegt man sich zwischen moosüberzogenen Felsbrocken und dichtem Strauchwerk aus Weide und Birke am Ufer entlang, steigt dann stufig einige Meter zum Steilfelsen hinauf und umrundet ihn auf einem schmalen Sims. Gleich dahinter liegt die nächste Brücke (45 Min.), die den Fluß auf dem kurzen Abschnitt zwischen diesem und dem nächsthöhergelegenen See überspannt.

Auf dem Weg in die Bergwelt des Tafjorden

Am jenseitigen Ufer setzt man den Weg zunächst mit Blick auf den unteren See fort. Dann nimmt die Spur in einer deutlichen Rechtskehre den nächsten Felsabsatz in Angriff. Bald kommt der obere Teich in Sicht, wieder eingerahmt von hufeisenförmigen Steilufern. Auch die Wanderroute verläuft nun durch eine Felsstufe. Dicht am fast überhängenden Gestein geht es problemlos hinauf. Bald folgt der nächste See, laut Karte liegt er schon auf 696 m Höhe und ist groß genug, um einen Namen zu tragen: **Illstigvatnet**. Das flache Gelände ist von moorigen Stellen durchsetzt, dann wieder liegt der glatte Felsgrund bloß. Unterhalb kommt am Seeufer eine Hütte in Sicht. Weiter voraus ist der Talschluß schon zu erkennen: Ein weites Halbrund aus Gras- und Geröllhängen, durchsetzt von Felsbahnen und nicht selten bis in den Juli noch mit Schneeflecken gesprenkelt. Der höhere Bewuchs läßt nun schon deutlich nach, und außer den Masten einer näherkommenden Stromleitung verstellt nichts mehr den Blick. Unter den Masten hindurch und dann in etwa

parallel zu ihnen geht es auf das Talende zu. Wieder füllt ein Teich rechts unterhalb eine Senke. Ein Steinmann am Wege fällt durch ein ›Fenster‹ auf. Solche Gucklöcher markierten früher gelegentlich an zweifelhaften Stellen die Blick- und Laufrichtung. Dieses nimmt eine letzte Senke ›ins Visier‹, zu der die Spur hinunterführt. Die geschützte Mulde ist von Birkengestrüpp bestanden, durch das man sich hindurcharbeiten muß, bevor es wieder aufwärts geht.

Im Talschluß wird das Gelände nun steiler. Über Geröll und Fels windet der Pfad sich hangaufwärts, immer deutlich markiert und erkennbar – solange nicht Schneefelder ihn verdecken. Er schwenkt in eine trockene Bachkerbe ein und führt darin weiter hinauf. Bald ist oben eine kleine Steinhütte auszumachen, die zum Stauwerk des dahinterliegenden, jedoch noch nicht sichtbaren Slettdalsvatnet gehört. Die Spur bleibt am linken Rand des ehemaligen Bachbettes, windet sich zwischen einigen Felsbrocken hindurch und erreicht oben auf einer Landzunge am See die erste **Wanderhütte,** die unbewirtschaftet, aber offen ist und bei ungünstigem Wetter Schutz bietet (1.50 Std.). Entlang des Ufers geht es nun weiter, zunächst auf Seehöhe, wenig später aber wieder aufwärts. Die Stromleitung verläuft parallel zum Weg. Der schnell steiler werdende Abhang wird bald von der oben erwähnten Kerbe unterbrochen, die sich von den oberhalb gelegenen Steilfelsen bis zum Wasserspiegel tief unten zieht und die u. U. selbst im Juli noch schneegefüllt ist. Mit Stock und Grödeln kamen wir sicher hinüber, doch kann an dieser Stelle nur jeder selbst entscheiden, ob er sich diese Passage zutraut. Auch wer sich hier dazu entschließt, umzukehren, hat zweifellos eine lohnende Wanderung erlebt.

Ist dieses größte Hindernis der gesamten Strecke überwunden, geht es wieder ganz ohne Nervenkitzel am hohen Ufer entlang, bald in flacher werdende Hänge, die hinter dem See in einem weiten Hochtal auslaufen. Noch immer begleitet zur Linken die Stromleitung die Wanderroute, die an kleineren und größeren Tümpeln, Felskuppen und Moorflecken vorbeiführt. Eine kleine Scharte wird durchquert, dann taucht voraus die **zweite Hütte** auf, die sich mit ihrem grünen Anstrich bestens in die Umgebung einfügt. Erst spät fällt ein Wettermeßinstrument ins Auge, das vor der Hütte errichtet worden ist. Nach 2.30 Std. bietet sich hier eine Rast an, bei schönem Wetter am grasigen Bachufer, mit Blick auf den tiefer gelegenen See und die daneben aufragenden Felshänge, bei schlechterem in der teilweise für Wanderer zugänglichen Hütte.

Weiter geht es in der eingeschlagenen Richtung auf eine sich links in die Felshänge hochziehende Scharte zu, die gequert wird; die Markierungen zur Rechten weisen dem Wanderer den Weg über den breiten, mäßig geneigten Rücken. Oben angelangt, eröffnet sich ein neues Panorama, das nun wirklich das Attribut ›hochalpin‹ verdient, denn die mächtigen Bergzüge erheben sich schroff, unbewachsen und von Firnfeldern kontrastiert, dunkel über einer weiten Talsenke, in deren Boden der Doppelsee heimste und fremste Viavatnet gestaut ist. Eisschollen treiben vielleicht noch hier und da auf der milchigblauen Wasserfläche und verstärken den lebensfeindlich-frostigen Charakter der Berglandschaft.

Der Pfad wendet sich nach links, überquert den flachen Rücken und führt bald abwärts in Richtung auf die **Mündung der Stordøla** in den Stausee (2.50 Std.). Auf ein paar Steinen gelangt man trockenen Fußes über den Wasserlauf, dann weisen die Markierungen wieder hinauf ins kniehohe Buschwerk, das die Uferzone bedeckt. Je nach Wasserstand sind um die Seekante herum bleiche Felsschotter freigelegt. Wir fanden den Wasserspiegel in einem Sommer um Dutzende von Metern gegenüber dem Höchststand gefallen. Doch sind die steilen Ufer auch bei ›Ebbe‹ nicht gut begehbar, und so folgt man besser dem Pfad ins Gestrüpp. Bald verläuft er hoch am Hang. Erst wenn dieser links zurücktritt, entfernt man sich etwas vom **Viavatnet** und stößt nach 3.30 Std. auf eine **Weggabelung** mit Schilderbaum. Dem Wegweiser »Kaldhusseter om Fagerbotn« nach setzt man den Weg auf der in spitzem Winkel abzweigenden Spur fort. Auch wenn die Spuren auf dem nun folgenden Wegstück undeutlicher werden – die meisten Streckenwanderer scheinen auf dem als Hinweg beschriebenen Abschnitt zum Kaldhusseter zu gehen, also »om Storkaldhusdalen« –, so sind doch immer wieder Markierungen zu finden.

Die Route ›erklimmt‹ nun entlang eines breiten Grates den **Fagerbothalsen.** Schon auf dem Weg zu diesem höchsten Paßübergang der Wanderung ist die Aussicht zurück beeindruckend, geradezu fantastisch ist sie aber oben am exponiert aufgestellten **Steinmann** in 1200 Meter Höhe. Ein letztes Mal liegt nach 4 Std. das ganze hochalpine Panorama vor einem, dann wendet man ihm den Rücken zu und quert den breiten, felsigen Paßübergang zum Fagerbotn. Schmale Längsrinnen und Felsrücken, deutliche Überbleibsel früherer Vergletscherungen, begleiten den Weg. Auch hier oben können kleinere Schneefelder in Einsenkungen den Sommer überdauern, doch fanden wir sie nicht problematisch. Sanft fällt das Gelände zum nur 50 m tiefer gelegenen, grasig-feuchten Talboden hin ab, der zur Rechten von den schroffen Berghängen des Langegga überragt wird. Voraus breitet sich der **Fagerbotnvatnet** aus, dessen Zulauf bald an einer markierten Furtstelle überquert wird. Bei mittlerem Wasserstand dürfte einem dies über Steine trockenen Fußes gelingen.

Nun wandert man zwischen den Hängen des Langegga und dem Bach später dem Seeufer auf breitem, brettebenem Grasgelände dahin, das von unzähligen Rinnsalen durchzogen und deshalb recht naß ist. Erst zum Seeende hin ändert sich das Gelände wieder, steigt zu einem flachen Querrücken an, von dem aus man nach etwa 4.45 Std. voraus die nächste **Schutzhütte** erblickt. Sie steht jenseits einer trockenen Bachkerbe an der Staumauer. Die Route bleibt diesseits des Einschnittes und führt gleich ein paar Meter hangaufwärts. Unten liegt im jenseitigen Felshang der Ausgang des Stollens, der den Wasserstand des Fagerbotnvatnet reguliert. Schon deshalb eignet sich die Bachkerbe nicht zum Wandern. In sicherem Abstand zu ihr überwindet die schmale Spur den steilen Schotterhang, schwenkt bald leicht nach rechts und quert den hier sanfter geneigten Bergrücken. Noch immer beträgt die Höhe fast 1200 m, doch nun werden die weit unterhalb gelegenen Seen fremste und heimste

Kaldhussætervatnet sichtbar. Von hier oben verstellt nichts mehr den Blick auf den mächtig ins Bergland eingeschnittenen Talzug, in dem die Wanderung begann.

Weiter führt die Route im Rechtsbogen auf dem Rücken dahin, und schnell öffnet sich in diese Richtung ein neuer Blick. Dort liegt der Fetvatnet, umgeben von felsigen Steilhängen. Vor diesem Panorama beginnt man den Abstieg. Zügig und teils in kleinen Serpentinen verliert der Weg an Höhe. Erst allmählich wendet sich die Route wieder mehr nach links in Richtung Haupttal. Der Grund für diesen kleinen ›Umweg‹ sind Steilhänge, die nur mit der Wanderroute sicher umgangen werden. Der Sattel wird breiter und flacher, der Fetvatnet verschwindet aus dem Blickfeld, und in dem weiten Gelände wird die Orientierung etwas mühsam. Immer wieder muß man nach Steinmännern oder Spuren Ausschau halten. Zur Orientierung können wieder Stromleitungen dienen. Zunächst beginnt eine links, dann wird eine von rechts kommende erkennbar. Zwischen diesen beiden verläuft der Wanderweg und hält allmählich auf die rechte Leitung zu.

Nach 5.30 Std. erreicht die Route eine **Hängebrücke**, die eine schmale Klamm überspannt. Ein regulierter Bach rauscht oder rieselt unten hindurch – je nach Wasserstand im oberhalb gestauten Fetvatnet. Auch wenn die schönen Felsmulden, die man gleich darauf erblickt, fast wie große Badewannen wirken, kann man vor diesem wie allen regulierten Gewässern nur warnen. Schlagartig kann die Wasserzufuhr sich verändern. Der Weg verläßt das Bachufer, führt unter der Stromleitung hindurch und stößt kurz darauf auf einen zweiten Pfad, der von Reindalsseter kommt. Vereint streben sie halblinks – unbeschildert – dem Tal zu. Die Spur ist nun wieder deutlich ausgetreten, ein kleines Rinnsal begleitet sie eine Weile. Das Gelände ist wieder stärker bewachsen, bald geht es deutlich bergab. Unterhalb wird eine Fahrspur sichtbar, die aus dem zuvor oben umgangenen Kartal kommt. Wo sie in bewaldetes Terrain eintaucht, stößt der Wanderweg dazu. Nach rechts geht es nun auf dieser ruppigen Traktorspur hinunter, wobei sofort ein Bachlauf auf Steinen gequert wird. Unglaublich anstrengend für die Fußgelenke ist dieser letzte Teil des Abstiegs, steile Wegabschnitte wechseln hier mit sehr steilen ab. Der einzige Trost besteht darin, daß der Ausgangspunkt der Wanderung nun schon in Sichtweite liegt.

Nach etwa 6.15 Std. tritt man auf flacherem Gelände aus dem Wald, erreicht dann durch ein kleines Wiesenstück die Straße und nach links gleich darauf den Parkplatz.

## VARIANTE

Wer den Schneefeldern nicht ›über den Weg traut‹ oder ohnehin nicht so lange wandern möchte, sollte der Beschreibung bis zum Ende des Storkaldhusdalen oder bis zur ersten Hütte am Slettdalsvatnet folgen und denselben Weg zurückgehen. Das ergibt eine schöne und einfache Wanderung, auf der zahlreiche idyllische Plätze zur Rast einladen (hin und zurück 3.30–4 Std).

Auf der Tafjord-wanderung

**13**

# Besuch bei den Seevögeln

An den Steilküsten von Runde kann man sich in der Beobachtung ihrer gefiederten Bewohner verlieren, so daß sich eine Wanderung auf der Vogelinsel in keinen Zeitplan zwängen läßt.

**WEGVERLAUF:** Hinweisschild – kleine Tümpel (30 Min.) – Beginn des Abstechers zum Kaldekloven (20 Min.) – Rundebranden (15 Min.) – Beginn des Abstechers zum Leuchtturm (20 Min.) – Storehaugen (15 Min.) – ›Hauptrennstrecke‹ (30 Min.) – Gabelung mit Hinweg (30 Min.) – Hinweisschild (30 Min.)

**DAUER:** ca. 3.10 Std. (zzgl. Abstecher)

**LÄNGE:** 8 km (auf den Abstechern werden fast nur Höhenmeter überwunden)

**HÖHENANGABEN:** Höchster Punkt der Wanderung ist der 300 m hohe Rundebranden; die Gesamthöhendifferenz richtet sich danach, wie oft man hinunter zum Meer klettert; es können so schnell 700 m zustandekommen.

**SCHWIERIGKEITSGRAD:** einfache Rundwanderung; Vorsicht an den Klippen, insbesondere dort, wo Papageitaucher den Boden für ihre Nisthöhlen untertunnelt haben!

**WEGBESCHAFFENHEIT:** markierte Pfade, bei Nässe etwas rutschig, sonst gut zu begehen

**AUSRÜSTUNG:** Stativ, Teleobjektive, Fernglas, Reservefilme, Trinkwasser (!)

**WANDERKARTE:** Auf den Campingplätzen sind Faltblätter mit Inselplänen erhältlich.

**ANFAHRT:** Die Insel Runde liegt südwestlich von Ålesund. Mit einer Brücke und einem Damm bildet sie mit den Nachbarinseln verkehrsmäßig eine Einheit. Gleich nachdem Runde erreicht ist, biegt ein Weg nach links ab. Die Wanderung beginnt nach 700 m bei einem Hinweisschild. 300 m weiter endet die Straße an einem Wendeplatz; dort kann man evtl. sein Fahrzeug abstellen.

## DER WANDERWEG

Bei einem **Hinweisschild** zum Thema Naturschutz zeigt ein weiterer den Weg zum Rundebranden an. An einer Feldsteinmauer entlang geht es zwischen zwei Feldern direkt auf den bewaldeten Hang zu, dann hinter dem kultivierten Bereich noch ein kurzes Stück nach links und anschließend durch ein dichtes Wäldchen kräftig bergauf. Die beiden Gatter, die passiert werden, sind natürlich wieder zu schließen. Nach 20 Min. liegt dann das erste steile Stück und gleichzeitig das Wäldchen hinter einem. Zurück kann man nun im Süden die Brücke und die Nachbarinseln sehen. Wenige Meter weiter wird dann schon der Blick frei auf die Kliffe der Inselwestseite. Östlich der Route erhebt sich der Varden, mit 333 m die höchste Erhebung der Insel. Man verfolgt den gut sichtbaren Pfad, der, wie schon beim Anstieg, mit roten Pflöcken markiert ist. Die Farbe Rot begleitet den gesamten Rundweg. Es ist streng verboten, sich außerhalb der markierten Wege durch das Naturschutzgebiet zu bewegen, was ohnehin keinen Sinn machen würde. Man passiert einige **kleine Tümpel** und erreicht nach ca. 30 Min. einen nach rechts abzweigenden Weg, auf dem man später zurückkehren wird.

Bis auf einige Möwen, die auf den unterhalb im Inselinneren gelegenen Seen herumdümpeln, ist bisher noch nicht viel von den Vögeln zu sehen gewesen. Das ändert sich erst nach etwa 45 Min., wenn links ein kleiner Stichweg zum Sandshornet abgeht. Hier schwirren bis Anfang August

Papageitaucher umher, bevor sie wieder bis zum nächsten Frühjahr hinaus aufs Meer ziehen. Sie brüten in Erdhöhlen am Rande der Steilwände. Tief unten sind bereits dicht bewohnte Vogelfelsen zu sehen, allerdings noch so weit entfernt, daß nur die Vielzahl von Tieren zu bewundern ist, nicht jedoch die einzelnen Arten und Individuen.

**Abstecher:** Auf einem Abstecher zum **Kaldekloven** kommt man den Vögeln etwas näher. Bei trockenem Wetter kann man in ca. 15 Min. die 180 m bis zum Wasser absteigen – die Zeit für die Beobachtung von Papageitauchern, Krähenscharben und einer Dreizehenmöwenkolonie auf den Felsen im Meer nicht eingerechnet.

Auf dem rot markierten Küstenweg geht es nun wieder kräftig aufwärts auf den fast 300 m hohen **Rundebranden** (1.05 Std.), der eine gute Inselübersicht bietet und zudem im Unterschied zum

**Wanderung 13:** Auf der Insel Runde

Papageitaucher in der Kaldekloven

tosenden Möwengeschrei am Kaldekloven eine regelrechte Ruhe aus-
strahlt. Die hier brütenden Papageitaucher und Eissturmvögel sind eher
ruhige Vertreter der Vogelwelt. Tief
unten sind auch Baßtölpel zu sehen.
Wenige Minuten später – jetzt geht es
wieder abwärts – lassen sich ganz
hervorragend die schwarz-weißen Tordalke mit ihren feinen weißen Streifen
am schwarzen Schnabel beobachten.
Wieder etwas weiter ist die beste
Stelle, um mittels Teleobjektiv oder
Fernglas am Leben der großen Baßtölpel teilzunehmen.

Immer direkt an der Küste wandernd, zuletzt an einem Zaun entlang,
erreicht man auf dem rot-lila markierten Weg, nun bereits deutlich tiefer,
nach 1.25 Std. ein Gatter. Dort beginnt
mit einem steilen Steig hinunter zum
Leuchtturm ein weiterer lohnender
Abstecher.

**Abstecher:** Die ungefähr 100 Höhenmeter hinunter zum Leuchtfeuer lassen
sich in 15 Min. bewältigen, auch wenn
der Pfad hinunter teilweise ausgebro-

chen ist. Ein Schild weist darauf hin,
daß der Abstieg auf eigene Gefahr
erfolgt. Die Attraktion hier unten ist
jedoch die **Krykkjehola.** Man erreicht
sie, wenn man sich vom Leuchtturm
nach links, also nach Süden wendet.
Über Gras und Geröll geht es nun
wenige Minuten an der Küste entlang,
dann hört der Wanderweg auf und geht
in eine ungefähr 150 m lange Passage
über, die einige leichte Kletterkunst-
stücke erfordert, da große Felsstücke
den Weg versperren. Fein säuberlich
hat hier jedoch jemand blaue Punkte an
die Gesteinsbrocken gemalt. Man sollte
nicht zu dicht ans Wasser hinunter-
steigen, da die Steine dort mit Algen
bewachsen und sehr glitschig sind. Die
Anstrengung hat sich gelohnt: Von
einem guten Beobachtungspunkt kann
man unmittelbar in eine große Felsen-
höhle sehen, in der Dreizehenmöwen
und Trottellummen unter ohrenbetäu-
bendem Geschrei ihrem Brutgeschäft
nachgehen. Die schwarzen Felsen sind
durch die Exkremente der Tiere ge-
weißt (Rückweg hinauf zum Gatter ca.
30 Min.).

# Die Seevögel der Steilküsten

Zerklüftete Felsküsten bilden den Lebensraum einiger der interessantesten Vogelpopulationen, die Wanderer in Norwegen antreffen können. Zwischen der grasbewachsenen Abbruchkante der Steilfelsen und den Schuttkegeln an der Brandungszone nisten auf schmalen Vorsprüngen und Simsen, in Nischen und Höhlen während der Sommermonate verschiedene Seevogelarten. Im oberen Bereich der Vogelberge halten sich die Papageitaucher auf. Ihr dreieckiger, rot, blau und gelb gefärbter Schnabel führte zu dem irreführenden Namen; das schwarzweiße, frackartige Gefieder weist jedoch darauf hin, daß diese Vögel zur Gattung der Alken gehören. Papageitaucher nisten teils in Höhlen, die sie in den Grasboden oberhalb der eigentlichen Steilküste graben, teils in den vorhandenen Nischen der Felsküste, wo jeweils ein Junges aufgezogen wird. Es wird nach etwa sechs Wochen von seinen Eltern allein gelassen und verläßt dann nachts die Bruthöhle, um dem offenen Meer zuzustreben. Dies ist das eigentliche Element der hervorragenden Taucher, die unter Wasser ›fliegen‹. In der Luft sehen sie eher tollpatschig aus, ihr Flug wirkt hektisch, und die Landung auf schmalen Simsen gelingt nicht immer. Papageitaucher trifft man oft in großen Kolonien an, in denen es jedoch sehr ruhig zugeht, denn die Vögel geben nur bei der Brut dunkle, knurrende Geräusche von sich und sind ansonsten stumm.

Auch die Eissturmvögel besiedeln die oberen Bereiche der Steilküsten. Sie erinnern auf den ersten Blick stark an Möwen, gehören jedoch zur Familie der Röhrennasenvögel und sind entfernt mit den Albatrossen verwandt. Sie sind durch ihre gedrungenere Körperform, den kurzen, gelben Schnabel und ihren starren Gleitflug von den möwenartigen Küstenbewohnern zu unterscheiden. Eissturmvögel brüten nur ein Ei, verlassen das Junge jedoch vor dem Flüggewerden. Die Jungvögel stürzen sich aus den Steilfelsen auf das Meer hinunter, wo sie einige Tage lang ohne Nahrung herumschwimmen, bevor sie genug Gewicht verloren haben, um sich von der Wasseroberfläche zu erheben.

Die Dickschnabel- und Trottellummen halten sich im Sommer in den steilsten Bereichen der Vogelfelsen auf. Sie legen meist nur ein Ei, das direkt auf den Felsvorsprüngen ausgebrütet wird. Seine konische Form sorgt dafür, daß es nicht wegrollen und abstürzen kann. Die geselligen

Vögel, deren längliche Körper mit dem schwarzweißen Gefieder an Pinguine erinnert, sind in großen Kolonien anzutreffen, von denen ein ohrenbetäubender Lärm ausgeht. Auch die Jungvögel der Lummen müssen sich nach der Brutzeit von den Felskanten stürzen, wozu sie von den Eltern durch Demonstrationsverhalten aufgefordert werden.

Die Dreizehenmöwe ist häufig in den Vogelbergen anzutreffen, wo sie ihr Nest auf einem Vorsprung baut. Sie legt meist zwei Eier, die von beiden Altvögeln bebrütet werden. Die Jungen verlassen das Nest erst, wenn sie fliegen können. Die Flugversuche, von den Eltern lautstark unterstützt, können im August oft beobachtet werden.

Weiter unten leben die Tordalke, nahe Verwandte der Lummen und ihnen äußerlich wie auch im Verhalten sehr ähnlich. Lediglich ihre Schnäbel sind dicker und ihre Rufe dunkler als die der Lummen. Auf den untersten Absätzen der Steilwände halten sich die Gryllteiste auf, die mit den Lummen und den Alken verwandt, jedoch kleiner als diese sind und ein überwiegend schwarzes Gefieder besitzen. Sie leben das ganze Jahr über in küstennahen Gewässern, wo sie in der Brandungszone nach Nahrung suchen.

Der Kormoran und die kleinere Krähenscharbe bevorzugen als Standplätze kleine, der Küste vorgelagerte Schären, auf denen die langhalsigen Vögel nach dem Tauchgang ausruhen und ihre ausgebreiteten Flügel von Wind und Sonne trocknen lassen. Sie bauen in diesem Gelände wie auch auf schmalen Felsenbändern ihre Nester und legen zwischen zwei und fünf Eier.

Eine Besonderheit auf Runde ist die große Ansammlung von Baßtölpeln, den größten Seevögeln der nördlichen Hemisphäre. Sie haben ein helles Gefieder und den charakteristischen gelblichen Kopf. Bei der Nahrungssuche stürzt sich der Baßtölpel aus großer Höhe auf das Meer hinunter.

Auch die Große Raubmöwe, Skua, lebt in dem beschriebenen Biotop. Wie die kleinere Schmarotzerraubmöwe macht sie Jagd auf die Beute und die Jungen der Brutvögel. Vorsicht vor den Angriffen der dunkelbraun gefiederten Möwenvögel mit den markanten weißen Streifen an den Flügeln ist auch für Wanderer geboten, vor allem nahe der Steilküste. In einer Schrecksekunde kann man leicht die Orientierung oder das Gleichgewicht verlieren.

Grillteiste

Auf der letzten Etappe der Wanderung läßt die Zahl der gefiederten Wegbegleiter stark nach, man kommt daher zügiger voran. Zaun und Leuchtturm hinter sich lassend, steigt man deutlich bergan, denn der **Storehaugen,** auf den der Küstenweg nun führt, ist ca. 240 m hoch. Nach 1.40 Std. ist er erreicht und bietet einen schönen Blick hinunter auf das kleine Anwesen Goksøyr mit Campingplatz, Parkplatz und Straßentunnel.

Nun wandert man gemütlich bergab. Den kleinen Umweg des roten Weges Richtung Küste kann man getrost auslassen, da hier nichts Besonderes mehr zu erwarten ist. Auf dem abkürzenden lila Weg, dem man nun folgt (1.50 Std.), kann es aber abwechslungsreicher werden als schreckhaften Wanderern lieb ist, denn in diesem Bereich leben einige große Raubmöwen, die zur Brutzeit sehr vehement versuchen, Eindringlinge zu vertreiben. Das geschieht, indem sie in Kopfhöhe angeflogen kommen und erst im letzten Augenblick abdrehen. Ein vor den Körper gehaltener Wanderstock sorgt jedoch für einen ausreichenden Sicherheitsabstand. Bald darauf taucht linker Hand der rote Weg wieder auf und die ›Hauptrennstrecke‹ der Besucher ist erreicht. Auf ihr geht man ein kurzes Stück nach rechts aufwärts, um gleich bei der nächsten Gelegenheit wieder nach links auf dem roten Weg in Richtung der Seen zu wandern (2.10 Std.). Der Boden ist etwas moorig, geht außerhalb der Senken in Heide über und läßt sich insgesamt gut begehen. Man passiert die beiden Seen auf der linken Seite, wobei auffällt, daß der zweite, der Storevatnet, offenkundig ein kleiner Stausee ist; man kann die kleine Stauanlage erkennen.

Nach 2.40 Std. ist die Gabelung mit dem Hinweg wieder erreicht. Nun sind es nur noch ca. 30 Min. bis zum Ausgangspunkt der Wanderung. Wenn die Brücke schon zu sehen ist, lenken Pflöcke den Wanderer noch ein kurzes Stück nach rechts, bevor der Abstieg durch das Wäldchen zum Ausgangspunkt der Wanderung endgültig beginnt.

## WEITERE HINWEISE

Die Bewohner von Runde stellen für die Besucher der Insel nicht nur Unterkünfte bereit, sondern warten auch mit zusätzlichen Angeboten auf, darunter Bootsrundfahrten, Angeltouren und Seehundbeobachtung. Auch Gerätetaucher kommen hier auf ihre Kosten – allerdings wurde der Goldschatz des Ostindienfahrers Akerendam bereits 1972 gefunden (Informationen über die verschiedenen Angebote erhält man auf den beiden Campingplätzen.)

**Ålesund** verdankt seinen Ruf als Bilderbuchstädtchen nicht nur seiner Lage zwischen Fjorden und Inseln, sondern auch seinen Jugendstilhäusern, die nach verheerenden Bränden zu Beginn dieses Jahrhunderts errichtet wurden. Hat man den Hausberg Aksla erklommen, liegt einem der malerische Küstenort zu Füßen, dessen Zentrum sich um den grachtenartigen Hafen Brosundet erstreckt.

**14**

# 1800 Höhenmeter bis zum Ziel

## Von Loen zum Skålatårnet

Ein klassisches Ziel des norwegischen Wandertourismus ist der trutzige Turm Skålatårnet auf dem Gipfel des Skåla, der sich fast am Fjordufer erhebt und an die Gletscherregionen des Jostedalsbreen grenzt.

**ℹ WEGVERLAUF:** Parkplatz – Kuppe am Ufer der Fossdøla (30 Min.) – Brücke (45 Min.) – Skålavatnet (1 Std.) – Senke auf 1400 m Höhe (1 Std.) – beschrifteter Felsen (1 Std.) – Gipfelhütte (45 Min.) – Parkplatz (3.30 Std.)

**DAUER:** ca. 8.30 Std.

**LÄNGE:** ca. 14 km

**HÖHENUNTERSCHIED:** 1800 m

**SCHWIERIGKEITSGRAD:** Unerschöpfliche Ausdauer ist alles, was man braucht, um an einem Tag auf den Skåla hinauf und wieder hinunter zu kommen. Viel schöner ist es aber, in der originellen Gipfelhütte zu übernachten.

**WEGBESCHAFFENHEIT:** markierte Route; teils deutliche Pfade, teils mühsame Passagen über Blockfelder und anstehenden Fels

**AUSRÜSTUNG:** ggf. Mehrtagesausrüstung und Geld für die Übernachtung

**WANDERKARTEN:** TK 1:50000, Blatt 1318 I, Stryn; Turkart 1:100000 Jostedalsbreen

**UNTERKUNFT UND RASTMÖGLICHKEIT:** Selbstbedienungshütte Skålatårnet auf dem Gipfel; für Brennmaterial und Lebensmittel steckt man dem Verbrauch entsprechend Geld in einen Umschlag und wirft es in den Sammelkasten. Mitglieder des DNT haben Vorrang bei der Benutzung der Hütte (s.a. S. 156).

**ANFAHRT:** Loen liegt am inneren Ende des Nordfjords und im Nordwesten des Jostedalsbreen an der R 60 und ist von Osten aus (via Lom) über die R 15 gut zu erreichen. Im Ort Loen zweigt die Straße zum Lovatnet ab, wenige Kilometer nach dem Ortsende ist ein Parkplatz am Fluß für Wanderer ausgeschildert (gebührenpflichtig).

## DER WANDERWEG

Gegenüber vom **Parkplatz** zweigt ein Wirtschaftsweg von der Straße ab, ein Schild weist zum Skåla und zum Tjugen Seter, diese Richtung schlägt man ein. Ein Gatter wird nach wenigen Minuten durchquert und wieder geschlossen, gleich darauf weist ein Schild geradeaus auf einen Fußpfad in den Wald. Nun beginnt der Aufstieg. Merklich, aber in angenehmem Neigungswinkel steigt

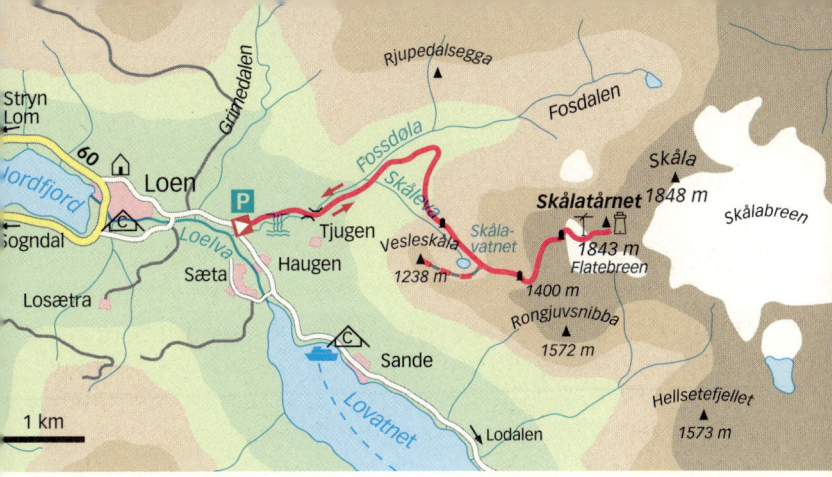

**Wanderung 14:** Von Loen zum Skålatårnet

der ausgetretene Pfad in zahlreichen Kehren an, kreuzt einen Forstweg und nähert sich der Fossdøla gleich darauf stark an, erkennbar an lauter werdenden Rauschen. Nach 30 Min. liegt rechts eine grasige **Kuppe am Ufer.** Der Bach stürzt hier malerisch in einer schroffen Kerbe ab – ein hübscher Platz für eine erste Pause.

Weiter geht es wie bisher durch Wald bergan, bald durch ein Gatter und vorbei an dem jenseits der Fossdøla gelegenen Almgelände von Tjugen, auf dem mittlerweile eine Ferienhütte steht. Der Baumbestand wird lichter, die Aussicht zurück ins Tal weiter, auch der Fjord blitzt nun schon im Hintergrund auf. Von rechts kommt der Skålelva, der später den Weg begleiten wird, und vereint sich mit der Fossdøla, die ein Stück weiter flußaufwärts schöne Kaskaden bildet und eine glatte Gumpe ausgewaschen hat. Der Weg entfernt sich etwas vom Ufer, steigt steiler an und stößt wenig später im nun baumlosen Wiesengelände auf eine **Brücke,** auf der die Fossdøla überquert wird (1.15 Std.). Jenseits führt der Pfad durch Heide-, Fels- und Graslandschaft weiter, noch immer taleinwärts in Sichtweite des Flüßchens, schwenkt dann deutlich nach rechts und verläuft als fast schnurgerade Diagonale weit-

hin erkennbar am Hang in Richtung Vesleskåla hoch. (Dieser Westgipfel stellt ein schönes und problemloses Wanderziel dar, wenn man ›nur‹ etwa 1200 Höhenmeter bewältigen will.)

Unterhalb liegt der Ort Loen schon beeindruckend tief, und der Fjord ist von hier schon sehr weit einzusehen. Wenn der Pfad sich dem Skålelva nähert, wird die Steigung beschwerlicher. Ein mächtiger Steinmann steht dort am Wegesrand, wo regelrechte Stufen angelegt wurden. Der Westgipfel liegt nun schon neben der Route, dahinter ragt der Rongjuvsnibba auf, davor erkennt man die Talmulde zwischen dem Skåla und seinem westlichen ›kleinen Bruder‹, zu der es jetzt hinaufgeht. Hat man sie nach ca. 2.15 Std. erreicht, kommt dort der **Skålavatnet** in Sicht. Immerhin sind nun schon 1100 Höhenmeter bewältigt. Für die restlichen 700 sollte man allerdings noch einmal soviel Zeit veranschlagen wie für das bisherige Stück, denn man wird nicht frischer, das Gelände aber beschwerlicher. Durch Blockfelder, von Altschneeflecken durchsetzt, geht es am See vorbei durch die Talmulde und auf den darüberliegenden Einschnitt zwischen Skåla und Rongjuvsnibba zu. Steinmänner weisen den Weg, doch die Spuren sind in dem groben Geröllfeld

Blick vom Skåla

nicht zuverlässig zu finden. So sucht man sich seine Route entlang der Markierungen selbst und trifft mit etwas Glück auch wieder angelegte Wegabschnitte. Bald zeigt ein Blick zurück, daß der Vesleskåla schon unterhalb liegt. Man sieht über ihn hinweg das Fjordpanorama. Voraus fällt ein mächtiger Steinmann, auf einem ebensolchen Felsbrocken errichtet und zusätzlich mit einem Pflock markiert, ins Auge. Dahinter wird der letzte Anstieg zur **Senke auf 1400 m Höhe** wieder durch ein paar angelegte Wegabschnitte erleichtert, und nach etwa 3.15 Std. ist diese Höhe erreicht. Voraus umsäumen Gipfelkuppen diese Karschüssel, und dazwischen schieben sich Firnfelder und Hanggletscher zu Tal.

Die Route knickt nach links ab, ein Pfeil weist den felsigen Grat steil hinauf. Mühsam und ohne eindeutigen Wegverlauf steigt man auf dem anstehenden Gestein hinauf, orientiert sich grob an den bald voraus aufragenden klotzigen Steinmännern, deren erster aber noch unendlich weit oberhalb zu stehen und nicht näherzukommen scheint. Hat man ihn endlich erreicht,

ist der nächste nicht weit. Dahinter stößt die Route in sanfter geneigtem Terrain auf Firnfelder des Flatebreen und quert sie. Von einer Hütte ist auf dem sich voraus erhebenden Gipfelplateau weit und breit noch nichts zu sehen, statt dessen trifft man jenseits des Schneestückes auf einen Felsblock mit der beruhigenden Aufschrift: »15–20 min. til toppen« (4.15 Std.). Noch vorhandene Zweifel werden zerstreut, wenn man bei diesem Block auf einen gut angelegten Weg stößt, der sich wie durch Zauberei plötzlich vor einem auftut. Bequem, ebenmäßig mit flachen Stufen ausgebaut, führt er zum spät in Sicht kommenden **Skålatårnet** hinauf. Der trutzige Turm erhebt sich unweit der steil abbrechenden, meist von Schneewächten überdeckten Nordkante des flachen Gipfels, von der man unbedingt Abstand halten sollte. Ohnehin sind die Aussichten nach Süden spektakulärer, denn dort überblickt man die vergletscherten Berge jenseits des fjordartigen Lovatnet, die in den riesigen Eisschild des Jostedalsbreen übergehen. Auch der grünliche See ist tief unterhalb durch ein vergletschertes Kartal zu erkennen, und weit hinten im Talschluß liegt deutlich sichtbar die zerklüftete Gletscherzunge Kjenndalsbreen. Wer nicht am selben Tag den Rückweg antreten will, hat nun Zeit, dieses atemberaubende Panorama bei den verschiedensten Lichtverhältnissen zu bewundern. Besonders spätabends, wenn die Sonne im Fjord versinkt oder hohe Wolkenstreifen von unten beleuchtet, hat die Szenerie etwas Unwirkliches.

Für den Rückweg benutzt man dieselbe Route, wobei ab dem Flatebreen eventuell vorhandene Schneefelder links der Route zum Abstieg benutzt werden können, was dann Zeit spart. Früher oder später muß man jedoch wieder auf den Felsgrat zurückkehren.

Das Ziel der Wanderung: der Skålatårnet

## VARIANTE

Eine beliebte kürzere Variante stellt die Besteigung des **Vesleskåla** dar. Ab dem See Skålavatnet sind es nur noch knapp 100 Höhenmeter auf mäßig geneigtem Terrain bis zum 1238 m hohen Westgipfel, der zum Tal steil abbricht und grandiose Ausblicke vom Fjord über den Lovatnet bis an den Jostedalsbreen gewährt. Man quert den Seeabfluß auf Steinen oder umrundet den kleinen Skålavatnet, steigt pfadlos die Westflanke hinauf. Für norwegische Verhältnisse eine ideale Familientour (wir trafen hier sogar Eltern mit Kindern im Vorschulalter).

## AM WEGE

Der Turm **Skålatårnet** auf dem Gipfel des Skåla verdankt seinen zweiten Namen, Kloumannstårnet, wie auch seine Existenz einem exzentrischen Bezirksarzt der Region um Loen, der 1891 seinen Bau veranlaßte. Angeblich wollte er lungenkranke Patienten hier oben in der klaren Luft am Rand des Jostedalsbreen kurieren. Kloumann erlebte zwar noch die Fertigstellung des trutzigen, zweigeschossigen, runden Turmes mit den 1,5 m dicken Wänden, doch erst sein Nachfolger, zugleich führendes Mitglied im norwegischen Wanderverein, organisierte bis 1914 die Wegarbeiten – gedacht war an eine mit Pferden benutzbare Aufstiegsroute. Pferde und Patienten waren nachweislich nie hier oben, doch der streckenweise heute noch intakte Steig erfreut auch gesunde Zweibeiner.

## WEITERE HINWEISE

Während der Skåla einen nordwestlichen Nebenarm des Jostedalsbreen begrenzt, führt das Lodalen, an dem die Wanderung beginnt, ans Zentrum der Vergletscherung heran. Der Fahrweg am Lovatnet entlang ist schmal, der lange See füllt die Sohle des schroffen Trogtales fast völlig aus. Am Ende des

Lovatnet beginnt ein 6 km langer Mautweg, vorbei am Restaurant und einem Bootsanleger (Fährverkehr ab Sande im Sommer täglich 10 Uhr) führt er holprig zwischen den näherrückenden Steilhängen auf die Gletscherzunge **Kjenndalsbreen** zu, die steil, zerklüftet und bläulich schimmernd vom Eispanzer herabfließt. Ein halbstündiger Spaziergang führt an die grandiose Gletscherstirn heran.

Geführte **Gletschertouren** werden in einem anderen Abzweig des Lodalen angeboten: Ab Bødalssætra zum Lodalskåpa oder dem Bødalsbreen. Auch das Jostedalen Nasjonalparksenter am Strynsvatnet (R 15) informiert über geführte Gletschertouren. Dieses im Jahre 1993 eröffnete Gletschermuseum ist das dritte, das in multimedialem Infotainment-Mix den Jostedalsbreen vermarktet. Wer noch nicht in Fjærland oder Jostedal ähnliches gesehen hat, kann sich hier ausgiebig mit den verschiedenen Aspekten der Thematik beschäftigen.

Skålavatnet und Vesleskåla

## 15

# Kurzwanderung in eine alpine Welt

**In das nördliche Hurrungane-Gebirge**

Diese kurze Wanderung führt in eine großartige Bergwelt mit einem Karsee, steilen Felswänden, Firnfeldern und Hängegletschern. Schneller und abwechslungsreicher kommt man zu Fuß kaum ins Hochgebirge.

**WEGVERLAUF:** Berghotel Turtagrø – Wasserfall (30 Min.) – Berghütte (1 Std.) – fremste Skagastølsvatnet (15 Min.) – Berghotel Turgagrø (1.45 Std.)

**DAUER:** ca. 3.30 Std.

**LÄNGE:** 8 km

**HÖHENUNTERSCHIED:** 500 m

**SCHWIERIGKEITSGRAD:** Kurze Bergwanderung, u.U. ist ein steiles Schneefeld zu überwinden.

**WEGBESCHAFFENHEIT:** insgesamt sehr gut begehbarer Weg

**AUSRÜSTUNG:** Wanderstock, Grödeln

**WANDERKARTE:** Sonderkarte Jotunheimen 1 : 100 000

**RASTMÖGLICHKEIT:** Ausgangs- und Endpunkt der Wanderung ist das Berghotel Turtagrø, wo man sich in schönem Ambiente nach der Wanderung stärken und erfrischen kann.

**ANFAHRT:** Dort, wo sich die R 55, von Lom kommend, in wilden Serpentinen hinunter zum Lustrafjorden stürzt, befindet sich kurz vor dem mautpflichti-

gen Weg nach Øvre Årdal das Berghotel Turtagrø.

## DER WANDERWEG ▶

Vom Hotel aus folgt man der Zufahrt hinunter zur R 55 und überquert sie. Auf der anderen Straßenseite befinden sich zwei Holzgebäude, zwischen denen ein deutlicher Weg hangaufwärts zu einigen Ferienhäusern führt. Zwischen ihnen geht man hindurch und überquert dann auf einer kleinen Brücke den Helgedalselva, der aus dem gleichnamigen Tal kommt. Der Weg führt ein kurzes Stück am Flußlauf entlang, stößt dann auf einen kleineren, von rechts kommenden Nebenbach und folgt diesem aufwärts in Richtung des Skagastølsdalen, durch das es im weiteren aufwärtsgeht. Die nähere Umgebung ist dicht mit Buschwerk bewachsen, durch das der Pfad aber gut hindurchleitet. Nach 15 Min. wird der kleine Bach gequert. Die Wanderspur hat fast den Charakter eines Parkweges, so deutlich und akkurat führt sie durch diese strauchbestandene Landschaft. Nach weiteren 5 Min. gabelt sich die Spur, man bleibt aber auf dem deutlicheren, geradeausführenden Hauptweg. Noch einmal ist ein kleiner Bach zu queren, dann steht der erste Anstieg bevor, der jedoch mühelos in schönen Serpentinen zu bewältigen ist. Nach gut 30 Min. zeigt ein breiter **Wasserfall** das Ende des steileren Stückes an, und man fragt sich, wo plötzlich das viele Wasser herkommt, da der Bach zuvor eher kläglich dahinfloß. Direkt am Fall löst sich dieses Rätsel, denn mit etwas Beton wird dort das gesamte Wasser eingefangen, um dann in einem finsteren Stollen zu verschwinden. Diese Maßnahme zur Stromgewinnung stört aber nicht weiter, da sie verglichen mit anderen diesbezüglichen Bauwerken eher ›filigran‹ wirkt.

In jedem Fall kann man sich jetzt an einem Bach erfreuen, der neben dem Weg in wilden Kaskaden und Stromschnellen herunterrauscht, ein Zeichen dafür, daß auch die Tour weiter aufwärts führt und zwar bald auf wesentlich steinigerem Untergrund als zuvor, allerdings mit wanderfreundlichem Neigungswinkel. Das Tal ist zunächst recht breit, wird dann aber nach und nach zu den Seiten hin immer steiler, und auch voraus scheint eine mächtige Talstufe den weiteren Weg zu versperren. Nach knapp 1 Std. entfernt sich die Spur vom Bach und richtet sich mehr nach links. Als wir Mitte Juli diesen Weg erkundeten, befand sich voraus im Hang noch sehr viel Schnee, durch den sich der Wasserlauf von oben gerade hindurchgearbeitet hatte. Deutlich links vom Hauptbach war in einem steilen Schneefeld die Wanderspur zu erkennen, die von unten etwas abenteuerlich aussah. Um dorthin zu gelangen, muß man ein steiles Geröllfeld zur Linken aufsteigen, durch das allerdings ein guter Pfad aufwärtsführt. Zu Beginn hatten wir etwas Schwierigkeiten, den richtigen Weg zu finden, da ein kleiner Wasserlauf ihn zum Bachbett umfunktioniert hatte. In Serpentinen führt die Spur aufwärts und erreicht schließlich nach gut 1.15 Std. das steile Schneefeld. Wir fanden eine ausgetretene Spur vor, die schulter-

**Wanderung 15:**
In das nördliche Hurrungane-Gebirge

Der Karsee Skagastølsvatnet

breit ohne größeren Anstieg hinüberführte. Ein Skistock ist dabei hilfreich, Grödeln sind ideal. Vorsicht ist beim Betreten und Verlassen der Schneespur angesagt, da die umliegenden Felsbrocken durch die Feuchtigkeit des abtauenden Schnees vereist sein können. Auch wenn man jeden Schritt ganz bewußt setzt, ist diese Passage in wenigen Minuten überwunden und nach ca. 1.30 Std. die **Berghütte** des Klettervereins vor einem spannenden Bergpanorama erreicht. Dunkle Felswände wechseln sich mit weißen Schneefeldern ab. Oben durch die Bergspitzen glitzert Gletschereis, aus einem flachen, kleinen See strömt dem Wanderer in breiter Front klares Wasser entgegen. Man glaubt in dieser alpinen Umgebung kaum, daß man gerade erst losgewandert ist.

Die Steigerung ist aber erst erreicht, wenn man noch einmal einen flachen Hang überwunden hat und vor dem **fremste Skagastølsvatnet** steht, der den gesamten Talschluß ausfüllt (1.45 Std.). Von den steilen Felswänden hängen die Gletscher herunter, dunkle Felsbrocken, von Flechten zart strukturiert, gestalten den Seerand. Alles spiegelt sich noch auf der kristallklaren Seeoberfläche. Hier lohnt sich mit Sicherheit eine ausgiebige Rast. Der Wanderweg des DNT führt am See vorbei oben auf den Gletscher hinauf und über ihn hinweg zur Hütte Skagastølsbu auf über 2000 m Höhe. Wir kehren jedoch um und wandern, die großartigen Ausblicke genießend, auf dem gleichen Weg zurück. Schon bald sieht man tief unten das Hotel liegen, das nach 3.30 Std. wieder erreicht ist.

**16**

# Auf den höchsten Berg Norwegens

Von Spiterstulen auf den Galdhøpiggen

Nicht nur bei Norwegern ist der 2469 m hohe Gipfel des Galdhøpiggen ein beliebtes Ziel. Von oben überblickt man die
grandiose Bergwelt im Nationalpark Jotunheimen. Auf dem
Rückweg lohnt sich ein Abstecher zur wild zerklüfteten Gletscherzunge Svellnosbreen.

**WEGVERLAUF:** Spiterstulen – Weggabelung (15 Min.) – Bachquerung
(15 Min.) – 1. Firnfeld (30 Min.) –
Styggebreen (1 Std.) – Svellnosi
(30 Min.) – Keilhaustoppen (30 Min.) –
Hütte auf dem Galdhøpiggen (30 Min.)
– Spiterstulen (2.30 Std.)

**DAUER:** ca. 6 Std., Abstecher 1 Std.

**LÄNGE:** 11 km, Abstecher 2 km

**HÖHENUNTERSCHIED:** 1400 m

**SCHWIERIGKEITSGRAD:** anspruchsvolle Bergwanderung, die vor allem
ausreichende Kondition erfordert

**WEGBESCHAFFENHEIT:** Markierte,
deutliche Route, teils ausgetretener
Pfad, teils ebensolche Spur durch
weite, mäßig geneigte Firnfelder. Ge-
messen an den hochalpinen Gelände-
verhältnissen führt dieser Wanderweg
erstaunlich einfach zum Gipfel.

**AUSRÜSTUNG:** Stulpen, Stock,
Sonnen- bzw. Gletscherbrille

**WANDERKARTE:** Sonderkarte Jotunheimen 1:100 000

**RASTMÖGLICHKEIT:** kleine Gipfelhütte
auf dem Galdhøpiggen, geöffnet ab 12
Uhr in Verbindung mit den geführten
Gletschertouren von Juvvasshytta (s.
»Varianten«, S. 109)

**HINWEIS:** Vor Erreichen der ersten
Firnfelder sollte man seine Wasserflasche an einem der beiden klaren
Bergbäche gefüllt haben. Das Wasser
der leicht milchig-trüben Gletscherbäche, darunter auch der Talfluß Visa,
eignet sich nicht zum Trinken, da winzige Steinpartikel darin dem Magen
schaden können.

**ANFAHRT:** Von Lom kommend, folgt
man der R 55 Richtung Sognedal bis
zum Abzweig nach Spiterstulen und
diesem Fahrweg dann bis dorthin
(Mautgebühr 1996: 60 NOK für PKW,
150 NOK für Campingfahrzeuge; für
Wohnanhänger gesperrt). Spiterstulen
ist ein Berghotel mit angeschlosse-
nem Campinggelände.

## DER WANDERWEG

Auf der Fußgängerbrücke bei **Spiterstulen** überquert man die Visa. Ein
Wegweiser schildert jenseits bereits

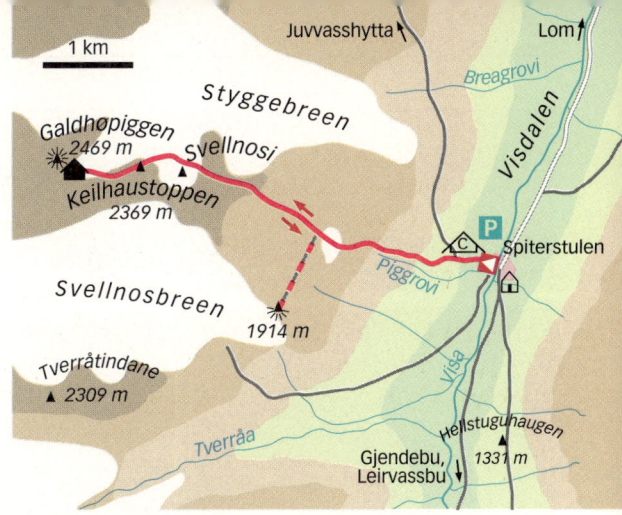

**Wanderung 16:**
Von Spiterstulen auf
den Galdhøpiggen

Galdhøpiggen und Juvvasshytta nach rechts aus. Über die Campingwiese und zwei kleine Bäche hinweg führen mehrere Spuren auf den üppig bewachsenen Hangfuß zu. Der Hauptweg beginnt ungefähr oberhalb des Waschhäuschens, aber auch die vorher ansteigenden Pfade führen bald zur richtigen Route. Nach kurzem Aufstieg zu einem ersten Absatz ist links der Bach Piggrovi zu sehen, der die Wanderung eine Weile begleiten wird. Bei einer **Weggabelung** (15 Min.) geht es rechts nach Juvvasshytta, wir bleiben jedoch auf dem linken Pfad. Das Gelände wird nun steiniger, das buschige Birken- und Weidengestrüpp nimmt ab, im niedrigen Heide- und Grasbewuchs sind deutlich die sich immer wieder verzweigenden Spuren der vielbegangenen Strecke zu erkennen. In Serpentinen steigt man zügig hinauf, nähert sich wieder dem Bach und überquert ihn auf einigen Steinen (30 Min.). Voraus liegen nun schon die beiden Kuppen, die einen Absatz in 1800 m Höhe überragen; die linke erhebt sich am Rand der Gletscherzunge Svellnosbreen und wird auf dem Rückweg das Ziel eines Abstechers sein.

Weiter geht es den stark geneigten Hang hinauf, der das nun schon weit unterhalb liegende Visdalen begrenzt.

Taleinwärts kommen die spitzen Gipfel um den Kyrkja in Sicht, gegenüber blickt man auf den Hellstugubreen, der sich als flache, glatte Lobe weit in ein Seitental hinunterzieht, und weiter links erhebt sich schon deutlich sichtbar die ebenmäßig gerundete, vergletscherte Kuppe des Glittertind über dem Tal. Er galt früher als Norwegens höchster Berg, mußte aber nach genauer Messung des anstehenden Felses diesen Rang an den Galdhøpiggen abtreten.

Ein weiterer Bachlauf begleitet den Pfad bald zur Linken, hier sollte man seinen Wasservorrat auffüllen. Durch niedrige Felsabsätze geht es noch ein Stück steil hinauf. Wo der Weg flacheres Terrain erreicht, öffnet sich der Blick auf eine weite, schneegefüllte Mulde, das **erste Firnfeld** auf dem Weg zum Gipfel. Es ist so beständig, daß es in der Karte verzeichnet ist. Eine deutliche Spur führt auf dem mäßig geneigten Schneehang hinauf (1 Std.), und es dauert eine Weile, bis man wieder steinigen Boden unter den Füßen hat. Nun geht es abwechselnd auf Firn und Fels die weite, kaum ansteigende Bergflanke hoch, die voraus erst in einiger Entfernung wieder steiler wird. Zu den Seiten hin scheint das Gelände im Nirgendwo zu verschwinden, die Abbruch-

Zeit für eine Rast – Wanderer an der Gipfelhütte auf dem Galdhøpiggen

kanten dort sind von hier aus kaum zu erahnen. Erst wenn der nächste Steilhang erklommen und der darüberliegende Rücken ein Stück verfolgt wurde, tut sich nach rechts der Blick in das riesige, felsengesäumte ›Amphitheater‹ auf, das vom **Styggebreen** ausgefüllt wird. Mit über 2000 m Höhe liegt diese nach etwa 2 Std. erreichte Stelle schon deutlich höher als die Gletscherzunge und das dahinter anschließende Hochplateau mit der Juvvasshytta. Ein kurzes Stück bleiben die Markierungen am Rand der Abbruchkante, dann wenden sie sich nach halblinks davon weg und nehmen den **Svellnosi** ins Visier. Von dieser schon über 2200 m hohen, weißen Kuppe bietet sich eine weite Aussicht auf den vorausliegenden Gipfelgrat (2.30 Std.), und in die andere Richtung über den Svellnosbreen mit der danebenen aufragenden Kuppe (1914 m).

Zum gut 100 m höheren Keilhaustoppen geht es zunächst ein kurzes Stück kräftig bergab in eine Senke,

dann jenseits wieder hinauf. Das ganze Gelände ist nun schneebedeckt, und der Hang des Svellnosi kann am frühen Vormittag noch leicht verharscht sein. Spätestens hier leistet ein Skistock gute Hilfe. Vom **Keilhaustoppen** aus (3 Std.) verstellt nicht mehr den Blick auf den **Galdhøpiggen,** dessen firnbedecktes Gipfelplateau sich aus einer letzten flachen Senke erhebt. Diese wird nun durchquert, vorbei an einem Schild, das vor Wanderungen abseits der markierten Route zu Recht warnt. Man ist hier auf dem Gletscher Piggbreen, allerdings weit genug entfernt von der erst unterhalb einsetzenden Spaltenbildung. Eine kleine Felskuppe begrenzt nach links den Steilabhang und beweist, daß der Gletscher hier oben erst beginnt. Im weiten Linksbogen umrundet die Spur das unsichere Terrain und hält auf die **Gipfelhütte** zu, die nach etwa 3.30 Std. erreicht ist. Der Rückweg nach Spiterstulen verläuft auf derselben Route wie der Hinweg.

**Abstecher:** Wer den lohnenden Abstecher zum **Svellnosbreen** machen möchte – bei unsicheren Wetterverhältnissen als eigenständige Wanderung geeignet – wende sich noch oberhalb des untersten Firnfeldes ohne Weg und Steg nach rechts und überquere den sanft geneigten Hang durch eine weite, schotterige Mulde in Richtung der deutlich aufragenden Höhe 1914. Oft liegt auch hier noch Altschnee, und besonders an den Rändern kann der Untergrund sehr naß sein, denn das Schmelzwasser bleibt in der Senke länger stehen. Ansonsten ist das Terrain nicht schwierig, höchstens etwas mühsamer zu begehen als die bisherige ausgetretene Spur. Etwa 30 Min. benötigt man, um an der Hügelkuppe 1914 die Abbruchkante der breiten Bergflanke zu erreichen. Von hier tut sich dann ein grandioser Ausblick auf den tief unterhalb liegenden Svellnosbreen auf. Wild zerklüftet, von tiefen bläulichen Spalten kreuz und quer zerhackt, schiebt sich die hoch aufgetürmte Gletscherzunge im untersten Bereich zu Tal, und nicht selten sieht man, wie sich unten eine Seilschaft durch das eisige Tohuwabohu hindurchkämpft. Solche Touren, die ebenso abenteuerlich wie ungefährlich sind, werden von Spiterstulen aus organisiert.

Nach oben hin glättet sich der Svellnosbreen zur weißen Fläche und ist bis an den Gipfelgrat des Galdhøpiggen zu überblicken. Deutlich erkennt man darüber die Schutzhütte auf Norwegens höchstem Berg. Zurück zur Hauptroute orientiert man sich an einer zweiten, flacheren Anhöhe, die den Rand des fast ebenen Absatzes etwas überragt. Mit Ausblick auf das unterhalb liegende Haupttal hält man auf die kleine Kuppe zu und passiert sie rechts. Dahinter trifft man auf das zuvor oberhalb verlassene Firnfeld, auf dem auch in einiger Entfernung voraus die Wanderspur zu sehen sein dürfte. Man hält auf sie zu und folgt ihr hinab zum Schneerand, von dort geht es auf dem nun wieder bekannten Weg hinunter nach Spiterstulen.

## VARIANTEN

Weniger Höhenmeter als die beschriebene Wanderung, aber eine Gletscherquerung beinhaltet die Route von der Juvvasshytta (ca. 1840 m, mautpflichtige Zufahrt von der R 55 ab Galdesand/Bøverdal) zum Galdhøpiggen. Täglich werden geführte Gipfeltouren von dort angeboten (Auskunft in der Touristeninformation von Lom).

Sollte das Wetter überhaupt keine Gipfeltour zulassen, kann man folgende einfache Wanderung unternehmen: Ab Spiterstulen auf dem Hauptwanderweg im Visdalen (Richtung Leirvassbu/Gjendebu) bis zur ersten Hängebrücke gehen, davor links abbiegen und dem Pfad entlang der Hellstuguåa bis an den Rand des Talgletschers Hellstugubreen folgen. Zurück auf derselben Route bis zu der deutlichen Bachkurve kurz vor der Brücke und dort den flach geneigten Hang aufsteigen, oberhalb parallel zum Visdalen zurückwandern und auf die Kuppe Hellstuguhaugen (1331 m) zuhalten. Von dort führt ein gut erkennbarer Pfad nach Spiterstulen (3.30 Std.).

## WEITERE HINWEISE

Klassische **Mehrtageswanderung** auf markierten Pfaden von Hütte zu Hütte: 1 Tag: Spiterstulen – Leirvassbu, ca. 5 Std., einfach. Durch das Visdalen, an zahlreichen Seitenbächen vorbei sanft ansteigend zur Hochebene mit dem Kyrkjetjørna (guter Blick auf den Visbreen). Zwischen den Gipfeln Kyrkja und Tverbytthornet hindurch auf grobem Schotter zum 100 m tiefer gelegenen Leirvatnet.

# Nationalpark Jotunheimen

## Das hochalpine ›Heim der Riesen‹

Jotunheimen, das mächtige Gebirgsmassiv in Zentralnorwegen, weist die höchsten Gipfel des Landes auf, darunter alle 2300er und mit dem Glittertind und dem Galdhøpiggen die beiden Konkurrenten um den Rang des höchsten. Es war eine Frage der Definition, welcher der Berge zu Norwegens ›Spitzenreiter‹ gekürt werden sollte: die Gletscherkuppe des Glittertind wurde noch vor zwei Jahrzehnten mit 2472 m angegeben, sie schmolz aber auf 2464 m ab, und der eigentliche Fels ist nur 2452 m hoch. Der Galdhøpiggen hat eine 17 m höhere Gesteinsmasse aufzuweisen, was letztendlich den Ausschlag dafür gab, daß er nun die Rangliste der höchsten Berge anführt.

Spitze Gipfelzinnen, scharfe Berggrate, steil abfallende Hochplateaus und tief eingekerbte Talzüge, Spuren vergangener Eiszeiten und zahlreiche heutige Vergletscherungen prägen das hochalpine Terrain im 1980 zum Nationalpark erklärten Gebiet, dessen Name soviel wie ›Heim der Riesen‹ bedeutet und auf die ersten Erforscher der Region, Christian Boeck und Baltazar Keilhau, zurückgeht. Mit ihren Expeditionen begann im frühen 19. Jh. die ›Entdeckung‹ des rauhen, wirtschaftlich kaum nutzbaren Hochgebirges für wissenschaftliche und später für Freizeitzwecke. Zuvor hatten nur die großen Talzüge wie das Visdalen eine geringe Rolle für die Sennerei, die Jagd und als Durchgangsrouten gespielt. Der Sognefjellvegen, 1938 zur heutigen R 55 ausgebaut, stellte jahrhundertelang die wichtigste Handelsroute zwischen dem nördlichen Gudbrandsdal und dem Sognefjord dar. Nach Süden stellte das Visdalen eine Verbindung her, und der Flurname Heillstugu (Hellstugu) wird einer ehemaligen Lagerstelle auf dieser Route zugeordnet.

Auch Spiterstulen war als Rastplatz bei Durchreisenden bekannt. Richtig belebt ist der heutige Nationalpark aber erst, seit der Wandertourismus boomt, der hier im Sommer wie im Winter ein Eldorado findet. Auf markierten Routen ziehen an schönen Sommertagen bis zu tausend Wanderer auf den Galdhøpiggen oder den Besseggen entlang, um Ostern bevölkern Skiwanderer die dann ungefährlichen Gletscherregionen. Die Hütten Leirvassbu, Glitterheim oder Memurubu, Spiterstulen und Gjendesheim sind zu großen

Gletscherwanderung im Nationalpark Jotunheimen

Berghotels ausgebaut. Manchen Naturschützern geht der
Erschließungsdruck längst zu weit. Diese sind sich mit Wandervereinen und Hüttenbetreibern zunehmend uneins über
die Zukunft Jotunheimens. Ein neuer Nutzungsplan für den
Nationalpark löste 1996 heftige Diskussionen aus, in denen
sich extreme Positionen gegenüberstanden: Soll man Jotunheimen wieder den ›Riesen‹ überlassen oder soll man einen
Fahrweg zum Galdhøpiggen bauen? Wahrscheinlich wird
es auf einen Kompromiß hinauslaufen. Die leichter zugänglichen Randregionen werden belassen, wie sie sind, mit
Stromversorgung und Straßen- oder Bootsanschluß, der
Großteil des Nationalparks bleibt weiterhin mit markierten
Routen und festen Wanderunterkünften am Wege ausgestattet, während in stärkerem Maße bestimmte Kernge-
biete für jede Form der Nutzung gesperrt werden.

2. Tag: Leirvassbu – Gjendebu, 6 Std., einfach. Am Leirvatnet entlang und hangaufwärts zum 100 m höheren Paß mit dem Steinmann Høgvaglen und herrlicher Aussicht, auf angelegtem Pfad durch einen Hangrutsch und entlang der Høgvagltjørnene; weiter am Langvatnet entlang, über etliche Seitenbäche hinweg, die Uradøla muß evtl. gefurtet werden (nahe der Mündung). Vorbei am Hellertjørn mit schönem Blick auf südlich gelegene Berge und Gletscher, Abstieg am Hellerfossen und durch das sanft abfallende Storådalen nach Gjendebu.

3. Tag: Gjendebu – Memurubu, s. Wanderung 18, S. 118.

4. Tag: Memurubu – Gjendesheim, s. Wanderung 17, S. 113.

5. Tag: Memurubu – Glitterheim, 7 Std., mittelschwer. Mit dem Boot zurück nach Memurubu, Aufstieg wie am Vortag bis zum Abzweig nach Glitterheim, dann steil hinunter durch die Scharte nedre Rusglopet. Am Ufer des Russvatnet wird der schroffe Gloptind umgangen; vorbei an den Ruinen der Blackwellbua bleibt der Pfad lange am Ufer, steigt dann kräftig den Hang hinauf, quert auf einer Brücke den Blåtjørnåa, hält über die Hochebene auf den Paß zwischen austre und vestre Hestlægrehø zu und steigt z. T. über Schneefelder zum 1700 m hohen Paß auf. Es folgt ein langer, ermüdender Abstieg entlang des Hestbekken. Über eine Brücke wird der Fluß Veo gequert.

6. Tag: Glitterheim – Spiterstulen, 5 Std., mittelschwer. Auf einem Steg über den Steindalselva, im Veodalen taleinwärts mit guter Aussicht auf den Veobreen wandert man auf die schroffe Kerbe Vesleglupen zu und durch sie steil aufwärts, über die seengesprenkelte Paßkerbe auf 1660 m zur Hochebene Skautflya, durch schotteriges Terrain und auf Steinen über die Skauta (muß evtl. gefurtet werden), durch mooriges Gelände zum Abhang des Visdalen, zügig hinunter zum Fahrweg,

auf ihm ein kurzes Stück nach links zur Hütte. Variante: Gjendebu – Spiterstulen, 8 Std., mittelschwer. Wie am zweiten Tag zurück bis zur Weggabelung nach Spiterstulen, mäßig ansteigend zum 1663 m hohen Paß Uradalsbandet (oft von Schneefeldern bedeckt), hinunter ins Visdalen, etwas mühsame Kletterei über nicht endenwollende Hangrutsche.

## WEITERE HINWEISE

Das nördliche Haupteinfalltor in den Jotunheimen-Nationalpark stellt die kleine, im Sommer äußerst belebte Ortschaft **Lom** dar. Im Ottadalen am Abzweig des Bøverdalen gelegen, war Lom schon früh ein wichtiges Etappenziel auf dem Weg über Sogne- oder Strynfjell ins westliche Fjordland. In Lom lohnt sich ein Besuch der Stabkirche von 1240, auch wenn sie nicht in der Reinform ihrer Entstehungszeit erhalten blieb.

Die Touristeninformation in Lom hat eine schöne Wanderroute ausgeschildert: Direkt hinter dem Büro im Ortszentrum weisen Schilder zum Soleggen hinauf. Der »Kultursti« überwindet 600 Höhenmeter auf Wald- und Wiesenpfaden, und wartet mit eindrucksvollen Ausblicken hinunter auf das Ottadalen und die Mündung der gletschertrüben Bøvra in die klare Otta auf. Oben auf 1000 m Höhe umrundet der Weg die Kuppen des Læshø nach rechts und trifft im Meadalen auf den Fahrweg zum Almhof Soleggen. Wer von dort nicht denselben Weg zurückgehen will, biegt vor dem Hof, einer künstlichen Wasserrinne folgend, nach links auf den ebenfalls markierten Pfad »Hansvegen« ab, passiert einen idyllischen Bergsee und gelangt dahinter über die flachen Gipfelkuppen wieder zum Hang des Ottadalen, auf dem es stetig abwärts und bald zurück nach Lom geht, wo sich die Runde nach ca. 6 Std. schließt.

# 17

## Norwegens bekannteste Wanderung

**Der Peer-Gynt-Weg**

Hoch oberhalb des Gjende verläuft die Route durch eine alpine Landschaft, vorbei an Kartälern und Gipfelzinnen. Berühmt geworden ist der Besseggen, über den Ibsen seinen Helden Peer Gynt in einem wilden Ritt schickte. Zwar ist die Wanderung über diesen schroffen Grat auch in der Realität ein aufregendes Erlebnis, aber keineswegs so halsbrecherisch, wie der ›Lügenbaron‹ Peer in Ibsens Drama vorgibt.

**WEGVERLAUF:** Memurubu – Abzweig Glitterheim (1 Std.) – Ufer des Bjørnbøltjørna (45 Min.) – Bessvatnet (1.15 Std.) – Besseggen-Ende (45 Min.) – Steinhaufen Veslefjellet (30 Min.) – erster Wasserlauf beim Abstieg (1 Std.) – Parkplatz Gjendesheim (45 Min.)

**DAUER:** ca. 6 Std.

**LÄNGE:** 12 km

**HÖHENUNTERSCHIED:** 1000 m

**SCHWIERIGKEITSGRAD:** anspruchsvolle Gebirgswanderung, nicht zu empfehlen bei starkem Wind und schlechtem Wetter

**WEGBESCHAFFENHEIT:** ausgetretener Pfad, mit teilweise sehr steilen und exponierten Anstiegen

**AUSRÜSTUNG:** komplette Wanderausrüstung, besonders trockene Kleidung zum Wechseln, Stock, Trinkwasser

**WANDERKARTE:** Sonderkarte Jotunheimen 1 : 100 000

**RASTMÖGLICHKEITEN:** Die bewirtschafteten Hütten Gjendesheim und Memurubu liegen am Start- bzw. Endpunkt der Wanderung; Kiosk am Parkplatz in Gjendesheim.

**UNTERKUNFT:** Außer in den Hütten gibt es Übernachtungsmöglichkeiten auf dem nahegelegenen Campingplatz in Maurvangen (auch Hütten, Laden, Sauna, Waschmaschine). Die Parkplätze in der näheren Umgebung von Gjendesheim sind für Wohnwagen-Camper eine schlechte Alternative, da man hier ebenfalls bezahlen muß, aber keinerlei Komfort hat.

**ANFAHRT:** Die R 51 passiert Jotunheimen östlich und verbindet Fagernes mit Otta bzw. Lom. Die Stichstraße zum Gjendesee und Gjendesheim ist nicht zu übersehen. Der Parkplatz am Bootsanleger ist der Endpunkt der Wanderung. Die Tour beginnt mit der Bootsfahrt nach Memurubu, so gerät man auf dem Rückweg nicht unter Zeitdruck. Es fahren zwei Boote von Gjendesheim nach Memurubu. Fahrzeiten ab Gjendesheim: 8, 11, 16 Uhr in der Hauptsaison. Bei schönem Wetter (und entsprechendem Publikums-andrang) werden reichlich Zusatz-fahrten in beide Richtungen angeboten! Es empfiehlt sich, die erste Fähre am Morgen zu nehmen, denn dann ist auf dem ersten Stück der Wanderung kein ›Gegenverkehr‹ zu erwarten.

## ▶ DER WANDERWEG

Um den rund 100 Wanderern, die pro Fährtour ebenfalls in **Memurubu** ein-treffen, nach Möglichkeit auszuwei-chen, hält man sich nach Ankunft des Bootes entweder noch eine Weile im Ort auf oder begibt sich sehr rasch zum Wanderweg. Bei schönem Wetter ist der Peer-Gynt-Weg die meistbegangene Tour Norwegens – entsprechend ein-fach ist natürlich der Pfad zu finden. Vom Bootsanleger geht es einige Meter aufwärts in Richtung Hütte, wo ein großer Schilderbaum darüber infor-miert, daß man sich hier auf 1008 m Höhe befindet und außer der Tour über den Besseggen nach Gjendesheim zurück noch weitere Wanderziele von hier angesteuert werden können. Direkt hinter den Häusern ragt malerisch der Sjugurdtind 300 m empor; auf ihn wer-den wir später hinabblicken. Mehrere Hinweisschilder fordern dazu auf, die Pfade nicht zu verlassen, um angesichts der vielen Menschen die Natur so weit wie möglich zu schützen. Man verläßt die Hüttenanlage durch ein Gatter, dann schnellt der Puls direkt in die Höhe, denn es geht sofort auf guten Ser-pentinen kräftig bergan. Mit jeder neuen Verschnaufpause wird der Blick zurück besser. Die Hütten werden immer klei-ner, der Sjugurdtind schrumpft zuse-hens, und der Gjendesee wird immer schmaler. Dafür tauchen fern in Jotun-heimen verschneite Gipfel auf. Nach ungefähr 30 Min. ist ein Wegweiser erreicht, der Abstecher zu einigen Berg-zielen anzeigt. Nach 45 Min. schwenkt

der Weg deutlich nach rechts, der Anstiegswinkel wird jetzt moderater. Über den Schwemmkegel hinweg, der sich bei Memurubu in den Gjende hin-ausschiebt, sind oberhalb der steilen Hänge um den See weite, mit Schnee und Eis gefüllte Kare zu sehen, ihrerseits wieder überragt von schroffen 2000ern.

Bei dem Abzweig nach **Glitterheim** sind nach 1 Std. die ersten 400 Höhen-meter bewältigt, bald darauf hat die breite Steinspur den Rücken erreicht. Nun öffnet sich linker Hand auch der Blick nach Norden, wo zwischen den Bergen der Russvatnet herüberblitzt. Zwar steigt der Weg insgesamt weiter-hin an, jetzt aber eher in Wellenform über mehrere kleinere Anhöhen hin-weg, wobei der Abfall zum Gjende zunehmend steiler und schroffer wird. Dann kann man voraus zur Rechten das östliche Seeufer mit Gjendesheim und davor den schmalen Rücken Knutshø sehen, der das Leirungsdalen mit dem gleichnamigen See umspannt. Zur Lin-ken liegt unterhalb des Besshø der See Bjørnbøltjørna, immerhin 1475 m hoch. Langsam schlängelt sich der Pfad, nun auf einem breiten Grat, hinunter zum Ende dieses Gewässers. Weit voraus ist auf unserer Seite schon der dunkle Grat Besseggen zu erkennen, auf dem der Weg eine deutlich sichtbare helle Spur hinterlassen hat.

Direkt vom Ufer des **Bjørnbøltjørna** (1.45 Min.) geht es wieder steil auf-wärts. Dieser Anstieg wird aber versüßt durch die grandiosen Ausblicke, die man beim Zurückschauen hat. Einge-keilt zwischen den Flanken des Besshø und dem gerade passierten Grat liegt der kleine See nahezu neben dem Gjendesee, nur daß sich dieser fast 500 Höhenmeter tiefer befindet. Er ist nun bis nach Gjendebu zu überblicken. Nach 2 Std. wird dieses Panorama durch einige Felsen versperrt, doch bald dar-auf ist das Hindernis überwunden und voraus das erste Mal der Bessvatnet zu sehen, zu dem es nun wieder 200 m

**Wanderung 17**: Der Peer-Gynt-Weg

abwärts geht. Es empfiehlt sich, sehr genau auf die Markierungen zu achten, da in diesem Bereich etliche Spuren verlaufen. Der Wanderverein sucht jedes Jahr die beste Alternative aus, die gerade in Seenähe über steile Geröllhänge oder anstehenden Fels führt. So ist dann der schmale Bereich zwischen dem **Bessvatnet** und dem Gjende nach ca. 3 Std. erreicht.

Es lohnt sich, noch einige Minuten bergan zu gehen und dann erst die wohlverdiente Pause vor dem letzten Anstieg einzulegen, denn etwas weiter oberhalb sind die Ausblicke über die beiden Seen und weite Teile der bisherigen Wanderung bestechend. Weiter geht es dann auf blankem Fels entlang der roten Ts hinauf. Gelegentlich muß man die Hände zum besseren Halt zur Hilfe nehmen. Der Grat Besseggen ist aber für jedermann machbar, wie uns Hunderte von Menschen jeden Alters auf dem Weg bewiesen. Häufig wechseln steile Abschnitte mit steilen ab, so daß sich immer wieder ein ›Gipfel‹ vor dem Himmel abzeichnet, der sich dann lediglich als Zwischenstation entpuppt.

Nach 3.45 Std. zeigt eine breite Einsenkung voraus an, daß mit der letzten Kuppe der **Besseggen** wirklich hinter einem liegt. Allerdings geht es weiter aufwärts, jetzt über ein weites Block-

meer auf einem breiten Rücken, in dem die Wanderspur als helles Band gut zu erkennen ist. Dann ist endlich der 1743 m hohe Gipfel des **Veslefjellet** erreicht (4.15 Std.), dessen Höhe eigentlich mit 1746 m angegeben werden müßte, ziert doch ein riesiger Steinhaufen seinen höchsten Punkt. Durch die mäßige Hangneigung sind die Aussichten im Nahbereich begrenzt, aber der Fernblick ist in alle Richtungen gut. Nach Nordosten kann man im ersten Teil des nun beginnenden Abstieges in der Ferne die runden Kuppen der Rondane erkennen. Wir hatten das Glück, gleich unterhalb des Gipfels eine Herde wilder Rentiere anzutreffen.

Der Weg ist, wie zuvor, ausgesprochen steinig und daher etwas mühsam zu begehen. Bald gabelt er sich auf (4.30 Std.), ein Abzweig führt nach Bessheim, der andere nach Gjendesheim, dem Ziel unserer Wanderung. Wenige Minuten später kommen wir dicht an einem Steilabfall vorbei, von dem man das Seeende mit Parkplatz, Bootsanleger, Hütten und dem sprudelnden Fluß zum Greifen nah vor sich hat. Eine deutlich vorragende Felsnase lädt zu spektakulären Fotos ein. Nach und nach wird der Abstieg etwas steiler, absatzweise verliert man an Höhe und erreicht über anstehendes Gestein einen ersten kleinen **Wasserlauf** (5.15 Std.). Kurz darauf folgt ein zweiter Bach, der in einem schönen Fall über die Felsen stürzt. Hier sollte man etwas umsichtig gehen, da der Weg steil am Fels entlang abwärts führt. Unterhalb dieser Wasserfälle hat man dann das Hochgebirge endgültig verlassen, denn Weiden- und Birkengestrüpp tauchen wieder auf und verleihen der Umgebung einen lieblichen Charakter. Ein von Glitterheim kommender Wanderweg mündet nach 5.45 Std. in unseren Weg ein, dann weist ein Schild nach rechts zum Parkplatz, wohin es noch ein letztes Mal steil bergab geht. Nach knapp 6 Std. ist dort der Ausgangspunkt der Tour wieder erreicht.

Blick vom Besseggen auf Gjendesee und Bessvatnet

## AM WEGE

Der **Besseggen** ist aus Henrik Ibsens 1867 veröffentlichtem Drama »Peer Gynt« bekannt. Der Dichter läßt seinen Titelhelden, der schon in älteren Volkssagen als ebenso starker wie lügenhafter Geselle beschrieben wird, eine wilde Jagd auf einem Rentier über den Besseggen machen – angeblich. Ibsens Landschaftsbeschreibung basiert allerdings nicht auf eigener Anschauung, sondern auf Hörensagen, denn er selbst war nie am Gjendesee gewesen.

## 18

# Im ›Schatten‹ des Besseggen

Nicht ganz so berühmt wie die Wanderung auf Peer Gynts Spuren, doch nicht minder lohnend, ist diese weiter westlich beginnende Tour hoch oberhalb des Gjende.

**WEGVERLAUF:** Gjendebu – Anstieg zum Bukkelægret (30 Min.) – Höhe 1450 m (1 Std.) – Abzweig Memurudal (30 Min.) – Höhe 1600 m (45 Min.) – Sjugurdtind (45 Min.) – Wanderhütte Memurubu (30 Min.)

**DAUER:** ca. 4 Std.

**LÄNGE:** 10 km

**HÖHENUNTERSCHIED:** Hauptanstieg 450 m, weitere 100 m zum Gipfel (1500 m)

**SCHWIERIGKEITSGRAD:** Anspruchs-volle Abschnitte wechseln mit prob-lemlosen ab. Für den Aufstieg durch den Steilhang Bukkelægret muß man schwindelfrei sein (Variante für nicht ganz Schwindelfreie s. S. 121). Diese Passage ist als leichter Klettersteig

einzustufen und ohne besondere Aus-rüstung zu bewältigen.

**WEGBESCHAFFENHEIT:** durchgehend erkennbarer Wanderpfad, im Steilhang an ausgesetzten Stellen gesichert, Markierung durch Steinmänner und rote Ts

**AUSRÜSTUNG:** Grundausstattung, Trinkwasser

**WANDERKARTE:** Sonderkarte 1 : 100 000 Jotunheimen

**RASTMÖGLICHKEITEN:** bewirtschaf-tete Wanderhütten am Ausgangs- und Endpunkt

**HINWEIS:** In umgekehrter Richtung ist diese Wanderung nicht zu empfehlen, da sich Steilhänge besser auf- als ab-

**Wanderung 18:** Von Gjendebu nach Memurubu

wärts bewältigen lassen. Als Alternative bietet sich die unten beschriebene Variante an (s. S. 121)

(s. S. 121)

**ANFAHRT:** Nach Gjendesheim (vgl. Wanderung 17, S. 113), von dort mit dem Fährboot nach Gjendebu. Die beste Verbindung für Tageswanderer: vom 29. 6.–18. 8. ab Gjendesheim täglich 7.45 Uhr, ab Memurubu zurück um 14.35 Uhr. Das Schiff nach Gjendebu fährt seltener als das nach Memurubu; vom 21. 6. bis 15. 9. eingeschränkter Fahrplan, Auskunft ✆ 61 23 79 44.

## DER WANDERWEG

Auch wenn man die Wanderung direkt am Fähranleger beginnen kann, lohnt sich in jedem Fall zunächst ein Abstecher nach links zur Wanderhütte von Gjendebu. Die alte Seteranlage liegt wenige Gehminuten vom Anleger entfernt am flach auslaufenden Ende des Gjendesees. Das versandete Bachdelta, die hier abzweigenden Talzüge Storå- und Vesledalen mit dem zwischen ihnen aufragenden Hausberg Gjendestunga und die schroffen Bergzüge beiderseits des langgestreckten Gjende prägen die Umgebung der Hütte. Sie bietet seit 1870 Wanderern Unterkunft und hat das Flair aus dieser Frühzeit des Fußtourismus bewahrt – ein idyllischer Ort auch für längere Aufenthalte. Wer am selben Tag zu Straße und Auto zurückkehren will, hat allerdings nur Zeit für einen Morgenkaffee, dann geht es wieder zum Anleger, mit Ausblick über den See bis zum weit entfernten Besseggen, der noch einige Male auf der Wanderung zu sehen sein wird.

Am Bootssteg geht es geradeaus weiter. Man folgt dem nahe des Seeufers in den Birkenwald verschwindenden Pfad entlang des Gjende. Der See liegt nun immer am Weg, der bald auch

mit roten Ts markiert ist. Eine halbe Stunde bleibt der Pfad am buschig bewaldeten Fuß der dunkel und schroff ansteigenden Berghänge, dann weist ein Schild darauf hin, daß am Seeufer kein Weiterkommen mehr ist. Nun geht es die Steilhänge des **Bukkelægret** hinauf (30 Min.). Zunächst windet sich der Pfad in gut ausgetretenen Serpentinen entlang des Bergfußes aufwärts. Bald sind die ersten Felsabsätze erreicht, und die Kletterpartie beginnt, an schwierigen Stellen mit dicken Ketten gesichert. (Wir hatten den Steilhang nach etwa 20 Min. überwunden und fanden den Aufstieg mit Hilfe der zuverlässigen Sicherung unproblematisch.)

Der Fels geht in einen stark geneigten Grashang über, in dem der Pfad nun wieder in vielen Windungen weiter bergan führt. Noch einmal werden ein paar niedrige Felsstufen durchstiegen, dann wendet der Weg sich schräg hinauf zu einem weithin sichtbaren Steinmann, der die obere Kante des Berghanges markiert (1.30 Std.). Spätestens von hier oben aus etwa **1450 m Höhe** sollte man unbedingt die grandiose Landschaft um sich herum eines Blickes würdigen. Fast 500 m tiefer liegt nun der türkisfarbene Gjende, dessen jenseitiges Ufer zu dunklen Bergflanken aufsteigt, die oben von einem Kranz aus Gipfelzinnen, Felsgraten und gletschergefüllten Karen begrenzt werden. Von den spitzen Svartdalspiggane rechts, auf Höhe des Seeendes bei Gjendebu aufragend, über die eisgefüllte Karschüssel Knutsholet bis zum steil eingekerbten Hochtal am Tjørnholstind erstreckt sich das hochalpine Panorama in Schwarzweiß zwischen dem See und dem – hoffentlich – blauen Himmel. Auf dieser Seeseite liegt in einer Mulde unterhalb ein kleiner Tümpel, und flaches, rundkuppiges Fjell erstreckt sich hier oben in alle Richtungen.

Man wendet dem Panorama am Gjende den Rücken zu und durchquert

Bergwelt am Gjende

eine flache Senke. Jenseits führt der Weg halbrechts auf die nächste Kuppe und dort gleich zu einem Wegweiser: Hier mündet die Alternativroute (s. S. 121) von Gjendebu über das Storådalen in den Weg ein. Geradeaus geht es in die weite Fjellregion von Memurutunga hinein, in der Flechtenbewuchs lebhafte Farbakzente auf den grauen Felsen setzt. Nach rechts sind auch weiterhin die Kare und Tinde im Süden zu sehen, im Norden tauchen weitere Gipfel Jotunheimens auf: Semmeltind ganz im Nordwesten, daneben Heilstugu- und Memurutindane, dann der mehrgipflige Surtningssua, dazwischen blitzen strahlend weiß zahlreiche Gletscher auf. Voraus wird der Kreis der Bergriesen vom Besshø geschlossen. Sein stumpfer Gipfel überragt mächtig den berühmten Bessseggen, dessen steilen Felsgrat man rechts unterhalb ausmachen kann.

Wieder durchquert die Route eine flache Mulde, dann führt sie zwischen zwei Tümpeln hindurch und steigt erneut an. Nun liegt schon das tiefe **Memurudalen** voraus. Man passiert nach 2 Std. einen beschilderten **Ab**zweig dorthin, wandert weiter über den breiten Fjellrücken, der diesen markanten Talzug vom Gjende trennt, immer wieder einmal mit Blick über die seengesprenkelte Hochfläche bis zu dem riesigen See unterhalb, in dessen gletscherwassergetrübten Fluten Sonnenstrahlen von winzigsten Gesteinspartikeln gebrochen werden und faszinierende Farbnuancen hervorrufen. Hinter einer weiteren wassergefüllten Senke steigt der Rücken sanft an. Voraus ist nichts weiter als der felsübersäte Hang zu sehen. Der Sjugurdtindtjørna wird passiert, der große See liegt 1443 m hoch. Dahinter führt die Route bald deutlicher bergan, und kurz darauf liegt der Gipfelsteinmann auf der **1600 m hohen Kuppe** links neben dem Weg (2.45 Std.). Ein kurzer Abstecher dorthin lohnt sich, denn nun blickt man über schroff abfallende Hänge ins Memurudalen. Die Wanderroute bleibt oben auf dem zum breiten Grat verengten Fjellrücken. Dieser senkt sich voraus gleich ein paar Meter ein, zwischen den links steil abfallenden Flanken und einem rechts angrenzenden, seengesprenkelten Hochtal geht es hin-

durch und dahinter gleich wieder aufwärts. Bald kommen voraus schon die
Hütten von Memurubu in Sicht. Noch
einmal muß eine Einsenkung durchwandert werden. Der Grat ist hier besonders schmal, so daß rechts über die
Steilhänge hinweg der Gjende in den
Blick kommt. Wieder oben auf der nächsten Kuppe, ist nach 3.30 Std. der **Sjugurdtind** erreicht, erkennbar an einem
Gipfelsteinmann. Von dieser 1300 m
hohen Anhöhe aus beginnt nun der
eigentliche Abstieg ins Tal. In Etappen
geht es hinunter, mal über Felsstufen,
dann wieder in Windungen über erdig-
steinigen Untergrund. Wenn ein Steinmann auf einer ausgesetzten Felsnase
erreicht ist, wendet sich die Spur deutlich nach links einer Kerbe im Hang zu,
durchquert sie und bleibt dann jenseits
von ihr. Das Gelände weiter rechts wird
unterhalb zu steil für einen Abstieg. Allmählich wird das Terrain bewachsener,
dann auch flacher. Eine Brücke führt
über die Muru, gleich dahinter ist nach

etwa 4 Std. die große **Wanderhütte**
erreicht. Wer die Nachmittagsfähre zurück nach Gjendebu nehmen will, hat
vielleicht noch Zeit, sich in der Cafeteria
zu stärken, denn bis zum Anleger sind
es nur noch wenige Minuten.

## VARIANTE

Der Steilanstieg ist zwar ein Haupt-
anreiz für diese Tour, doch auch nicht
ganz Schwindelfreie können zu Fuß von
Gjendebu nach Memurubu gelangen.
Die etwa 1 Std. längere Alternativroute
bietet sich auch bei starkem Wind
oder Regen an: Von Gjendebu, den
Schildern Richtung Leirvassbu/Spiter-
stulen folgend, ins Storådalen wandern,
bis nach ca. 45 Min. ein Abzweig nach
rechts hangaufwärts führt. Auf diesem
Weg gelangt man in etwa 1.30 Std. zur
Weggabelung oberhalb der Steilhänge
auf 1500 m Höhe.

Eher ein Klettersteig denn ein Weg – Aufstieg am Gebirgskamm oberhalb des Gjende

**19**

# Südliches Tor nach Jotunheimen

Berg- und Talwanderung am Vettisfossen

Von Øvre Årdal zieht sich das Utladalen tief in das Jotunheimen-Gebirge hinein, es wird als Einfalltor von Süden genutzt. Am mächtigen Vettisfossen führen Routen in die Bergwelt hinauf und erschließen den Nationalpark auch für Mehrtageswanderer. Diese Rundwanderung, die mit dem Abstieg durch das Hjelledalen endet, ist aber an einem Tag zu schaffen.

**WEGVERLAUF:** Hjelle – Hof Vetti (1.15 Std.) – Aussichtspunkt oberhalb des Vettisfossen (1.15 Std.) – Morkaskaret (1.30 Std.) – Hütten Fremre Hjelledalen (1 Std.) – Hof Heimre Hjelledalen (45 Min.) – Hjelle (1.15 Std.)

**DAUER:** ca. 7 Std., Abstecher 1 Std.

**LÄNGE:** ca. 16 km

**HÖHENUNTERSCHIED:** ca. 950 m

**SCHWIERIGKEITSGRAD:** Außer guter Kondition sind keine besonderen Voraussetzungen erforderlich, einige Passagen sind allerdings recht steil. Bei feuchter Witterung kann der Abstieg etwa rutschig sein.

**WEGBESCHAFFENHEIT:** Vom breiten Spazierweg bis zum steinigen Pfad ist alles dabei. Auch dort, wo die Route nicht markiert ist, ist sie gut zu finden.

**WANDERKARTE:** Wanderkarte 1 : 100 000 Jotunheimen

**RASTMÖGLICHKEITEN:** Bewirtschaftete Hütte in Vetti. Die Selbstversorgerhütte Fremre Hjelledalen ist mit einem DNT-Schloß versehen.

**ANFAHRT:** Øvre Årdal, im Hinterland von Årdalstangen am innersten Abzweig des Sognefjorden gelegen, ist von Süden ab der E 16 beim Fillefjell über die R 53 oder von Lærdalsoyri durch den neuen Tunnel und ebenfalls auf der R 53 zu erreichen, von Norden zweigt eine mautpflichtige Straße von der R 55 bei Turtagrø hierher ab. Vom Ort aus taleinwärts erreicht man nach 8 km den an einem Wasserfall gelegenen Parkplatz bei Hjelle; Busverbindung hierher ab Øvre Årdal täglich gegen 10.30 Uhr.

## DER WANDERWEG

Der **Parkplatz** liegt am Fuß des schönen Wasserfalls der Hjelledøla, an deren Ufern entlang die letzte Etappe der Rundtour verlaufen wird. Zunächst aber geht es gemütlich auf dem Fahrweg durch das Tal, vorbei am Wohnhaus von Hjelle. Kurz darauf erreicht man bei einem kleinen Kiosk einen Schlagbaum, an dem der Motorverkehr endet. Hier beginnt der »Folkevegen«, ein in den 70er Jahren angelegter und sehr beliebter Spazierweg nach Vetti, auf dem der erste Abschnitt der Wan-

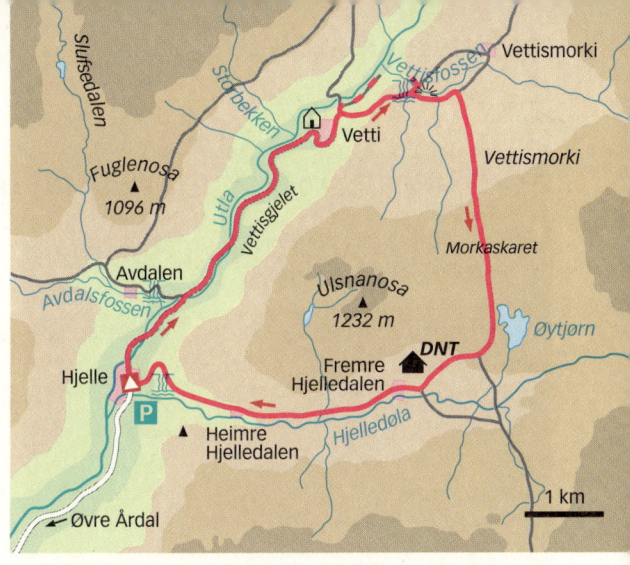

**Wanderung 19:**
Berg- und Tal-
wanderung
am Vettisfossen

1 km

derung verläuft. Das Utladalen voraus wirkt steil und eng, auch der namengebende Fluß, den man gleich auf einer ersten Holzbrücke quert, ist in ein schmales Felsenbett eingezwängt. Ein Stück weiter geht es wieder auf die rechte Flußseite hinüber. Ab und zu informieren Schilder über den Verlauf älterer Pfade durch dieses Tal. Erst recht spät kommt zur Linken der hohe Avdalsfossen in Sicht. Mit gut 170 m Höhe ist er ein beeindruckender Wasserfall, und doch ist er noch 100 m niedriger als der Vettisfossen. Oberhalb des Avdalsfossen liegt auf einer kleinen Kuppe ein ehemaliger Almhof, der heute für Wanderer bewirtschaftet wird; ein beschilderter Abzweig biegt bald am linken Wegrand dorthin ab. Man bleibt jedoch auf dem Hauptweg und quert gleich wieder die Utla bei einer sehenswerten Klamm.

Der Weg durchquert ein Geröllfeld mit auffallend großen Brocken, die von einem Bergsturz im Jahr 1870 herrühren, als ein einzelner riesiger Felsen oberhalb aus der Wand gebrochen sein soll. Etwas später, kurz nachdem man die Uferseite ein letztes Mal gewechselt hat, steigt der breite Weg deutlicher an. Bald darauf wird voraus der Hof Vetti

sichtbar, der inmitten üppiger Hangwiesen liegt. Oft werden Wanderer hier schon von den Ziegen des Hofes begrüßt, die ihnen das letzte Stück dorthin neugierig folgen. Man erreicht verschiedene Wanderschilder unweit der bewirtschafteten Hütte, die Aufschluß über den weiteren Wegverlauf geben. Auch der als Variante beschriebene Abstecher zum Fuße des Vettisfossen (s. S. 125) beginnt hier. Wer weiterhin unserer Hauptroute folgt, dem bietet sich später von oben allerdings ein fast noch beeindruckenderes Bild des Wasserfalls. Welchen Weg man auch einschlägt, in jedem Fall lohnt sich eine Pause in der gemütlichen Atmosphäre der alten Gaststube des **Vetti-Hofes** (1.15 Std.). Der Beschilderung Vettismorki folgend setzt man seinen Weg fort, und sofort beginnt der Aufstieg aus dem hier erst 350 m hohen Tal. In bewaldetem Terrain windet sich der Pfad bequemer den steilen Hang hinauf, als man bei einem Blick von unten vermutet hätte. Einige Stellen sind gesichert, was allerdings nicht wirklich notwendig ist. Dennoch muß nun der Hauptanstieg der Tour von gut 400 m bewältigt werden. Wo der Wald sich zwischendurch lichtet, gibt er den Blick

Tief unten im Tal liegt
der Hof Vetti

hinunter auf das Utladalen mit dem
Hof frei. Nach etwa 2 Std. wird der
Anstieg sanfter, eine alte Feldsteinmauer wird passiert, ein Sumpfstück
auf Bohlen überwunden, dann erreicht man ein Schild, das rechts nach
Sletterust/Tyinholmen weist. Doch
bevor sich die Wanderung dorthin orientiert, steht noch ein kurzer **Abstecher zum Vettisfossen** bevor. Man
geht erst einmal, dem Schild Vettismorki folgend, nach links. Hat man
seinen Weg ein paar Minuten auf der
recht moorigen Hochebene fortgesetzt, trifft man auf den rauschenden
Fluß, der hier für den Sturz in die Tiefe
Anlauf nimmt. Über das felsig-glatte
Flußbett gelangt man über eine Holz-

brücke, hinter der der Pfad zu der
**Aussichtsplattform** führt (2.30 Std.).
Von hier kann man den Vettisfossen
unverstellt von der oberen Absturz-
kante bis tief in den Talboden verfolgen – ein beeindruckendes Spektakel.

Weiter geht es zunächst zur beschilderten Weggabelung zurück und dort in
Richtung Sletterust/Tyinholmen. Breite
Holzplanken überspannen einen lieblichen Bach, dahinter ist das Gelände
licht bewaldet, kleine Seen liegen darin eingesprenkelt, und abgestorbene
Baumstümpfe setzen mit ihren weißen
Ästen einen melancholischen Akzent.
Ein weiterer Bach wird überquert und
begleitet den Weg ein Stück. Bald
weist wieder ein Schild die Richtung:

Rechts geht es nach Tyinholmen via Hjelledalen, in diesem Tal soll später der Abstieg erfolgen. Doch unser Weg verläuft zunächst gleichmäßig bergauf, denn bis zum Paß sind noch etwa 250 Höhenmeter zu bewältigen.

Durch Moor-Heidegelände, mit stattlichen Kiefern und Birken bestanden, führt die bestens mit roten Ts markierte Route dahin, und man hat Zeit, den Blick über das umliegende Bergland schweifen zu lassen, in dem mit zunehmender Entfernung die Gipfel immer höher und schroffer zu werden scheinen. Auch im Sommer ist so manches Schnee- und Firnfeld an ihren Gipfeln zu entdecken. Voraus sind die Hänge bald weniger bewachsen, kahle Kuppen begrenzen den gut 1000 m hohen **Morkaskaret,** der nach etwa 4 Std. bei einem markanten Steinmann erreicht ist. Jenseits der Paßhöhe liegen kleine Seen in einer Senke, die sich dahinter zum oberen Hjelledalen öffnet. Dorthin führt der Wanderweg durch recht dichtes Strauchwerk, dann passiert er die Seen am rechten Hang. Der größere Øytjørn kommt erst beim Abstieg in Sicht. Hat man ihn hinter sich gelassen, trifft man auf die nächste Weggabelung: Nach rechts führt der von nun an unmarkierte, aber eindeutig erkennbare Weg durch das Hjelledalen hinunter. Ein Stück geht es noch durch eine kleingliedrige Felslandschaft, dann öffnet sich das Tal voraus und gibt den Blick über weite, sanft geneigte grüne Hänge frei, in deren Mitte die **Hütten von Fremre Hjelledalen** zu erkennen sind. Weit dahinter verengt sich das Tal v-artig und fällt zum Utladalen hin ab. Fast der ganze weitere Wegverlauf liegt somit offen vor einem, wenn der Abstieg in Richtung auf die Hütten beginnt. In Etappen von sanfter und stärker geneigten Absätzen fällt das Gelände ab, bis nach 5 Std. die Gebäude nahe des Flußufers erreicht sind. Sie sind bis auf die verschlossene Hütte des Wandervereins in Privatbe-

sitz. Wer in der Wanderhütte rasten will, benötigt den Schlüssel vom DNT.

Über die Almwiesen und entlang der Hjelledøla geht es auf bewaldetes Gelände zu, in dem sich der Weg nahezu steigungslos fortsetzt. Doch der Fluß schneidet links deutlich tiefer in den Untergrund ein, und so bleibt auch der Wanderweg nicht mehr lange auf dieser Höhe. Mal ist er steiniger, dann wieder nasser, doch immer ist er gut erkennbar. Erst nach 5.45 Std. ändert sich das Bild. Ein kleines Wohnhaus liegt in üppig bewachsenem Wiesengelände am Weg: **Heimre Hjelledalen.** Dann geht es durch Wald bald schon sichtlich auf den steilen Gegenhang im Utladalen zu. Auch diesseits wird es nach 6 Std. wieder schroffer, der Fluß rauscht und fällt laut vernehmbar in einer Steilkerbe hinab, neben der die Wanderroute in Serpentinen einschwenkt und die letzten 300 Höhenmeter abwärts in Angriff nimmt. Auf halbem Wege in den Talboden führt sie noch einmal in Sichtweite an den fallenden Fluß heran. Nach etwa 7 Std. erreicht man wieder das Tal beim Wohnhaus von Hjelle und gleich darauf den benachbarten Parkplatz.

## VARIANTE

Der Abstecher zum Fuße des Vettisfossen ist hin und zurück ab Vetti in gut 1 Std. zu schaffen und bildet von Hjelle aus eine beliebte, insgesamt 3stündige Ausflugstour: Dem Schild Vettisfossen folgend, erreicht man einen recht steil geneigten Hang, an dem der Abstieg zum Fluß mittels Seilsicherungen erleichtert wird; es ist etwas mühsam, aber nicht gefährlich. Unten geht es am steinigen Ufer entlang, vorbei an der Hängebrücke immer geradeaus, bis der Fall voraus in einem hohen, steilen Seitental in Sicht kommt. Auf demselben Weg geht es zurück.

**20**

# Gute Sicht von flacher Kuppe

## Zum Spåtind im Gausdal Vestfjellet

Der Vorhof von Jotunheimen, wie Gausdal Vestfjellet auch genannt wird, weist ruhigere Landschaftsformen auf als sein westlicher Nachbar. Eine familienfreundliche und beliebte Route führt ohne große Anstrengungen aus den Wald- und Hochmoorregionen mit ihren verstreuten Ferienhaussiedlungen zum Spåtind.

**i**

**WEGVERLAUF:** Lenningen – letztes Hofgebäude (15 Min.) – Felsabsatz oberhalb der Baumgrenze (30 Min.) – Wegweiser (45 Min.) – Gipfel (30 Min.) – Lenningen (2 Std.)

**DAUER:** ca. 4 Std.

**LÄNGE:** ca. 14 km

**HÖHENUNTERSCHIED:** ca. 400 m

**SCHWIERIGKEITSGRAD:** einfache Wanderung

**WEGBESCHAFFENHEIT:** erkennbare Trampelpfade, rot markiert

**AUSRÜSTUNG:** Übersichtskarte, Fernglas

**WANDERKARTE:** TK 1 : 50 000, Blatt 1717 II, Synnfjell

**RASTMÖGLICHKEITEN:** Kiosk und Cafeteria in Lenningen

**HINWEIS:** Die Wanderroute ist im Winter nicht markiert, wird aber von Skiwanderern begangen.

**ANFAHRT:** Die Straße Vestfjellvegen verbindet Lillehammer mit Fagernes: Von Fagernes Richtung Flughafen, dann der Straße nach Lundmoen folgen und dort nach links abbiegen. Zwischen Lenningshøgda und Lenningen beginnt die beschilderte Spåtind-Turloype bei einem einzelnen roten Haus. Anfahrt von der anderen Seite: Nördlich von Lillehamer zweigt die R 255 von der E 6 ab, bei Forset/ Vestre Gausdal biegt man nach links auf den Vestfjellvegen ab und fährt bis zur o. g. Stelle.

## DER WANDERWEG

Ein breiter Pfad führt ab dem Schild »Turloype Spåtind« an dem roten Haus vorbei durch die Wiesen- und Heidelandschaft. Er steigt ein paar Meter an, passiert einen kleinen Moortümpel und trifft auf eine Fahrspur, der man nach links folgt. Die Gabelung ist mit einem roten T deutlich markiert, so daß man sie auf dem Rückweg wiederfindet. Der Fahrweg führt an einem letzten **Hofgebäude** (15 Min.), einer Stallung und Weideland entlang und endet dann. Der anschließende Wanderweg biegt nach rechts und führt nun an einem links gelegenen See vorbei und durch licht bewaldetes Terrain. Zwischendurch sind voraus immer wieder die Bergkuppen des weiten Synnfjell zu sehen, dessen höchste Erhebung, der 1414 m hohe Spåtind, Ziel der Wanderung ist. Doch dieser Gipfel ist in dem nur sanft ansteigenden Fjell noch nicht zu entdecken.

Zwischen moorigen Feuchtstellen und über ein bräunliches Rinnsal hinweg führt die Route nun sanft bergan. Bald wird der Birkenwald lichter, und es geht auf einen ersten **Felsabsatz** zu. Oben lohnt sich nach knapp 45 Min. ein erster Rundblick, denn zurück liegt nun schon – deutlich tiefer – die weite, bewaldete Ebene. Feriensiedlungen wie die von Lenningen liegen hier und da in den Wald eingestreut, und kleine Seen sprenkeln das grüne Gelände mit ein paar silbrig-grauen Flecken.

Durch eine Senke geht es in leichtem Linksbogen über zwei klare Rinnsale hinweg. Schaut man zum Synnfjell hinauf, kann man den Spåtind anhand des würfelförmigen Bauwerks erkennen, das sich auf seiner Kuppe erhebt. Das Militär nutzt den guten Rundumblick, der sich von dort bietet, für seine Zwecke. Wieder steigt der Weg einige Meter an und erreicht ein neues, weites Hochtal, das er anschließend quert. Zwischen ein paar Felskuppen und über den Bach Hasabekken geht es auf den halbrechts liegenden Haupthang zu, der glatt und felsig aus dem grünlichen Terrain aufsteigt. An seinem Fuß ist nach knapp 1.30 Std. bei einem weiteren Wasserlauf ein **Wegweiser** erreicht, der zurück nach Lenningen zeigt. Nun steigt der Weg am Haupthang stark an, und mit Blick über das gerade durchquerte Hochtal an den weiten, sanft geneig-

**Wanderung 20:** Zum Spåtind im Gausdal Vestfjellet

Idyll am Wegesrand

ten Hängen des Synnfjells überwindet man zügig die nächsten etwa 80 Höhenmeter.

Weiter geht es nun zum nächsten Wegweiser, der unterhalb der Gipfelkuppe mit dem Betonklotz einen Abzweig nach Süden ausschildert. Auf dem Rückweg muß man sich hier an die rechte Spur halten. Schon jetzt fällt der Blick voraus auf neue Täler und Hänge, die sich nach Süden erstrecken.

Ein letzter kurzer Anstieg nach links hinauf wird bewältigt, und das Ziel, der Gipfel des **Spåtind,** ist erreicht (2 Std.). Bei guten Sichtverhältnissen soll man von hier nach Süden bis zum Gaustatoppen bei Rjukan, nach Westen über die schroffen Gipfel des benachbarten Jotunheimen-Gebirges und nach Norden auf die grauen Kuppen von Rondane blicken können. Aber selbst bei diesigem Wetter ist die Aussicht über die weite, vermoorte Synnfjellvidda beeindruckend. Auf dem Rückweg kann man die schon bekannte Landschaft aus neuer Perspektive betrachten. Nach insgesamt 4 Std. hat man den Ausgangspunkt wieder erreicht.

## WEITERE HINWEISE

Ein Zentrum des Wintersports rund um das Synnfjell liegt weiter östlich beim Hoyfjellshotell Spåtind in **Nord-Torpa** (Abzweig vom Vestfjellvegen zum See Synnfjorden). Markierte Skiwanderrouten führen von hier wie von Süden (Hugulia, Nørdstelisetra) zum Gipfel.

Der kleine Nationalpark **Ormtjørnkampen** ist ebenfalls auf dem Vestfjellvegen zu erreichen: Nahe der Holtsbrua zweigt ein gesperrter Fahrweg ab, von diesem wiederum nach 30 Min. Wanderzeit bei Ormtjørnsetra am Bachufer ein Trampelpfad nach rechts. Diese Spur führt am Hang des 1128 m hohen Ormtjørnkampen entlang durch einen Fichten-Urwald zur seengesprenkelten Paßsenke Storskaret zwischen dem rechts liegenden Namensgeber des Naturschutzgebietes und dem links angrenzenden Dokkampen. Auf undeutlichen Pfadspuren erreicht man von hier, rechts abbiegend und über den Nordosthang wandernd, die baumlose Gipfelkuppe, von der man einen guten Blick hat. Für die kurze, reizvolle Urwaldtour das Mückenschutzmittel nicht vergessen!

**21**

# Wo man einst mit der Postkutsche reiste

Der Hauptverbindungsweg zwischen Bergen und Oslo führte vor dem Bau der Eisenbahnstrecke durch das Lærdalen zum inneren Sognefjord. Die Route hatte mit dem Fillefjell nur eine kurze Gebirgspassage zu bewältigen. Heute sind verschiedene Etappen der alten Poststrecke für Wanderer erschlossen.

**WEGVERLAUF:** Parkplatz Koren – Damm über Talkerbe (25 Min.) – Straßentunnel (25 Min.) – Wasserfall des Sokni (40 Min.) – Straßenbrücke (40 Min.) – Parkplatz Koren (15 Min.)

**DAUER:** ca. 2.25 Std.

**LÄNGE:** ca. 9 km

**HÖHENUNTERSCHIED:** ca. 150 m

**SCHWIERIGKEITSGRAD:** Problemlose, familienfreundliche Wanderung, allerdings weisen die Informationsblätter des hiesigen Fremdenverkehrsamtes zu recht darauf hin, daß mit kleineren Kindern an einigen Stellen Vorsicht geboten ist, denn der breite Weg führt über einen hohen Damm und streckenweise dicht am Fluß entlang.

**WEGBESCHAFFENHEIT:** Alte Fahrwege, größtenteils mit Gras überwachsen und gut begehbar, teils zu Trampelpfaden verengt. Zwei kurze Stücke verlaufen auf der Hauptstraße E 16.

**AUSRÜSTUNG:** Regenjacke bei jedem Wetter, um trocken am Wasserfall bei Galdane vorbeizukommen

**WANDERKARTE:** TK 1 : 50 000, Blatt 1517 III, Borgund

**ANFAHRT:** Auf der E 16 von Lærdalsøyri kommend, stößt man gut 1 km hinter der Brücke und dem nahegelegenen Hof Sælto rechts der Straße in einer Kurve auf den Parkplatz Koren. Hier beginnt der Wanderweg.

## DER WANDERWEG

Ein Schild weist auf den Beginn der karrenbreiten alten Fahrspur über Gamle Selthunåsen hin, die sich nun leicht ansteigend den bewaldeten Hang hinaufzieht. Der angelegte Weg hebt sich deutlich vom Gelände ab und führt bequem dahin. Unterhalb ist der Fluß im Haupttal mehr zu hören als zu sehen, sein Rauschen übertönt die Geräusche auf der noch nahen heutigen Verkehrsachse. Der alte Weg umgeht das unten enger werdende Flußtal nun über den sanften Querrücken. Am Gegenhang kommt der mächtige Wasserfall in Sicht, an dem der Rückweg später vorbeiführen wird. Auch von hier ist er sehr beeindruckend. Im oberen Teil fällt die weiße Gischt frei hinab, um darunter in wilden Kaskaden über die Fels-

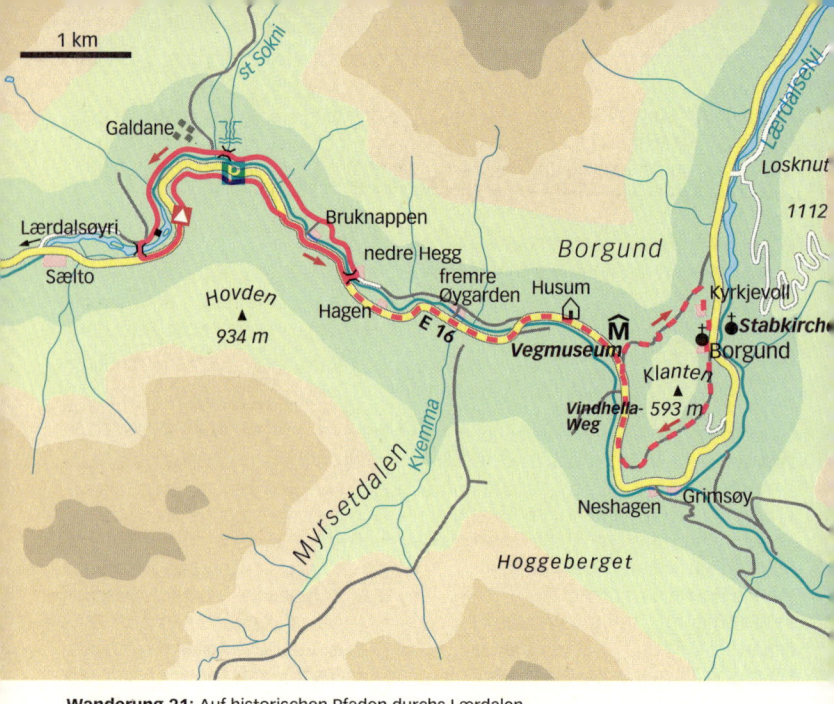

**Wanderung 21:** Auf historischen Pfaden durchs Lærdalen

hänge zu springen, darunter überspannt eine filigrane Holzbrücke die
schäumenden Wassermassen, bevor
sie in den Hauptfluß münden.

Bisher ging es tendenziell aufwärts,
bald nach dieser Stelle ist dann der
höchste Teil des Weges überwunden.
Der markanteste Abschnitt ist nach
knapp 30 Min. dort erreicht, wo der
Weg eine steile, tiefe **Talkerbe** überwindet, die quer in den Hang einschneidet. Als hoher Damm, aus Feldsteinen
aufgeschichtet, passiert er diese Stelle
in engem Bogen, und die steinerne, ge-
schwungene Wand endet links der
Fahrspur erst in schwindelerregender
Tiefe. Diese beeindruckende Konstruktion wird in ihrer Wirkung noch von den
zur Rechten steil ansteigenden Felswänden unterstützt, die die Route noch
eine Weile begleiten. Langsam absteigend gelangt man nun bald wieder ins
Haupttal hinunter. Vorbei an einem einzelnen Haus, von dem aus das Flußtal
schon wieder einsehbar ist, geht es

zur heutigen Fahrstraße hinunter. Zur
Orientierung sei ein Blick zur anderen
Flußseite empfohlen: Deutlich erkennt
man neben einer privaten Fußgängerbrücke die steinernen Ansätze
einer ehemaligen Brücke, in deren jenseitiger Verlängerung auch die dorthin
leitende Fahrspur wieder auszumachen ist. Es geht nun auf einem
kurzen Umweg zur nächsten öffentlichen Brücke an der E 16 entlang nach
rechts, flußaufwärts. Nach wenigen
Minuten erreicht man den Eingang zu
einem kurzen **Straßentunnel,** den
man auf einer älteren Fahrspur entlang des tief einschneidenden Flußufers bequem umgeht. Am anderen
Tunnelende ist nach ca. 50 Min. an der
Straße ein Schotterplatz und dahinter
eine Brücke zu sehen. Ein Schild weist
in deren Richtung und zeigt den
Namen des anschließend benutzten
Wanderweges an: Galdane.

Der Lærdalselva tobt hier durch eine
beeindruckende Klamm und hat gut

erkennbare Strudeltöpfe in den Fels gefräst. Ein rechteckiges Loch an der Wasserlinie in der jenseitigen Steilwand ist allerdings künstlich und Teil aufwendiger Lachstreppen, die hier schon früh im 19. Jh. angelegt wurden, um Angler anzulocken. Vor allem gut betuchte, adelige Briten kamen hierher, um den ›König der Fische‹ zu ködern und die umliegende Bergwelt zu erobern – die erste Touristengeneration sozusagen. In noblen Herbergen wie dem Hotel Husum etwas weiter flußaufwärts konnten sie standesgemäß residieren.

Nach Überqueren des Flusses beschreibt die Fahrstraße eine Rechtskurve, und dort weist ein weiteres Schild nach links. Ihm folgend gelangt man wieder auf ruhigere Pfade. Zwischen einer Feldsteinmauer und natürlichen anstehenden Felsen hindurch führt der Karrenweg, der heute nur noch von landwirtschaftlichen Fahrzeugen benutzt wird, durch ein Gatter und dahinter durch eine schmale Klamm, die Olafsklemma, so benannt nach dem norwegischen König, der hier im 11. Jh. durchgereist sein soll. Dann ist bald die Privatbrücke voraus zu sehen, der Weg beschreibt einen weiten Linksbogen in Richtung auf den alten Brückenpfeiler, während die Wanderung dem beschilderten Abzweig halbrechts nach Galdane folgt. Die Route auf dieser nördlichen Flußseite soll die älteste Verbindung durch das Lærdalen gewesen sein und führte ehemals wohl höher am Hang und gefährlicher dahin. Erst Mitte des 19. Jh. wurde die Strecke auf der Südseite fertiggestellt, jener Teil also, auf dem der Hinweg verlief. Die Route querte hier über die ehemalige Brücke den Fluß. Die breite Spur wendet sich etwas hangaufwärts, passiert eine Ferienhütte und führt dann in üppigeren Bewuchs hinein. Inmitten lichten Waldes und durch eine dichte Krautschicht geht es zu einem schmalen Wasserfall, kurz dahinter durch ein neues Gatter und auf dem nun stellenweise zum Trampelpfad verengten Weg langsam wieder hinunter, hörbar und oft auch sichtbar am neben der Spur dahinrauschenden Lærdalselva entlang.

Nach 1.30 Std. erreicht der Pfad eine der Hauptattraktionen der Tour, den mächtigen **Wasserfall des Sokni**. Schon von weitem fällt der Wasserschleier auf, der bei jeder Wetterlage den Hang einnebelt und bei Sonne in allen Farben des Regenbogens schillert. Schon vor Erreichen der kleinen Holzbrücke, die den schäumenden Nebenfluß überspannt, sollte man seine Regenjacke anziehen und die Kamera vor dem Dauernieselregen schützen. Je nach Windrichtung sind also vielleicht nur Fotos von einer der Uferseiten möglich. Wenn gar nichts geht, dann tröstet vielleicht die Tatsache, daß an der jenseits der Lærdalselva verlaufenden E 16 ein guter Aussichtsparkplatz angelegt wurde, von dem aus man den Fall gut vor die Linse bekommt. Vermutlich wird man selbst beim Überqueren der Brücke zum Bestandteil so mancher Urlaubsaufnahme. Gleich jen-

Wasserfall des Sokni

seits der Brücke liegt oberhalb das alte Anwesen Galdane, ein Gehöft, das bis in die Mitte dieses Jahrhunderts bewohnt war. Malerisch ducken sich die verschiedenen niedrigen Holzgebäude an den stark geneigten Grashang. Der Hof ist das zweitbeliebteste Motiv dieser Gegend.

Zwei schmalere Wasserläufe werden unterhalb der Hütten gequert, dann geht es unter Bäumen dicht am Fluß entlang, dessen Rauschen darüber hinwegtäuscht, daß am anderen Ufer der Verkehr auf der E 16 dahinbraust. So kann man doch ziemlich ungestört den folgenden Abschnitt des Weges genießen, der nun von hohen Steilhängen flankiert, als breites, grasiges Band dicht am Ufer über die Gesteinsschotter hinwegführt; fast wie ein grüner Teppich wirkt die ebenmäßig angelegte Spur. Ihr folgt man nun eine Weile, wobei jenseits an der Straße schon der Parkplatz in Sicht kommt, zu dem es zurückgeht. Doch ist er nur auf einem Umweg weiter flußabwärts erreichbar, wird also zunächst passiert. Es geht auf ein eingezäuntes Wiesengrundstück zu, das sich nach 2 Std. zwischen Ufer und Weg zwängt. Durch zwei Gatter, an einem kleinen, noch bewirtschafteten Gehöft und an Obstbäumen vorbei, dann noch ein kurzes Stück durch Wald, und die **Straßenbrücke** bei Sælto ist erreicht (2.10 Std.). Hier wechselt die E 16 auf die südliche Flußseite, und an der Straße entlang geht es nun zurück zum Parkplatz Koren, an dem man nach 2.25 Std. die Runde beendet.

## VARIANTE

Am Wendepunkt der beschriebenen Wanderung setzt man den Weg auf der E 16 in östliche Richtung am erwähnten Hotel Husum vorbei fort und erreicht nach 3 km das Vegmuseum, bei dem ein zweites Teilstück des alten Verbindungsweges beginnt: Der Vindhellavegen von 1790 windet sich in beeindruckend konstruierten Serpentinen über den Bergrücken und stößt bei der Stabkirche von Borgund auf den noch älteren beschilderten Pfad Sverrestigen, auf dem es durch eine liebliche Wald- und Wiesenlandschaft vor einer grandiosen Bergkulisse zum Vegmuseum zurückgeht. Der Spaziergang läßt sich bestens mit der Besichtigung der berühmten Kirche (s. S. 134) verbinden.

## WEITERE HINWEISE

Ein drittes Teilstück des ältesten Fahrweges ist nahe der Paßhöhe des **Fillefjell,** bei Kyrkjestølen mit »Kongevegen« beschildert und führt als gut erkennbare, wenn auch überwachsene Chaussee durch sanft gewelltes Fjell zum Lærdalen hinüber. Wilde Rentiere haben hier ihr Weidegebiet. Der im Abstieg streckenweise zum Trampelpfad erodierte Kongevegen stößt nach 3.30 Std. bei der traditionsreichen Herberge Maristuen wieder auf die E 16.

**Lærdalsøyri** am Sognefjord war einer der Knotenpunkte auf der Verbindungslinie Oslo – Bergen. Das historische, denkmalgeschützte Ortszentrum Gamle Øyri ist für seine Holzbauten aus dem 18. und 19. Jh. berühmt, die liebevoll und so authentisch wie möglich restauriert wurden. Die Kulisse der alten Lagerhäuser am inneren Hafenbecken, ehemals Anleger der Segelschiffe und heute eher Stadtsee, ist ein beliebtes Fotomotiv. Hierher konnten ausländische Handelsschiffe über 100 km ins Landesinnere segeln, und Lærdalsøyri war daher ein bedeutender Marktort. Rings um den kleinen Platz, an dem heute die Touristeninformation ihren Sitz hat, waren die Kontore der Kaufleute angesiedelt. Auffallend ist dort das neoklassizistische Gebäude Kulturbanken von 1926, damals Bank und Gemeindehaus zugleich. Zum Anleger hin werden die Häuser kleiner, die Gassen verwinkelter. Auf der Øyrargate landeinwärts sind weitere schöne Holzgebäude, Wohnhäuser, das alte Telegrafenamt und das Hotel Lingstrøm zu bewundern.

Holzhäuser aus dem 18. und dem 19. Jh. prägen das Gesicht des Ortes Lærdalsøyri

Die Stabkirche von Borgund

## ✛ AM WEGE

Die etwa um 1150 errichtete **Stabkirche von Borgund** gehört zu den am besten erhaltenen des Landes, denn sie wurde im Laufe der Jahrhunderte kaum verändert. So ist der dunkle Innenraum ohne Bemalung geblieben, der Grundriß nicht erweitert, kein Fenster nachträglich eingesetzt worden, und außer schmalen Bänken entlang der Wände gibt es kein Gestühl (geöffnet von Juni bis August täglich 8–19 Uhr, Mai und September 10–17 Uhr). Trotz der nicht geringen Eintrittsgebühr ist die Kirche fast immer überlaufen, am besten besichtigt man sie frühmorgens.

# Die norwegischen Stabkirchen

## Symbiose aus Schiff und Tempel

Die Staatsgründung Norwegens war seit der Regentschaft Olav Tryggvasons (995–1000) mit Schwert und Kreuz vorangetrieben worden; das norwegische Königtum verknüpfte Reichseinigung mit Christianisierung, und für ehemals unabhängige Häuptlinge ging nicht selten die Unterwerfung unter die Krone mit dem Verbot, ihren alten Göttern zu huldigen, Hand in Hand. Abseits der kirchlich-weltlichen Machtzentren in Nidaros (Trondheim) und Oslo, von denen Norwegens Reichseinigung ausging, entwickelte sich daher der christliche Glaube in der bäuerlichen Bevölkerung nur langsam und vermischte sich mit Zügen des alten Asenglaubens. Beides verband sich mit den Volksmythen und Überlieferungen, aus denen die einstmals unabhängigen Regionalfürsten und Sippenoberhäupter ihr Selbstverständnis bezogen hatten.

Schiffe und Tempel waren bautechnisch gesehen die Vorbilder der Stabkirchen, die ab dem späten 11. Jh. vor allem im einstigen Wikingergebiet Westnorwegens errichtet wurden. Das Schiff war nicht nur unerläßliches Fahrzeug auf den Eroberungszügen der Wikinger gewesen, es verband sich auch mit religiösen Vorstellungen, in denen es den Toten ins Jenseits befördern sollte. Schiffsbeigaben und Gräber in Bootsform zeugen davon.

Zentren des vorchristlichen Glaubens waren die Tempel der Sippenführer, altnordisch *hov*, Opferstätten für die Götter, denen zu begegnen der damalige Mensch immer und überall in der Natur gewärtig sein mußte. Mehr noch belebten Geister seine alltägliche Umgebung, wie die schicksalspinnenden Nornen.

Betrachtet man eine der wenigen erhaltenen Stabkirchen – ganze 30 von einst vermutlich über 700 – von außen, so fallen vielfach die Drachenköpfe ins Auge, die auch den Bug der Wikingerschiffe zierten, hier wie da als Abwehrzauber gegen böse Geister aufgepflanzt – auf den Kirchen nicht selten im Wechsel mit dem christlichen Kreuzsymbol. Der Bautyp der Stabkirche – von *staf*, Mast, abgeleitet – knüpft an die vorchristlichen Tempelbauten an. Nicht nur gab diese Bauweise dem hohen Gebäude eine gewisse Nachgiebigkeit unter der Last von Stürmen und Schnee, der Mittelmast vor allem in den einstäbigen Kirchen wie der im Numedal,

in Nore und Uvdal erinnerte zugleich sowohl an die Schiffs-
masten als auch einen Baum, dessen Krone die Dachkon-
struktion entsprach; der Lebensbaum Yggdrasil war ein
wichtiges mythologisches Symbol der nordischen Naturre-
ligion. Wie im Tempel wurden die Pfeiler der Kirchen nicht
selten mit Masken versehen, so etwa in der Kirche von
Hegge im Oppland. Die Türen sind oft mit kunstvoll
geschnitzter Tierornamentik verziert, die zusammen mit
der sehr hohen Schwelle weitere Abwehrzeichen gegen
Geister waren und ebenfalls heidnischen Ursprungs sind.
Bei späteren Kirchenbauten treten auch hier christliche
Symbole hinzu, so die Löwen, die das Portal der Kirche von
Borgund zieren, biblische Weinranken sind ebenso zu fin-
den, und das Schlangen- wie das Drachenmotiv machten
Bedeutungswandlungen von heidnischen zu christlichen
Symbolträgern durch.

Beim vollentwickelten Bautyp, wie er in der Kirche von
Borgund sichtbar wird, erheben sich auf einem flachen,
steinernen Fundament, von vier Säulen getragen, ver-
schachtelte Dachkonstruktionen über einem niedrigen
Außengang, dem *sval,* hinter dem die fensterlosen Wände
einen meist quadratischen Innenraum, nur ergänzt durch
die Apsis, umschließen. Die Dächer und Dachreiter sind
von unzähligen hölzernen Schindeln bedeckt, ziegelartig
übereinandergesetzt. Dies, wie auch die Plankenform der
Wände erinnert an die Bautradition der Schiffsrümpfe. Im
Inneren der Kirchen wird die handwerkliche Verwandt-
schaft vor allem bei einem Blick nach oben deutlich: Wie
ein umgedrehter Bootsrumpf liegt das Satteldach über dem
Hauptraum, von bogenförmigen Spanten unter dem First
gestützt, zu den offenen Seitenumgängen mit Andreas-
kreuzen versteift.

Viele der erhaltenen Stabkirchen erfuhren im Laufe der
Geschichte Veränderungen, Anpassungen an den Zeit-
geschmack, der sich in Rosenmalerei und Akantusschnit-
zerei, in Bestuhlung, Fensteröffnungen und Erweiterung
der Gotteshäuser dokumentiert, doch in einigen Fällen
wurden die alten Stabkirchen noch im 19. Jh. von der starken pietistischen Strömung in Norwegen hinweggefegt als
das, was sie vermutlich auch waren: das Ergebnis einer
Vermischung von frühchristlichen mit heidnischen und pro-
fanen Elementen. Heute sind die verbliebenen Gotteshäuser ein wichtiges kunsthandwerkliches Zeugnis der mittelalterlichen Zeit und Ausdruck einer langen baugeschicht-
lichen Tradition.

**22**

# Wilde Pfade durch schroffe Schluchten

## Rundwanderung durch das Aurlandsdalen

Unwegsame Schluchtsysteme verlängern den inneren Sogne-
fjordbereich nach Süden. Vor dem Bau der Straße kam man
hier nur über steile, mit Seilen und Leitern gesicherte Saumpfade voran. Die alten Wege zwischen dem namenlosen Gebirge nördlich der Hardangervidda und dem Aurlandsfjorden
sind heute zur spektakulären Trekkingroute ausgebaut.

**WEGVERLAUF:** Øvstebø – Nesbø
(45 Min.) – Abzweig Bjørnstigen
(15 Min.) – Holmen (45 Min.) – Bjørnstigvarden (30 Min.) – Abzweig zur
Vetlahelvete (30 Min.) – Berekvam
(30 Min.) – Abzweig 2. Hängebrücke
(30 Min.) – Weggabelung (1 Std.) –
Øvstebø (1 Std.)

**DAUER:** ca. 5.45 Std.

**LÄNGE:** ca. 14 km

**HÖHENUNTERSCHIED:** ca. 300 m

**SCHWIERIGKEITSGRAD:** anspruchsvolle, aber ungefährliche Wanderung
entlang steiler Hänge und Schluchten;
trittsicher und schwindelfrei sollte
man allerdings sein

**WEGBESCHAFFENHEIT:** gute, markierte Wanderpfade, an exponierten
Stellen in den Fels gesprengt oder
gesichert

**AUSRÜSTUNG:** Trinkwasser (besonders
auf dem Rückweg im Tal ist der Fluß
zwar nahe, aber meist unerreichbar)

**WANDERKARTE:** TK 1 : 50 000, Blatt
1416 I, Aurlandsdalen

**RASTMÖGLICHKEITEN:** Gasthöfe in
Øvstebø

**HINWEISE:** Der in der o. g. Karte
(Ausgabe von 1995) als Bjørnstigen
eingetragene Weg entspricht dem
früheren Verlauf der Route. Heute
beginnt diese jedoch weiter östlich
bei der Höhe 848.
   Die hier beschriebene Tour läßt sich
mit Wanderung 23 zu einem vielbegangenen ›Klassiker‹ vereinen.

**ANFAHRT:** Von der R 7 zweigt im Hallingdalen bei Hol die R 50 nach Aurlandsvangen und weiter über Flåm
nach Gudvangen (E 16) ab. Die beschilderten Gasthöfe von Øvstebø
(Østerbø) liegen im oberen Aurlandsdalen etwas abseits der Straße oberhalb des großen Aurdalsvatnet, 30 km
von Aurland entfernt.

## DER WANDERWEG

Am Wirtschaftsweg zwischen den Gebäuden der beiden Gasthöfe von **Øvstebø** weist ein Schild Richtung Vass-
bygd/Aurland, dem man, zwischen dem
Kulturland zur Linken und dem felsigen

Ein Pfahl zeigt an, wo es lang gehen soll

Hang zur Rechten dahinwandernd, folgt. Man überquert eine Brücke, um dann durch ein Gatter zu treten. Dahinter weist ein weiteres Schild Richtung Vassbygd nach links, dorthin wendet man sich. Das Ufer des Aurdalsvatnet kommt nun näher und der Pfad steigt ein paar Meter ab. An einer Ferienhütte vorbei geht es im Bogen um das Seeufer herum und durch mit Wacholder und Birken bestandenes Gelände auf die Häuser von Vikjanes zu, die allerdings jenseits des Seeabflusses an der dort verlaufenden Straße liegen. Der Wanderweg bleibt am Seeende diesseits und passiert ein paar verfallene Grundmauern, bevor er leicht ansteigend über eine Felskuppe führt. Jenseits öffnet sich der Blick auf den nächsten See, Nesbøvatnet, der langgezogen zwischen steilen Hängen den Talboden ausfüllt. Der Hof Nesbø liegt einsam an seinem rechten Ufer, darüber kommt aus der steilen Kerbe Gravadalen ein Bach heruntergerauscht, und die Straße verschwindet links in einem Tunnel.

In Serpentinen geht es zum See hinunter, der allerdings zur Rechten von einer senkrechten Felswand begrenzt wird, dem Nesbøgalden. Hier wurde der Weg in den Fels gesprengt und führt nun etliche Meter über der Wasseroberfläche unter felsigem Überhang sicher über dieses Hindernis hinweg. Eine Brücke überspannt den Seitenbach aus dem Gravadalen, ein Schild weist dort hinauf eine weitere Wanderroute aus. Dann ist der Hof **Nesbø** erreicht, den man unterhalb durch üppiges Wiesenland passiert (45 Min.). Das sandige Seeufer und das glasklare Wasser laden bei schönem Wetter zu einer ersten Rast ein. Oft durchdringt hier kein anderes Geräusch die friedliche Stille als das leise Gebimmel der Schafsglocken. Vielleicht begegnet man den Weidetieren auch auf dem nächsten Wegstück, das weiter am See entlang bis zu dessen Abfluß und der dortigen Fußgängerbrücke führt. Kurz danach ist die Weggabelung erreicht, an der man dem rechten **Abzweig** hangaufwärts folgt, dem **Bjørnstigen** (1 Std.). Später wird man an dieser Stelle ins Tal zurückkommen und die Runde schließen. Wer steile Abstiege vermeiden will, kann die Wanderung auch in umgekehrter Richtung machen, also auf dem linken Pfad im Tal bleiben. Jedem halbwegs Schwindelfreien empfehlen wir sie jedoch in der beschriebenen Richtung, da die Aussicht hinunter dann wirklich atemberaubend ist.

Zunächst geht es also trotz bald steiler werdenden Geländes ganz gemäßigt aufwärts und durch üppige, blumenreiche Krautschicht unter lichtem Birkenwald dahin, der immer wieder herrliche Ausblicke freigibt. Der Seitenbach Teigsgrovi wird auf Steinen gequert und die Grundmauer eines alten Schafstalls passiert. Jenseits des Flußtals öffnet sich eine kleine Hochfläche, auf der der Teich Lomatjørn schimmert. Nun wird auch diesseits eine ebenere Fläche am Hang unterhalb erkennbar, der ehemalige Hof **Holmen** kommt in Sicht. Dorthin wendet der Wanderweg sich nun leicht abwärts verlaufend und erreicht die Hofgebäude inmitten einer Wiese (1.45 Std.). Ein Wegweiser informiert darüber, daß ein alter Weg von hier hinunter nach Heimrebø führt, doch wir bleiben in der eingeschlagenen Richtung auf dem Bjørnstigen, der dem Hang weiter über die Wiese und zu einem sanften Querrücken folgt.

Über felsiges, mit niedrigen Heidesträuchern bestandenes Terrain geht es auf einen voraus aufragenden markanten Pfeiler zu, an dem sich eine grandiose Aussicht über den weiteren Talverlauf bietet. Steil schneidet das Aurlandsdalen auf weite Strecke als mächtige Schlucht in die Felshänge, aus denen so mancher Klotz den Weg in den engen Talboden genommen hat. Der Abstieg von hier scheint ins Ungewisse zu gehen, denn auch direkt zu Füßen des Pfeilers fällt das felsige Terrain steil ab. Unglaublich, daß man hier absteigen soll! Doch der Pfad führt einen sicher hinab. Zunächst wendet er sich einer kleinen Kerbe zur Rechten zu, die bald tiefer einschneidet und in der es in engen Kurven abwärtsgeht. Ein Stück tiefer ist eine kurze Geröllpassage zu überwinden, dann steht man

am Steinmann **Bjørnstigvarden** (2.15 Std.), von dem aus sich ein spektakulärer Blick über das Gewirr der Felswände, Blöcke und den sich im engen Schluchtboden zwischen Fluß, Tümpeln und Wald dahinschlängelnden Weg bietet. Ein Bild des Malers Johannes Flintoe, der hier 1819 durchreiste, machte diese Ansicht mit dem Bjørnestigvarden in Norwegen berühmt. Es hängt in der Nationalgalerie in Oslo. Hat man sich von diesem Anblick losgerissen, folgt sofort ein weiteres Steilstück auf dem Abstieg ins Tal, das treppenartig angelegt und mit seitlicher Seilsicherung versehen wurde. So kommt man gefahrlos hinunter.

Am Fuß einer hohen Felswand angelangt, geht man an bewaldeten Schotterhängen weiter, und ein paar Minuten später ist der Wegweiser im Talboden erreicht, der die Gabelung mit der Talroute anzeigt, auf der der Rückweg verlaufen soll. Doch bevor man sich wieder in Richtung des Ausgangspunktes der Wanderung nach links wendet, lohnt sich ein kurzer Abstecher nach rechts, vorbei an dunklen, stillen Tümpeln zwischen riesigen Felstrümmern, zum beschilderten **Abzweig zur Vetla-**

**Wanderung 22:** Durch das Aurlandsdalen

**helvete,** den man nach ca. 2.45 Std. erreicht. Nach links gelangt man auf ihm in wenigen Minuten durch ein kleines Moorstück am Fuß eines mächtigen Felsens zu der darin gelegenen Höhle: Ein Tümpel füllt den Boden der Grotte, deren glatte Wände oben zur schmalen Kluft zusammenwachsen, durch die gedämpft ein paar Lichtstrahlen fallen. Zurück geht es auf demselben Weg bis zur Weggabelung, dort bleibt man auf dem rechten Abzweig im Tal. Auch dieser Weg ist markiert und immer gut zu finden. Er nähert sich gleich dem Aurlandselva, der tief unten kräftig und laut vernehmbar dahinrauscht.

Nach einigen Minuten weist ein Schild auf die kleine Quelle Bergvassbrennevinet hin, deren konstant etwa 2° C kaltes Wasser zwischen den Felsen hervorquillt. Immer wieder bieten sich Ausblicke über die bewaldeten Schluchtränder zum Fluß hinunter und bald auch hinüber auf eine sanfter geneigte Grünfläche am jenseitigen Hang. Eine Hütte steht dort auf dem ehemaligen Hofplatz **Berekvam,** der über eine schmale Hängebrücke erreichbar ist. Man sieht sie nach 3.15 Std. unterhalb liegen, während der Weg sich in einem recht frischen Hangrutsch aufwärtsschwingt, um das Geröll dann oberhalb zu umgehen. Auch das Flußbett ist hier von den Gesteinsmassen nahezu verschüttet und das Wasser regelrecht aufgestaut worden. Bald verliert der Pfad an Gefälle. Er führt am bewaldeten Hang entlang und an mehreren Seitenbächen vorbei, die jenseits zum Haupttal herabstürzen, dann um eine Felsnase herum und verläuft ein kurzes Stück fern des rechts hinter einer Kuppe verschwindenden Flusses.

Nach 3.45 Std. weist ein Schild am Wege zu einer **zweiten Hängebrücke** *(hengebru)* nach rechts. Ein kurzer Abstecher dorthin lohnt sich. Die Brücke überspannt die Schlucht nahe eines schönen Wasserfalls. Wir benutzen sie aber nicht, sondern kehren zum Hauptweg zurück.

Ein kurzes Stück nach dem Abzweig zur Brücke biegt ein anderer Weg hangaufwärts nach Holmen ab. Dies ist eine sehr steile Route aus der Zeit, als der Sommerhof dort oben wie auch der hier gelegene Hofplatz Heimrebø noch bewohnt waren. Wir bleiben auf der Talstrecke, die sich nun erneut vom Fluß entfernt. Leicht ansteigend führt die Route durch ein parallel verlaufendes Seitental, um dann dort wieder auf den Aurlandselva zu treffen, wo voraus der langgestreckte, von Steilwänden eingerahmte Vetlavatnet auftaucht. Im dunkelblauen Wasser fällt ein hellgrünes, flaches Inselchen als schöner Kontrapunkt auf. Hoch oben um einen felsigen Vorsprung herum umrundet man das Seeende, dann kommen sich Fluß und Weg in einem klammartigen Abschnitt des Aurlandsdalen wieder näher. Die haushohen Felsbrocken, zwischen denen der Fluß sich reißend hindurchzwängt, geben einen spektakulären Rastplatz ab. Und nach langer Zeit bietet sich wieder die Möglichkeit, den Wasservorrat aufzufüllen. Noch ein Stück weiter ist das Wasser erneut in einer breiten Felsrinne zum tiefen, ruhigen Teich gestaut, und in dem flaschengrünen, klaren Wasser kann man Forellen entdecken. Der Weg schmiegt sich an das schmale Unterland dieses Engpasses und ist auf eine kurze Strecke in den Felsen gesprengt. Dann wird das Tal weiter, Wiesengelände mit einem kleinen Bachlauf wird gequert, idyllische Rastmöglichkeiten gibt es im Überfluß. Noch einmal verengt sich das Tal zur Vetlajuvet, dann ist nach 4.45 Std. die Runde geschlossen, die **Weggabelung,** an der unser Pfad auf den Bjørnstigen stößt, wieder erreicht. In einer weiteren knappen Stunde gelangt man auf dem über Nesbø führenden Weg, an der spannenden Steilwand und am Aurdalsvatnet entlang, wieder zum Ausgangspunkt der Wanderung bei Øvstebø (5.45 Std.).

Im Aurlandsdalen

### 23

# Alte Seter vor steilen Hängen

**Vom Aurlandsdalen ins Stonndalen**

Auch im unteren Abschnitt bleibt das Aurlandsdalen schroff und spektakulär. Der Saumpfad windet sich an verlassenen Almhöfen, Steilhängen und Schluchten entlang, dann geht es hoch über die weiten Bergflanken ins Nachbartal, wo ein alter Fahrweg eine bequeme Rückkehrmöglichkeit zum Ausgangspunkt bildet.

**WEGVERLAUF:** Vassbygdi – Almen (1 Std.) – Sinjarheim (30 Min.) – Bridlefossen (30 Min.) – Teigen (15 Min.) – Frivollen (30 Min.) – Hovdunga (30 Min.) – Schild Hof Stundalen (1 Std.) – Brücke (30 Min.) – Vassbygdi (45 Min.)

**DAUER:** ca. 5.30 Std.

**LÄNGE:** ca. 15 km

**HÖHENUNTERSCHIED:** 1000 m

**SCHWIERIGKEITSGRAD:** mittelschwere Wanderung, die wegen der Länge und ihrer Höhenmeter einige Ausdauer erfordert

**WEGBESCHAFFENHEIT:** durchgehend markierte und größtenteils deutlich erkennbare Pfade

**AUSRÜSTUNG:** Nach Regenwetter Stulpen oder Regenhose, da die Wege teils durch dichte Vegetation führen.

**WANDERKARTE:** TK 1:50 000, Blatt 1416 I, Aurlandsdalen

**RASTMÖGLICHKEITEN:** Stundalen Turisthytte, etwas abseits der Route

im Stonndalen gelegen (etwa 10 Gehminuten), täglich ab 14 Uhr geöffnet; Cafeteria am Parkplatz Vassbygdi

**VARIANTE:** Die hier beschriebene Wanderung läßt sich mit der vorangegangenen zu einer klassischen, von Vassbygdi nach Øvstebø führenden Streckentour verbinden. Die meisten Wanderer lassen ihr Auto in Vassbygdi stehen, nehmen den Bus um 9.30 Uhr bis Øvstebø und laufen zurück. Das Verbindungsstück zwischen den beiden Abschnitten wird unter »Variante« beschrieben (s. S. 146).

Als besonderen Service hält die Cafeteria am Parkplatz Vassbygdi neben Toiletten auch Duschen bereit.

**ANFAHRT:** Man fährt zunächst nach Aurlandsvangen (s. S. 137). Im Ortsteil Vassbygdi, noch vor dem Vassbygdi-Tunnel gelegen, zweigt von der R 50 nach rechts eine Straße mit der Beschilderung »Aurlandsdalen« im spitzen Winkel taleinwärts ab und erreicht 1 km weiter einen Parkplatz mit einer kleinen Cafeteria sowie einer Bushaltestelle.

**Wanderung 23:** Vom Aurlandsdalen ins Stonndalen

## DER WANDERWEG

Vom Parkplatz führt die Asphaltstraße noch ein kurzes Stück weiter, vorbei an einer letzten Häusergruppe und zu einer Brücke, über die man später zum Ausgangspunkt der Wanderung zurückkehrt. Geradeaus geht es auf einem schotterigen Wirtschaftsweg an kleinen Weideflächen vorbei ins Aurlandsdalen hinein. Dann verwandelt sich der Weg in einen Fußpfad und läßt das Kulturland bald hinter sich. Durch felsübersätes Grasland und in üppigem Laubwald windet er sich am Fluß Aurlandselvi entlang, der durch die Fels-

trümmer zu immer neuen Stromschnellen und Kaskaden gezwungen ist. Man kommt zu einem Gatter, das man hinter sich wieder schließt; am jenseitigen Ufer ist noch ein alter Fahrweg erkennbar, der mit dem Stonndalen zur Rechten bald außer Sichtweite gerät. Ein zweites Gatter folgt, der Pfad steigt nun deutlicher an. Nach kurzer Zeit verläuft er schon hoch über dem Flußbett, ein Stück durch Wald, dann wieder über Geröll. Ein Seitenbach wird auf ein paar Steinen überquert, ein weiterer Hangrutsch auf bequem angelegtem Weg überwunden, dann wird voraus eine Brücke sichtbar und gleich darauf der Seter **Almen,** dessen Gebäude sich unter einen mächtigen Felsklotz ducken (1 Std.). Heute ›wohnen‹ hier nur noch Schafe, sie haben in einer der Hütten ihren Unterstand.

Die Route hält auf den Seitenbach Grovselvi zu, der in weithin sichtbarem, hohem Fall durch eine Kerbe in der Steilwand herunterstürzt. Das Haupttal verengt sich voraus endgültig zur Schlucht, in der es kein Weiterkommen gibt. Ein flacher Absatz oberhalb der Klamm ist deshalb das nächste Etappenziel, dort ist schon der zweite Seter Sinjarheim auszumachen. Über eine Brücke und jenseits des Grovselvi kräftig hangaufwärts wandernd, erreicht man ein waagerechtes Felsband, über das der Weg gefahrlos die Steilwand durchquert. Dies ist eine der Stellen, die bis ins 19. Jh. hinein nur mit Leitern und Stricken zu überwinden waren. Erst 1863 wurde der jetzige Weg in den Felsen gesprengt. Ein Gatter begrenzt ihn, denn sonst könnten

heute – anders als früher – Weidetiere ohne weiteres zu den abgeschiedenen Almhöfen jenseits gelangen. Mit Blick auf das wilde Tal unterhalb und das oberhalb der Steilhänge gelegene Gehöft geht es nun wieder in gut angelegten Serpentinen zum Absatz auf etwa 600 m hinauf, und nach 1.30 Std. sind die Hofgebäude von **Sinjarheim** erreicht. Wer im Juli hierherkommt, wird vielleicht Rauch aus dem Schornstein aufsteigen sehen und Ziegen erblicken, die den Hang rings um das auf Feldsteinmauern errichtete Stallgebäude belagern. Dann nämlich üben Studenten der Landwirtschaftsschule von Sogne hier reihum in kleinen Gruppen das Wirtschaften auf einer Alm; Besucher sind willkommen. Sinjarheim war vermutlich der erste und erwiesenermaßen der letzte besiedelte Platz im unteren Aurlandsdalen. Man nimmt an, daß hier schon zur Wikingerzeit ein Hof existierte, der bis zur Pestepidemie im 15. Jh. bestand,

Auch die Radwanderer haben die Route für sich entdeckt

dann verfiel, aber im 16. Jh. wieder aufgebaut wurde. Bis 1920 war er ganzjährig, danach bis in die 60er Jahre nur noch im Sommer bewohnt. Heute erhält ein Verein aus Bergen die Alm als Kulturdenkmal aus einer vergangenen Epoche, die durch die Sommeraktivitäten der Studenten ein bißchen wiederbelebt wird.

Hinter Sinjarheim führt der Pfad wieder ein Stück recht steil und felsig bergab, unten weitet sich die Schlucht wieder zum steilen V-Tal. Am gegenüberliegenden Hang sind schon die Hütten des nächsten Seters zu erkennen, diesseits fällt ein Wasserfall zum Haupttal hinab und wird auf einer Plankenbrücke überquert. Der Weg steigt wieder an, und bevor er sich zwischen Felsbuckeln hindurchschlängelt, lohnt sich ein Blick zurück, denn der Almhof könnte kaum malerischer vor der schroffen Bergkulisse liegen. Durch üppige Vegetation gelangt man zum Abzweig nach Teigen und Stonndalen. Rechts unterhalb liegt die Brücke über den **Bridlefossen** (2 Std.), der in eine sehenswerte Klamm hinabstürzt. Die Wanderung verläßt damit die Hauptroute, die talaufwärts weiterführt und in die zuvor beschriebene Tour (vgl. Wanderung 22, S. 137 ff. und »Variante«, S. 146) mündet. Sollte also auf der bisherigen Strecke ›Betrieb‹ geherrscht haben, nimmt dieser nun garantiert ab.

Über die Brücke hinweg führt die neue, ebenfalls markierte Route nun im Bogen halbrechts zurück und hangaufwärts auf den Hof Teigen zu, dessen zwei Gebäude schon von gegenüber zu sehen waren. Bald liegt Sinjarheimen schon unterhalb des Weges. Schaut man zurück, wirkt die Brücke immer abenteuerlicher, je weiter man sich von ihr entfernt hat, denn die Klamm ist nun in ihrer ganzen Ausdehnung zu überblicken. Durch üppige Blumenwiesen steigt der Pfad zum Almgelände an, das sich mit versprengten Nutzpflanzen wie Löwenzahn, Vogelmiere, Sauerampfer oder Brennessel ankündigt. Schon ein Stück vor den Häusern weisen ein Steinmann und das rote Wander-T nach links; diese Stelle sollte man sich merken, bevor man einen Abstecher zum Hof **Teigen** macht (2.15 Std.). Er steht unter derselben Verwaltung wie Sinjarheim und ist zugänglich, so daß man einen Blick ins dunkle Innere des Wohnhauses werfen kann. Vom besagten Steinmann wendet sich der Weg in deutlichem Linksbogen aus der bisherigen Laufrichtung zurück, um dann den Hang abseits der Felsklüfte, -klötze und -spalten oberhalb von Teigen auf bewachsenem Gelände in zahlreichen Kehren zu überwinden.

Bald versinkt man auf dem steilen Anstieg fast zwischen schulterhohem Farn und Gestrüpp. Allmählich nimmt der Neigungswinkel ab und der Baumbestand zu. Hoch oberhalb von Teigen geht es nun in weitem Bogen um den Fuß der Felsnase Frivollnosi herum. Das Aurlandsdalen bleibt zurück, nach rechts ist bald sein Ausgang bei Vassbygdi zu überblicken. Ein Abzweig nach rechts wird passiert, geradeaus geht es zwischen Birkenwald und Moorwiese dahin und in kurzen Abständen über drei schmale Bäche hinweg, dann liegt oberhalb der nächste verlassene Hofplatz: **Frivollen**. Gleich jenseits des letzten Bachs verläuft der etwas undeutlich markierte Pfad am Wasserlauf entlang aufwärts zum oberen Haus. Dort bestätigt ein Pfeil, daß man den richtigen Weg eingeschlagen hat (2.45 Std.). Auf weiten Hängen mit großartigem Blick über das Tal geht es weiter mäßig bergauf, durch teils felsiges, teils buschig bewachsenes Gelände. Hier muß man sich auf den Wegverlauf konzentrieren, da die roten Markierungen etwas spärlich sind. Die Felshänge des Frivollnosi, dessen Höhe von knapp 1000 m nun erreicht ist, laufen links aus. Nach rechts ist über weite, moorige Wiesen der Talboden schon einzusehen und darin die Siedlung Vassbygdi. Steinmänner markieren im letzten Anstieg zur Alm **Hovdunga** die Route, und bei den Hofgebäuden ist man an dem mit knapp 1100 m höchsten Punkt der Wanderung angekommen (3.15 Std.). Nur noch wenige Meter führen die Markierungen jenseits der Hütten den Grashang hoch, dann weisen sie auf dieser Höhe den Weg zu den Feldmauern des ehemaligen Kulturlandes, anschließend über den Bach Hovdungsgrovi hinweg und durch eine Öffnung zwischen den Mauern hindurch.

Der rauschende Bach bleibt noch eine Weile in Sichtweite, während es sofort zügig durch Wacholder und Heide abwärts geht. Dann wendet der Pfad sich deutlich nach links und von den beginnenden Steilhängen weg, über die der Wasserlauf in schönen Kaskaden springt. Mit Blick ins Stonndalen wandert man weiter und behält diese Richtung mehr oder weniger während des gesamten weiteren Abstiegs bei. Bald kommt rechts ein Rinnsal in Sicht, das den Weg nun längere Zeit begleitet. Auch oberhalb wird der Hang schroffer, doch die Route führt auf mäßig geneigtem Gelände problemlos zu Tal. Dort taucht die R 50 und der an ihr gelegene Hof Stundalen auf. Wenn der Baumbewuchs beginnt, muß man wieder die Augen nach der Spur offenhalten. Ab und zu verzweigt sie sich, und manchmal hilft es nur auszuprobieren, welche der Spuren weiterführt. Bei einem kleinen Wasserfall folgt man dem Pfad in das Bachtal hinein, wenig später wird der Wasserlauf gequert, und die roten Markierungen weisen den Weg in dichtes Unterholz. Hier ist Vorsicht geboten, denn unter der nur undeutlich ausgetretenen Spur verbergen sich unsichtbare Steine. Die nächsten Minuten sind deshalb etwas mühsam, doch bald hat man wieder trockenes Heide- und Beerengesträuch unter den Füßen und auch eine deutlichere Spur. Sie stößt kurz darauf auf den Fahrweg (4.15 Std.), wo ein **Schild** nach links zum **Hof Stundalen** (ca. 10 Min. entfernt) weist. Wer nicht zu Kaffee und Kuchen dort einkehren will, folgt der ehemaligen Fahrspur nach rechts talabwärts. An dem steileren Stück dieser ersten befahrbaren Straße nach Aurland hat deutlich erkennbar der Zahn der Zeit genagt. Mächtige Bergstürze ziehen sich diesseits zum Talboden herunter und zwängen das Flußbett ein, das jenseits von dunkel ansteigenden Wänden begrenzt wird. Die Fahrspur wird besser. In grasigen Serpentinen schlängelt sie sich wie ein ebenmäßiges, grünliches Band durch den grauen Felsschotter. Immer wieder ziehen glatte Wände den Blick auf sich, bildet der Fluß schöne Kaskaden. Nach 4.45 Std. überquert man ihn auf einer **Brücke.** Bald darauf kommt links ein Wasserfall in Sicht, dann führt die Spur in den Wald hinein und erreicht bei einer grasigen Ebene den Zusammenfluß von Stonndals- und Aurlandselvi. Von dort wendet sie sich ins Aurlandsdalen. Man passiert Weideland, erreicht die Brücke, die Asphaltstraße und gleich darauf nach 5.30 Std. den Ausgangspunkt der Wanderung.

## VARIANTE

Wer die gesamte, etwa 6stündige **Streckenwanderung durch das Aurlandsdalen** machen will, bleibt bei Bridlebrui auf der gleichen Talseite und erreicht wenig später im schluchtartig verengten Tal, in dem der Fluß schmale Seen bildet, die Stormuren, einen Steindamm, auf dem der Weg durch das Wasser angelegt ist. Kurz dahinter führt der Pfad noch einmal kräftig bergan, entfernt sich vollständig vom Aurlandselvi und erreicht nach 45 Min. den Abzweig zur Vetlahelvete (s. S. 138 f.).

# Eisenbahnbau unter erschwerten Bedingungen

Flåm, im inneren Ende des Aurlandsfjorden gelegen, ist als Endstation der gleichnamigen spektakulären Eisenbahnstrecke bekannt. Der 1940 eingeweihte, nur 17 km lange Abzweig von der Bergen-Oslo-Verbindung – eine bautechnische Meisterleistung – überwindet bis zur Bergstation Myrdal 865 Höhenmeter. Heute wird die Strecke vor allem zu Ausflugszwecken befahren, das allerdings mit 8 bis 10 Abfahrten täglich. Die Plätze sind schnell ausgebucht, denn am Kai von Flåm, gleich neben den modernen Abfertigungsgebäuden an den Gleisen, finden sich immer wieder Kreuzfahrt- und Ausflugsschiffe ein, um ihre Passagiere auf die Schiene ›umzuladen‹. Auch etliche Busreisegruppen wechseln hier das Verkehrsmittel. So wirkt das einst verschlafene Dörfchen heute in der Saison so quirrlig wie höchstens noch Geiranger. Wanderer sind hier eindeutig unterrepräsentiert.

Eine bautechnische Meisterleistung – die Strecke, auf der die Flåmbahn verkehrt

Der Abzweig nach Flåm war das letzte Teilstück der berühmten Bergenbahn, deren Bau um die Jahrhundert-
wende begonnen worden war. Die Hardangervidda stellte
zuvor ein unüberwindliches Verkehrshindernis zwischen
Oslo und Bergen dar und konnte nur auf Saumpfaden
durchquert oder auf großen Umwegen umgangen werden.
Zwischen Haugastøl, Flåm und Voss führt die Bahnlinie
durch noch heute unbewohntes Fjell, unterbrochen nur
durch die winzige Siedlung Finse am Fuß des Hardangerjøkulen. In Finse hat die Bahnverwaltung ihren Sitz, deren
Hauptaufgabe von Oktober bis Mai darin besteht, die
Schienen im Fjell schneefrei zu halten. Zum Bau der Bahn-
strecken wurde der Transportweg Rallarvegen angelegt,
auf dem die Wanderarbeiter vom Baumaterial bis zur eigenen Verpflegung alles Nötige ins Gebirge schaffen mußten.
Über 200 Tunnel mußten in den harten Granit geschlagen
werden, gigantische Schnee- und Geröllmassen wurden
bewegt. Für die Bergenbahn waren 10 Jahre lang etwa
15 000 Arbeiter beschäftigt. Nach ihrer Einweihung 1909
vergingen zwei weitere Jahrzehnte, bis die noch schwieri-
gere Verbindung durch das schroffe Flåmsdalen in Angriff
genommen wurde. Über 20 Jahre dauerte der Bau der nur
17 km langen Strecke.

Der Rallarvegen ist als Wander- und Fahrradweg beliebt.
Von Flåm landeinwärts führt er als schmaler, kurvenreicher
Wirtschaftsweg das von hohen Berghängen umrahmte
Flåmsdalen hinauf (Parkmöglichkeit nach etwa 3 km hinter
dem Ort), ab Kardal dann als extrem holprige Spur in steilen Serpentinen auf das Gebirge hinauf und gabelt sich
unterhalb von Myrdal: Rechts geht es zum Bahnhof, links
führt der Rallarvegen, nun weniger beschwerlich, durch
abwechslungsreiches Fjell weiter Richtung Hallingskeid (ab
Myrdal 17 km) und Finse (ab Hallingskeid 21 km).

Seitdem 1992 die Tunnelstrecke von Flåm nach Gudvangen
am Nærøyfjorden eröffnet wurde, stellen die R 50 und die
E 16 die ersten ganzjährig befahrbaren Straßenverbindungen
ohne Fährüberfahrten nach Bergen dar. Auf der Strecke
durch das enge Nærøydalen passiert die E 16 bei Stalheim
einen Abschnitt der alten Straße: Die Stalheimskleiva führt
in engen Serpentinen zum kleinen Ort hinauf, dessen
Attraktion die Aussicht auf den Gipfel Jordalsknuten ist.
Am besten ist sie von der Terrasse des gediegenen alten
Hotels zu bewundern. Tagsüber gestattet man Besuchern
gern, diesen Blick – vielleicht bei einem Kaffee – zu genießen, abends bleibt er den Hotelgästen vorbehalten.

## 24
# Über den Dächern von Bergen

Vom Fløyen zum Ulriken

Der Wechsel zwischen Ausblicken auf die Stadt, die Buchten und die inselreiche Fjordregion einerseits und auf grüne Täler mit Seen und felsige Fjellregionen andererseits machen den Reiz dieser Streckenwanderung oberhalb Bergens aus.

**WEGVERLAUF:** Bergstation der Fløi-banen – Brushytten (20 Min.) – Abzweig zum Rundemannen (20 Min.) – Heggje-botsskaret (25 Min.) – Seeabfluß des Øvre Jordalsvatnet (25 Min.) – Borgas-karet (50 Min.) – Abzweig zur Turner-hytten (55 Min.) – Bergstation Ulriken (35 Min.)

**DAUER:** ca. 3.50 Std.

**LÄNGE:** ca. 12 km

**HÖHENUNTERSCHIED:** ca. 300 m

**SCHWIERIGKEITSGRAD:** einfache Wan-derung, die wegen des verzweigten Routennetzes etwas Aufmerksamkeit erfordert

**WEGBESCHAFFENHEIT:** teils breite Spazierwege, teils Wanderpfade; die Route ist gut ausgeschildert, strecken-weise mit Steinmännern markiert

**AUSRÜSTUNG:** evtl. Fernglas

**WANDERKARTE:** Turkart 1 : 25 000 Ber-gen; nützlich und ausreichend ist das Faltblatt Turkart over Byfjellene nord-øst

**VARIANTEN:** Alternativrouten können dem o.g. Faltblatt entnommen werden

**RASTMÖGLICHKEITEN:** Cafeterien an den Bergstationen Fløyen und Ulriken, Brushytten hat nur So bis 15 Uhr ge-öffnet, Turnerhytten Sa und So bis 15 Uhr

**HINWEIS:** Die ›Bergen Card‹ ermöglicht kostenloses (Kurzzeit-)Parken und Bus-fahren sowie den Kauf von preisredu-zierten Eintrittskarten für Museen etc. Erhältlich ist sie außer in der Touri-steninformation in den meisten Unter-künften, auf Campingplätzen und am Bahnhof.

**ANFAHRT:** Mit Bahn oder Auto nach Bergen. Die Zufahrt mit Kfz in das Stadtgebiet ist mautpflichtig. Die Park-platzsituation ist problematisch, da das Stadtzentrum größtenteils zur teuren Kurzparkzone erklärt wurde. Einzige zentrale Langzeitparkmöglichkeit für PKW stellt Bygarasjen in der Nähe des Bahnhofs dar. Für Campingbusse (keine Wohnwagen) empfiehlt sich das Bergen Bobil Senter an der Sjøgaten (R 585, stadtauswärts hinter den Fähr-kais). Die weitere Anfahrt erfolgt mit der Bergbahn Fløibanen, die Rückfahrt ins Tal mit der Ulriksbanen. Vom 15. 5. bis 15. 9. verkehrt von 9 bis 21 Uhr halbstündlich ein Zubringerbus von der Talstation der Ulriken-Seilbahn zurück ins Stadtzentrum (Ermäßigung mit der

**Wanderung 23:** Vom Fløyen zum Ulriken

›Bergen Card‹, s. o.). Die Talstation der ›Fløibanen Funicular‹ liegt ganz in der Nähe des Fischmarktes. Dort, wo Torget im Linksbogen in Bryggen übergeht, führt die Vetrlidsalmenningen direkt zur Fløibahn.

## ▶ DER WANDERWEG

Mit der Fløibahn gelangt man zu einem Aussichtspunkt auf 320 m Höhe. Dort beginnt die Wanderung. Vor dem Start zu dieser Streckentour über Bergens Hausberge wird man aber sicher erst einmal die Aussicht über die Stadt am buchtenreichen Byfjorden genießen wollen. Ihretwegen kommen die meisten Fahrgäste mit der Standseilbahn hier herauf. Vorbei an einem langgestreckten Gebäude mit Souvenirläden geht es auf einem breiten Spazierweg gleich zu einem ersten Schilderbaum, der nach links zur Brushytten, nach Vidden und zum Rundemanen weist. Dorthin wendet man sich und spaziert zunächst durch bewaldetes Gelände, gleich zum nächsten Wegweiser, dem man nach rechts Richtung Brushytten folgt.

In Serpentinen steigt der Weg durch üppigen Nadelwald an, vorbei an weiteren Abzweigen; an einem nach rechts zur Fjellhytten führenden lohnt sich ein Blick auf die Stadt. Geradeaus weiterwandernd erreicht man kurz darauf den (nur So geöffneten) Kiosk **Brushytten** (20 Min.). Er liegt idyllisch am Rande einer moorigen Lichtung in Sichtweite des Blåmansvatnet. Voraus erhebt sich steil sein Namenspatron, der Blåmanen, gute 150 m aus der bewaldeten Umgebung. Nach halblinks ist sein Nachbar Rundemanen ausgeschildert, ebenso wie Vikinghytten und Vid-

den. Dorthin geht man nun kurzzeitig auf einem asphaltierten ehemaligen Fahrweg. Er steigt bald zügig am Hang hinauf, wobei sich mit zunehmender Höhe der Blick auf den unterhalb gelegenen See Storediket und die dahinterliegende Meeresbucht Sandviken öffnet. Dann schwenkt der Weg rechts in die Paßsenke zwischen den Bergkuppen ein und quert beim **Tindevatnet** den kleinen Bach, der von dort zum Storediket hinabfließt. Durch die hübsch

bewachsene Talsenke blickt man wieder bis zur Stadt.

Geht man ein kurzes Stück weiter in Richtung Rundemanen – erkennbar an dem hohen Sendemast auf der Kuppe , zeigt ein neuer Wegweiser nach rechts die Route nach Vikinghytten und Svartediket an, der man nun an der Gipfelkuppe vorbei folgt, während der geradeausführende Abzweig auf diese nahe Anhöhe zuhält (40 Min.). Nach rechts geht es, zunächst auf breiter Spur, an einem

undefinierbaren Betonbau und einer Informationstafel über die Wanderwege, dann erneut in einer feuchten Senke am Tindevatnet vorbei. Die Spur wird rauher, bis eine weitere von links oberhalb auf sie trifft; halbrechts geht es weiter um die Gipfelkuppe des Rundemanen herum. Die Beschilderung ist hier lückenhaft, doch folge man unbeirrt der Hauptrichtung, weg von der Stadt nach Osten.

Kaum ist die Kuppe mit dem Sendemast links zurückgeblieben, eröffnet

Im Wandergebiet von Bergen

sich ein neues Panorama: Zwei Täler beginnen links und rechts von einem flachen Sattel, zu dem sich geradeaus das Gelände absenkt, um dahinter zum breiten Fjellrücken Vidden wieder anzusteigen. Der kleine Svarthamartjørna liegt rechts etwas unterhalb und wird auf der karrenbreiten Wegspur hinunter zum Sattel **Heggjebotsskaret** passiert. Dort weist das nächste Hinweisschild wieder die Richtung (1.05 Std.). Nach links ist nun schon das Wanderziel Ulriken ausgewiesen.

Über den hügeligen, licht bewaldeten Sattel hinweg wandert man an ein paar verstreuten Hütten vorbei zunächst mit Blick auf den fast kreisrunden Stausee Tarlebøvatnet, der rechts in einer schön bewaldeten, tiefen Talmulde liegt. Wenig später fällt der Blick nach links durch das Jordalen hinunter auf die Stadt. Hier oben am Jordalsskaret schwenkt der Weg nach halbrechts. Man passiert zwei Abzweige, hält sich weiter geradeaus Richtung Ulriken und Vidden und gelangt am Rand einer sumpfigen Mulde zum **Øvre Jordalsvatnet,** an dessen rechtem Ufer sich der Weg fortgesetzt. Über den See hin-

weg erkennt man oben auf dem jenseitigen Sattel zwei Hütten. Am **Seeabfluß** (1.30 Std.) öffnet sich der Blick wieder zur anderen Seite und zum Tarlebøvatnet, zu dem der Bach von hier durch eine schroffe Kerbe fast 100 m hinabfließt. Ungefähr ebensoweit geht es voraus hinauf, und so steht nun ein kurzer Aufstieg auf dem breiten Grat zum Trappefjellet bevor.

Ist man auf einer Höhe von knapp 600 m angelangt, wird das Terrain wieder flacher. Große, klotzige Steinmänner markieren nun die Route über den Fjellrücken. Immer wieder gibt eines der verästelten Täler, die auf der folgenden Strecke noch umrundet werden, den Blick auf die weit unterhalb gelegene Stadt frei. Mehrmals passiert man Abzweige zu anderen Wanderzielen in diesem Naherholungsgebiet der Bergenser. Bei gutem Wetter wird man – vor allem an Wochenenden – auch einer beträchtlichen Anzahl Einheimischer hier oben begegnen.

Wenn man nach rechts über schroffe Hänge hinweg bis zum großen Stausee Svartediket und nach links hinunter ins

Langedalen blicken kann, ist die Schmalstelle der Vidden, **Borgaskaret,** nicht mehr weit. Nach etwa 2.20 Std. windet sich der Pfad in die Paßkerbe hinunter und auf der anderen Seite wieder hinauf. Unten in der Senke markiert ein Wegweiser die Kreuzung. In beide Täler, das Langedalen wie auch das Hardbakkadalen, zweigen hier Routen ab. Wir bleiben allerdings oben, steigen aus der Kerbe wieder zur weiten Vidde hinauf und wandern mit Blick auf den halbrechts voraus sichtbaren Sendemast auf dem Ulriken in der eingeschlagenen Richtung weiter.

Das rundkuppige Felsterrain steigt nun nur noch wenig an. Der 640 m hohe Storhaugen ist durch einen Gipfelsteinmann rechts der Wanderroute markiert, doch fällt er als höchster Punkt auf dem breiten, fast ebenso hohen Bergrücken kaum auf. Entsprechend weit ist hier die Aussicht. Voraus geht der Blick über die dort sanft abfallende Hochebene fast ins Nichts, nur halblinks überragt der Vardehaugen das Gelände noch ein paar Meter. Kurz darauf kommt rechts das Isdalen in Sicht, das letzte jener Täler, die von Bergen aus das Fjell einkerben. Über den Svartediket hinweg fällt der Blick direkt auf das Stadtzentrum, das die schmale Bucht Vågen umschließt. Sogar der Springbrunnen im Stadtpark läßt sich von hier erkennen.

Oberhalb des Talendes geht es durch die moorige Senke Smedmyra, wo ein Schild in der bisherigen Laufrichtung weiter zum Ulriken weist. Bald darauf folgt bei einer Gabelung der nächste Wegweiser (3.15 Std.). Nach links führt ein **Abzweig** zur nahegelegenen **Turnerhytten,** die sich an Wochenenden für eine Rast eignet. Allerdings ist es geradeaus auch nicht mehr allzu weit bis zum Endpunkt der Wanderung. Der Weg schwenkt dorthin deutlich nach rechts. Durch seengesprenkeltes, kleingliedriges Gelände, in dem vereinzelt Hütten stehen, hält man auf den Sende-

mast zu. Einige Zeit später ist die **Bergstation der Ulriken-Seilbahn** (3.50 Std.) erreicht. Von dort kann man aus 600 m Höhe noch einmal den Verlauf der Wanderung nachvollziehen und das Panorama genießen.

## WEITERE HINWEISE

Touren über die sieben Gipfel, die als Hausberge der Stadt gelten (Lyderhorn, Damsgårdsfjellet, Løvstakken, Ulriken, Fløyen, Rundemanen und Sandviksfjellet) sind im Sommer wie im Winter beliebt. Die Gesamtstrecke wird alljährlich im Frühsommer auf der **Bergenser Volkswanderung** von weit über tausend Teilnehmern absolviert. Selbstverständlich werden Fløyen und Ulriken dann nicht mit Seilbahnen ›erklommen‹, sondern zu Fuß. Auf der Gesamtstrecke von drei norwegischen Meilen überwinden die Wanderer 2200 Höhenmeter. Der Rekord für diese seit über 40 Jahren durchgeführte Wandertour liegt mittlerweile bei knapp 4 Std.

Markt in Bergen

# Bergen

Bergens Lage präsentiert sich am besten auf einer Wanderung über die Hausberge: Vor der buchtenreichen Küste
bilden Inseln und Schären verwirrende Muster, durch die
Bergkuppen ist die Stadt vom Hinterland abgeriegelt. In dieser Lage entstand früh ein wichtiger Seehandelsplatz. Olav
Kyrre verlieh der Siedlung Bjørgvin schon 1070 Stadtrecht
und ließ den Bischofssitz des Westlandes hierher verlegen.
Stockfisch von den Lofoten wurde hier schon zur Wikingerzeit umgeschlagen, und weitreichende Handelsbeziehun-
gen zu den Ländern um die Nordsee sind für das 12. Jh.
belegt. Zusätzliche Bedeutung erhielt die Stadt, als sie 1217
für einige Dekaden Residenz der norwegischen Krone
wurde. Als Stützpunkt der Hanse allerdings ist sie vor allem
in die Annalen eingegangen, denn die deutschen Kaufleute
übernahmen von hier aus ab dem 13. Jh. den Handel zwischen Nordnorwegen und Südeuropa und behielten ihn bis
ins 17. Jh. hinein. Auch wenn Oslo ihr den Rang als Hauptstadt 1248 ablief, blieb die Stadt an der Westküste die
bedeutendste des mittelalterlichen Norwegens und hatte
noch im vorigen Jahrhundert mehr Einwohner als die weiter
südlich gelegene Metropole.

Heute ist Bergen mit etwa 220 000 Bewohnern die zweit-
größte Siedlung des Landes und ein Zentrum für Wirtschaft,
Wissenschaft und Kultur. Daß von den Bergensern gesagt
wird, sie betrachteten sich nicht als Norweger und neigten
separatistischen Gedanken zu, mag übertrieben sein, doch
hat die jahrhundertelange Orientierung auf den Außenhan-
del bei gleichzeitiger Isolation zum norwegischen Hinterland sicher zu diesem Image beigetragen. Erst die Bergenbahn stellte 1909 die Landverbindung über das Fjell her.

Eine Stadtbesichtigung könnte am Bahnhof beginnen, durch
die Kong Oscars Gate vorbei am Lepramuseum führen, das
im düster-heruntergekommenen Ambiente des ehemaligen
St.-Jørgens-Hospital dem Kampf gegen diese Krankheit ein
Denkmal setzt, weiter zur mehrfach umgebauten Domkirche aus dem späten 12. Jh. und hinunter zum Torget. Der
Platz am inneren Ende der Hafenbucht Vågen ist Schau-
platz des täglichen Fischmarktes, der bei Einwohnern wie
Besuchern der Stadt gleichermaßen beliebt ist.

Die nördliche Buchtseite war früher von der Tyskebrygge,
dem Stützpunkt der Hanse, eingenommen und hat ihren

Namen Bryggen ebenso aus dieser Zeit wie die hölzerne Giebelfront der alten Stapel- und Handelshäuser. Vorbei an der Touristeninformation erreicht man das Quartier mit seinen engen Gassen, über denen die vorspringenden Holzfassaden sich einander zuneigen. In alte Kontore und Speicher sind heute Kunst- und Kitschläden, Lokale und Museen eingezogen. Im Finngården läßt das Hanseatische Museum die Vergangenheit aufleben, unweit davon stellt

das Bryggens Museum Exponate der Ausgrabungen aus, die Aufschluß über die Stadtgeschichte geben. An der Øvregaten liegt neben der romanischen Mariakirken, der ältesten der Stadt, in der die Kaufleute deutsche Predigten hörten, die Schøtstue, Versammlungshalle der Hanse.

Auf dem Festungshügel Bergenshus, am Nordzipfel der Hafenbucht gelegen, befindet sich die Håkonshalle, die ab 1247 erbaute Residenz der norwegischen Könige. Auf dem Sandviksveien stadtauswärts schließt sich hinter Bergenshus ein Viertel mit schmalen, steilen Gassen an, gesäumt von liebevoll instandgehaltenen Holzhäusern und winzigen Gärten, eine ehemals ärmliche, heute beliebte Wohngegend. Unten am Ufer braust der Verkehr auf der 585 um den Fuß des Festungshügels, und vorbei an Lagerschuppen und Anlegern gelangt man nach Bryggen zurück. Dort läßt sich der Stadtbummel mit einer kurzen Fährfahrt auf die südliche Buchtseite fortsetzen, wo auf der Landzunge Nordnes das Aquarium auf Besucher wartet.

Im östlichen Zentrum Bergens wird das Ufer des Stadtsees Lille Lundgårdsvatn von diversen Kunststätten gesäumt: Bergens Kunstmuseum (europäische Malerei), Rasmus Meyers Sammlinger (norwegische Malerei), Stenersens Sammling (moderne Malerei), Bergens Kunstforening (wechselnde Ausstellungen) und Kunstindustriemuseum (Kunsthandwerk).

# Das Hinterland von Bergen

## Vom Bergsdalen nach Høgabu

Aus dem landschaftlich abwechslungsreichen Bergsdalen steigt die familienfreundliche Wanderroute über gleichmäßig geneigte Hänge aus der bewaldeten Talregion zu den kargen, gletschergeschliffenen Bergkuppen des Fjells hinauf. Großartige Ausblicke über das Bergsdalen und die mit zahlreichen Seen gesprenkelte Felsenlandschaft begleiten den Weg, der zur idyllisch gelegenen Hütte von Høgabu führt.

**WEGVERLAUF:** Li – Felsblock (1 Std.) – Wegweiser (30 Min.) – Høgabu (30 Min.) – Li (2 Std.)

**DAUER:** ca. 4 Std.

**LÄNGE:** 9 km

**HÖHENUNTERSCHIED:** ca. 550 m

**SCHWIERIGKEITSGRAD:** einfache Wanderung mit mäßigen Anstiegen

**WEGBESCHAFFENHEIT:** gut markierte Route, auf Felsuntergrund undeutliche Spur

**AUSRÜSTUNG:** Geld für die Hüttenbenutzung

**WANDERKARTE:** Turkart 1 : 50 000 Kvamskogen og Bergsdalen

**RASTMÖGLICHKEIT:** Selbstbedienungshütte Høgabu (Tagesaufenthalt 30 NOK)

**HÜTTENBENUTZUNG:** Selbstbedienungshütten wie die in Høgabu sind eine norwegische Besonderheit. Sie werden von den Wandervereinen eingerichtet und unterhalten. Für Aufenthalt, verbrauchte Vorräte und Brennholz zahlen die Benutzer eigenverantwortlich. Umschläge für das Geld liegen bereit. Im Hüttenbuch trägt man gleich nach dem Eintreffen seinen Namen ein. Natürlich funktioniert dieses einmalige System, das Wanderern Unterkunfts- und Versorgungsstationen in abgelegenen Regionen bietet, nur auf der Basis der Freiwilligkeit, und das leider auch nicht überall, wie etliche mit dem DNT-Universalschlüssel verschlossene Unterkünfte an verschiedenen Hauptwanderrouten beweisen.

**ANFAHRT:** Früher war die R 13 die Hauptverbindung zwischen Dale und Voss. Wer heute in Dale die E 16 verläßt, um auf dieser spektakulären und wenig befahrenen Strecke zum Ausgangspunkt der Wanderung zu gelangen, wird nicht einmal ein Hinweisschild finden. Man durchfährt in Dale den Tunnel und folgt einem Wegweiser, der einen Fahrradweg nach Voss anzeigt. Nach etwa 10 km passiert man Brekka und parkt bei den wenigen

Höfen von Li an der Brücke in Sichtweite der kleinen, modernen Kirche.

## DER WANDERWEG

In **Li** überquert man zunächst den rechts der Fahrstraße dahinfließenden Bergsdalselva. Jenseits führt ein Wirtschaftsweg geradeaus auf die sanft ansteigenden Hänge zu. Abzweige zu einem rechts gelegenen Ferienhaus und zu einem Hof zur Linken werden passiert; durch Kulturland geht es zu einem Gatter, an dem ein erstes Hinweisschild und ein rotes Markierungs-T auf den Wanderweg

nach Høgabu aufmerksam machen. Der Weg führt an einem Bachlauf entlang zu einem letzten Haus. Auf ein paar Planken überquert man eine sumpfige Stelle und folgt nun dem Bach weiter flußaufwärts in das liebliche kleine Kerbtal **Kroksgjeli**. Eine dichte Strauchschicht mit Beeren und Farnen überzieht den Boden der licht mit Birkenwald bestandenen Talkerbe. Der Pfad verläuft zunächst mal links, mal rechts des schmalen Wasserlaufs, doch geht es tendenziell eher nach rechts, wo der deutliche Pfad nach etwa 15 Min. den üppig bewachsenen Hang recht steil hinaufführt.

Bald ist ein Rücken erreicht, auf dem der Anstieg sanfter wird. Durch

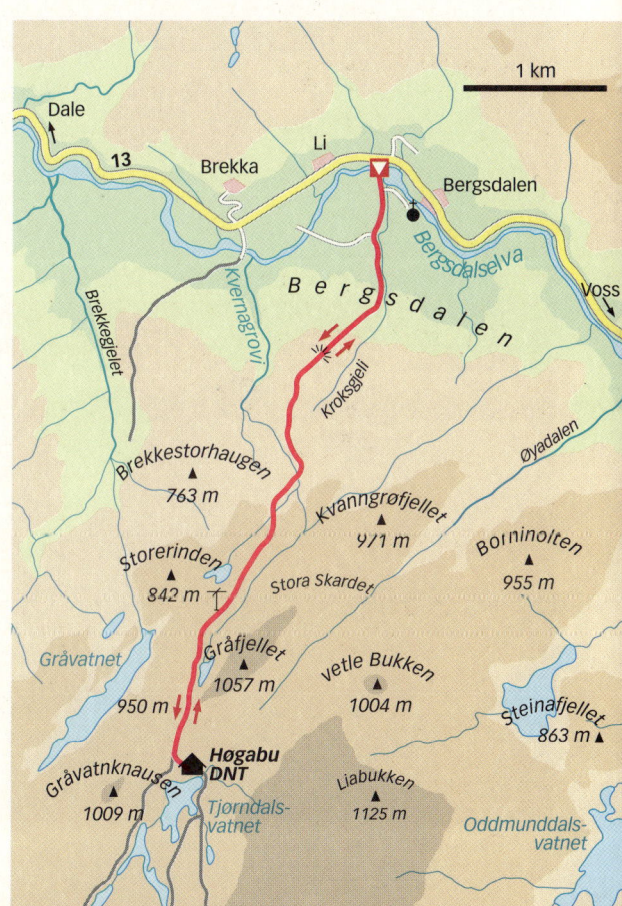

**Wanderung 25:**
Vom Bergsdalen
nach Høgabu

Das Ziel der Wanderung: die Hütte Høgabu

Heide und Wacholdergebüsch zieht sich die Spur zum Teil wie ein felsiges Band dahin.

Zur Rechten blickt man nun schon weit über das Bergsdalen mit seinem von Wald umrahmten Kulturland. Ein mächtiger Steinmann, wohl ungefähr 2 m hoch und von einem Holzpflock noch überragt, markiert den Weg; weitere folgen, während sich nach rechts ein Seitental mit dem Bach Kvernagrovi hangaufwärts zunehmend verengt. Bald führt die Route etwas nach links weg, und voraus kommen die Bergklötze Kvanngrøfjellet und Gråfjellet in Sicht, zwischen denen der Paß Stora Skardet schroff einschneidet. Auch wenn der Weg nun direkt auf diese Scharte zuhält, so wird er doch nicht dort hindurchführen. Aber zunächst geht es wieder ein paar Meter abwärts und über ein von links in hübschen Kaskaden herabfließendes Rinnsal hinweg, in dessen näherer Umgebung noch einmal üppiger Bewuchs das Auge erfreut, das sich nun bald auf kargere Anblicke einstellen muß.

Weiter bergauf erreicht man nach knapp 1 Std. unterhalb des Stora Skardet den Bach Kvernagrovi. Er umfließt einen sehr markanten **Felsblock,** auf dem ein Metallpfeiler mit einem Schild in die Höhe ragt – eine Beschriftung fanden wir allerdings nicht. Man quert den Kvernagrovi über Steine, wobei man sich halbrechts hält. Oberhalb wird der Bach aus zwei Seitenarmen gespeist. An dem rechten geht es nun weiter entlang, wobei Markierungen wieder den Weg begleiten. Oft trifft man hier im Sommer noch auf Schneefelder. Besondere Vorsicht ist dort geboten, wo Wasser unter ihnen fließt; solche Schneebrücken sollte man wegen der Einsturzgefahr meiden.

Auf dem sanft ansteigenden Felsengrund kommt man problemlos voran; Steinmänner weisen den Weg. Sie sind zusätzlich mit dem beruhigenden »T« der Wandervereine ›verziert‹.

Bald wird eine kleine grüne Senke und mit ihr der Bachlauf nach links gequert, dann steigt das Gelände in Wellen an, es geht auf blankgeschliffenem Fels aufwärts. Nach links bleibt die schroffe Kerbe zwischen den Bergkuppen zurück, rechts liegen die flachen, seengesprenkelten Fjellregionen schon deutlich unterhalb, und voraus helfen immer wieder Markierungen, die richtige Route hinauf zu finden.

Nach etwa 1.30 Std. ist ein **Wegweiser** erreicht, der die Hütte Høgabu ausschildert. Bald darauf werden zwei kleine Tümpel passiert. Wieder folgt ein letzter kurzer Anstieg, und auf der nächsthöheren ›Etage‹, zwischen dem felsigen Bergzug zur Linken und einer Kuppe zur Rechten eingezwängt, erstreckt sich ein großer See. An ihm entlangwandernd, hält man auf eine schmale, liebliche Senke zu, in der es nun wieder etwas abwärts geht: Der mit gut 950 m höchste Punkt der Wanderung ist nun überwunden. Wenig später taucht links die Wanderhütte von **Høgabu** auf. Sie liegt zwischen grauen Felskuppen auf feuchtem Grünland am Tjørnadalsvatnet, dessen Ufer fast immer von weißen Schneefeldern flankiert werden. Ein hübsch angelegter Steinweg führt über ein kleines Sumpfstück, und das leuchtend rote Holzgebäude am See ist nach 2 Std. erreicht. Die idyllische Talsenke mit dem See ist von Felskuppen eingerahmt, die einfach zu erklimmen sind und eine weite Aussicht über das unendlich erscheinende Fjell bieten. Wer nicht auf Mehrtageswanderungen eingerichtet ist und den Routen nach Kvitingen, Vaksdal oder Småbrekke folgen will, sollte sich zumindest auf den Pfaden am Tjørndalsvatnet etwas umsehen, bevor er auf derselben Route nach Li zurückwandert (4 Std.).

# 26

# Verkehrsgeschichte am Rande der Hardangervidda

**Rundwanderung durch das wilde Måbødalen**

Wie in der Vergangenheit ist der Verbindungsweg zwischen der Hardangervidda und dem Eidfjord auch heute noch etwas Besonderes – ob steiler Saumpfad, serpentinenreiche Gebirgsstraße oder Tunnelstrecke. Die Rundwanderung führt auf den alten Wegen durch eine eindrucksvolle Landschaft. Ein Highlight der Tour ist der Abstecher zum mächtigen Vøringfossen.

**WEGVERLAUF:** Parkplatz Måbødalen – Fußgängerbrücke (15 Min.) – oberer Rand des Måbøgalden (45 Min.) – Weggabelung (15 Min.) – Parkplatz am Vøringfossen (15 Min.) – steiler Weg (30 Min.) – Vøringfossen (30 Min.) – Fahrweg (30 Min.) – Parkplatz (30 Min.)

**DAUER:** ca. 3.30 Std.

**LÄNGE:** ca. 10 km

**HÖHENUNTERSCHIED:** 500 m

**SCHWIERIGKEITSGRAD:** Trotz des steilen Anstiegs, für den eine gute Kondition nicht schaden kann, ist die Wanderung unproblematisch.

**WEGBESCHAFFENHEIT:** teils breiter ehemaliger Fahrweg, teils schmale Saumpfade

**AUSRÜSTUNG:** Trinkwasser

**WANDERKARTE:** TK 1 : 50 000, Blatt 1415 IV, Eidfjord

**RASTMÖGLICHKEITEN:** diverse Rastplätze mit WC am (Fahr-)Weg

**ANFAHRT:** Die Rundtour beginnt am Parkplatz im Måbødalen (wenige Kilometer landeinwärts von Øvre Eidfjord entfernt), von dem der »Trollzug« (Trolltoget) hinauf zur Cafeteria Vøringfossen fährt. Wenn man auf der R 7 von Geilo Richtung Bergen über die Hardangervidda kommt, passiert man mehrfach das zweite Wegstück der Wanderung, bevor man unten im Tal den Ausgangspunkt erreicht.

## DER WANDERWEG ▶

Vom **Parkplatz** wendet man sich zum benachbarten Museum Måbøgård, zwischen dessen Hofgebäuden ein breiter, grasiger Weg verläuft, der zu einer Weide führt. Ein Schild weist schon hier auf den Vøringfoss hin, zu dem es nun auf dem ältesten Verbindungsweg hinaufgeht. Über die Weide hinweg, begleitet vom rauschenden Bach zur Rechten und der links oberhalb in

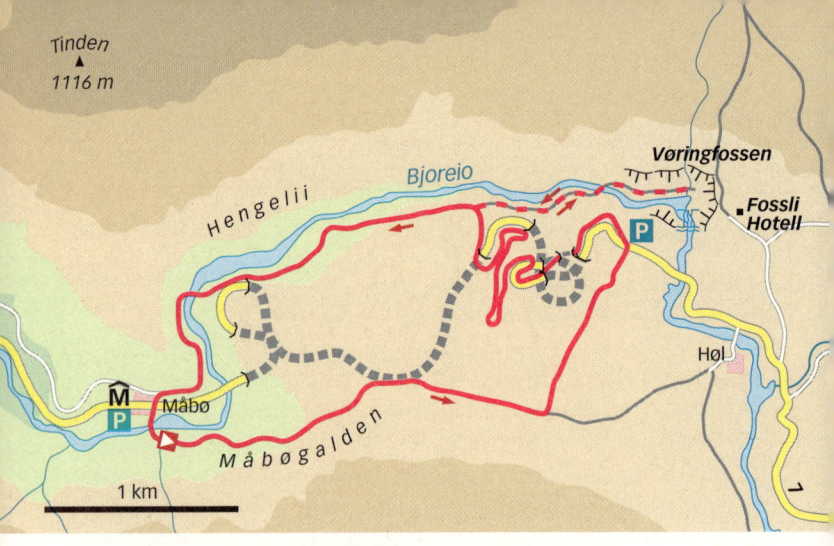

**Wanderung 26**: Durch das wilde Måbødalen

einem Tunnel verschwindenden neuen Straße, hält man auf den steil und mächtig eingekerbten Steilhang Måbøgalden zu, an dem die Route hinaufführen soll. Unglaublich erscheint dieses Unterfangen von hier aus, zu steil das Gelände aus halbkreisförmigen Felswänden und Geröllflanken, aus dem die nur wenig bewachsene Kerbe besteht. Weit oben auf einem Absatz am linken Hang sind Strommasten zu sehen, unter denen die Route später hindurchführen wird.

Ein Seitenbach wird auf einer Plankenbrücke gequert, dann geht es zum Fluß Bjoreio und der neuen **Fußgängerbrücke,** die ihn überspannt (15 Min.). Jenseits weist ein Holzpfeiler die Route als ein Kulturdenkmal aus. Deutlich erkennbar führt der historische Steig nun in das steile Halbrund hinein, windet sich dabei zwischen den mächtigen Geröllbrocken hindurch, die von überall her aus den Felsen gestürzt sind. Dazwischen wuchert üppiges Grün, Farne, Birken und große Wacholderbüsche. Der Pfad hält sich allmählich an die linke Bergflanke, führt bald über eine steinige Hangrutsche, dann wieder auf bewachsenem Untergrund deutlich aufwärts. Immer wieder

ist zu erkennen, daß die alte Route wie ein ebenes Band im schräg geneigten Hang angelegt wurde. Mal sind Felsstücke stufenartig aufgeschichtet, mal ist der Wegrand von flachen Steinen gesäumt. Bald führt der Steig am Rand der Bergstürze unter Bäumen, zwischen bemoosten Stämmen und Felsen dahin, immer in deutlichem Neigungswinkel, der durch die zahlreichen Kehren jedoch erträglich bleibt. Zwischendurch ist immer wieder ein Blick zurück über das Tal möglich, wo bald tief unterhalb der Parkplatz und der Museumshof zu sehen sind.

Der Hang wird steiler, rechts des Weges sieht man nur Geröll. Mit Felsplatten befestigt leitet die Route daran vorbei und steigt dann durch anstehenden Fels in verwunschenem Dickicht aus Birken und Ebereschen in Stufen hoch. Sie bleibt dabei deutlich links des Talschlusses und führt unter der Stromleitung hindurch, die schon von unten zu sehen war. Über ein schmales Geröllfeld wendet die Spur sich einer bewachsenen Seitenkerbe zu und an ihr entlang, parallel zur Stromleitung zum **oberen Rand des Måbøgalden** hinauf (1 Std.). Hier wird das Gelände nun offener, weiter und fast eben. Der alte Pfad verläuft sich sofort in diesem Terrain, und man muß direkt am oberen Ende der Kerbe rechts nach einem kleinen Steinmann und dem ersten roten Markierungs-T Ausschau halten; beides liegt in Richtung des weiter entfernt stehenden von zwei hölzernen Leitungsmasten.

Die Spur führt nun als breites, abgetretenes Felsband leicht ansteigend durch das grasige Gelände dahin, rechts noch begleitet vom auslaufenden, birkenbestandenen Talschluß von Måbøgalden. Links sieht man weit über das offene Gelände hinweg bis auf die jenseitigen Hänge des dort gelegenen Måbødalen. Bald ist die höchste Kuppe der Strecke erreicht, und voraus tut sich der Blick zum Fossli Hotel am oberen Rand des Vøringfoss auf. Oft ist auch schon eine feine Wolke aus Wasserstaub über den Schluchtwänden zu erkennen. Ein Rinnsal wird überquert, gleich darauf ist eine **Weggabelung** erreicht (1.15 Std.), an der ein Schild nach halbrechts den Wasserfall ausweist. Dorthin geht es nun, vorbei an einer Ferienhütte, auf weiterhin gut erkennbarer Spur durch teils grasiges, teils wieder felsiges Flachland. Anschließend verläuft der Weg in deutlichem Linksbogen oberhalb eines bald in Sicht kommenden Seitentales. Dann geht es leicht abwärts, vorbei an einem moorigen Tümpel und vereinzelten Kiefern. Noch einmal unter einer Stromleitung hindurchwandernd, passiert man einen letzten Wegweiser und gelangt nach 1.30 Std., durch ein kleines Waldstück absteigend, zur Straße. Direkt gegenüber liegt dann der Parkplatz **Vøringfossen** mit den Souvenirbuden.

Nach dem anstrengenden Anstieg ist der Weg hinunter fast eine Erholung. Auf dem sanft geneigten Fahrweg kann man gleichzeitig wandern und umherschauen, ohne daß man Gefahr läuft zu stolpern – bequemer geht's nicht. Lediglich einmal pro Stunde befährt der »Trollzug« – sehr einfallsreich ist man

hier bei der Namensgebung nicht gewesen – den sonst für den Verkehr gesperrten Fahrweg. Ab dem Parkplatz verläuft die alte Straße, der man folgt, zunächst parallel zur neuen. Zur Rechten schützt ein Geländer vor dem gut 100 m tiefen Steilabfall hinunter zu dem Fluß Bjoreio, der kurz zuvor den Vøringfossen gebildet hat. Einen umfassenden Eindruck von dem bekannten norwegischen Wasserfall kann man von hier oben nicht gewinnen, da er sich hinter einer Biegung versteckt – das wird sich später ändern.

5 Min. vom Parkplatz entfernt verschwindet die R 7 in einem ersten Tunnel, gleich darauf macht es ihr die alte Fahrspur nach, allerdings hat diese kurze Passage mehrere Sichtfenster hinunter ins Tal. Dann scheinen die Straßenbauer den Weg regelrecht an die Felswände geklebt zu haben. Zur Linken erheben sich diese senkrecht, und zur Rechten stürzen sie hinab ins Måbødalen. Bald darauf wird es eng, denn die Hauptstraße kommt für 200 m in einem weiten Bogen wieder ans Tageslicht, um anschließend in einem Kreis von 1 km Länge in den Berg abzutauchen. Gleichzeitig ist hier noch die alte Straße erhalten, die sich nun kunstvoll über, unter und neben ihrem Nachfolger durch die Schlucht schlängelt. In engen, heutigen Anforderungen nicht mehr genügenden Kehren geht es weiter bergab. Noch einmal taucht die R 7 kurz auf, bevor sie für längere Zeit im 2 km langen Måbøtunnel verschwindet. Auch wenn die Erkundung verkehrsreicher Straßen sonst nicht zum ›Rahmenprogramm‹ unserer Wanderungen gehören – diese verdient Beachtung. Hier ist moderne Technik geschickt mit älteren Fahrwegen verbunden und in die Natur integriert worden. Daß Verkehrsteilnehmer, die an Klaustrophobie leiden, wie auch Wanderer zudem nach jedem Tunnel einen hübschen Rastplatz vorfinden, hier und am nächsten Tunnelende sogar mit Toilettenhäuschen, verstärkt den positiven

Eindruck. Nach 2 Std. zweigt in einer Linkskurve ein **steiler Weg** ins Flußtal hinunter ab, der zum Vøringfossen führt. Problemlos geht es auf diesem in Serpentinen durch ein Birkenwäldchen abwärts, wo kurz darauf von links noch ein Pfad hinzukommt. Dann wandert man – parallel zum Bjoreio – recht bequem bergab und hält schließlich auf den Fluß zu. Fast auf Flußniveau muß ein riesiger Hangrutsch überwunden werden. Es geht durch mächtige Felstrümmer und Schotter; Markierungen weisen den besten Weg, der nun wieder hangaufwärts führt. Zur Linken tobt und braust der Fluß immer stärker. Er hat sich tief in die jenseitige Felswand eingegraben und bildet kleinere Wasserfälle zwischen riesigen Felsbrocken. Ein weiterer Felssturz wird passiert, und dann erreicht man eine Hängebrücke. Schon von hier aus ist der Vøringfossen in seiner ganzen Fallhöhe zu sehen, aber von der gegenüberliegenden Seite ist der Blick noch etwas besser. Es geht jenseits über einen älteren Hangsturz hinweg, der als Folge der ständig hohen Luftfeuchtigkeit durch die aufgewirbelten Wassertröpfchen mit einer üppigen Hangwiese bewachsen ist.

Nach 2.30 Std. steht man dem **Vøringfossen** unmittelbar gegenüber. Im Sommer stürzt er mit mindestens 12 Kubikmetern Wasser pro Sekunde herunter – zumindest hat es das norwegische Parlament so verfügt, nachdem 1980 der Bjoreio in seinem Oberlauf für die Energiegewinnung reguliert worden war. Immerhin muß das Sima-Kraftwerk im Sommer auf ungefähr 10 % der Wassermengen verzichten, die ihm in der übrigen Zeit zur Verfügung stehen. Man kann sich heute nur schwer vorstellen, daß der Vøringfossen früher an guten Tagen mit mehr als der zehnfachen Kraft zu Tal schoß, denn auch die reduzierte Menge macht auf ihrem freien Fall von gut 180 Metern noch einen gewaltigen Eindruck auf den Betrachter. Weit neben dem Foss sind die Geländer der alten Straße zu sehen.

Auf dem gleichen Pfad geht es zurück, so daß nach 3 Std. wieder der alte **Fahrweg** erreicht ist, auf dem man sich nun nach rechts wendet. Tief unten tobt wieder der Bjoreio, und auch ein Trampelpfad ist zu erkennen, der an der Gabelung zuvor geradeaus weiterführte. Hier auf der Straße kommt man wesentlich bequemer

Auf dem Weg zum Hof Kjeåsen

voran, und der Blick in das Måbødalen ist weiterhin großartig. Nach und nach weitet sich der Fluß zu einem kleinen See, dem Måbøvatnet, an dessen Ende eine alte Brücke auf die andere Flußseite führt (3.15 Std.). Hier dürfen auch die Autofahrer vor ihrer Fahrt in den vierten Tunnel kurz Luft schnappen. Dann haben die Wanderer das Tal noch ein letztes Mal für sich allein, bevor die Hauptstraße endgültig ins Måbødalen hinunterkommt (3.25 Std.). Schon ist unten der Parkplatz zu sehen. Man erreicht ihn, indem man entweder vor einem Tunnel direkt in Serpentinen den Hang hinuntersteigt oder noch ein Stück der Straße folgt, die hier einen Bogen macht. Nach ca. 3.30 Std. ist der Ausgangspunkt wieder erreicht.

## AM WEGE

Der Steig über die steilen Flanken von Måbøgalden wurde als Abzweig des Nordmannsslepa, des Routennetzes vom Numedal über die Hardangervidda zu den Fjordregionen im Westland angelegt. Diese Verbindungswege sind für das 16. Jh. nachgewiesen und hatten besonders als Handelsrouten große Bedeutung. Vieh, Talg und Fischereiprodukte kamen von Westen, Holz, Erz und Getreide von Osten. Der Abstieg über Måbøgalden wurde Ende des 17. Jh. angelegt und soll, wie ein reisender Forscher 1821 schilderte, aus 1500 Stufen und 124 Kehren bestanden haben. Viele davon wurden im Laufe der Zeit unter Geröllstürzen begraben, und der Steig geriet in Vergessenheit, als 1888 ein Reitweg und 1920 die Fahrstraße am Vøringfossen eröffnet wurde. Inzwischen hat man den alten Pfad restauriert, ebenso wie einen 1872 angelegten Reitweg zum Fuß des Wasserfalls. Der 1980 durch die heutige R7 ersetzte Fahrweg wird ebenfalls nur noch von Touristen frequentiert, die zu

Fuß oder mit der stündlich auf dieserStrecke verkehrenden Bimmelbahn »Trollzug« unterwegs sind.

## WEITERE HINWEISE

In Eidfjord führt eine Nebenstraße am Fjord entlang zum Sima-Kraftwerk, das gegen Eintritt um 10, 12 und 14 Uhr besichtigt werden kann.

Für Wanderer spannender ist der alte ›Weg‹ zum Hof Kjeåsen, der eher ein gut 600 m hoher Klettersteig ist. Direkt beim Besucherparkplatz des Kraftwerks führt eine Straße ein kurzes Stück am Fjord entlang, passiert den Abfluß des Turbinenwassers und geht dann in einen Pfad über, der bald steil bergan führt. Man bewegt sich auf Bohlen über nahezu senkrechten nackten Felswänden, steigt über Leitern und mit Seilhilfen aufwärts. Der Weg ist mit den üblichen Ts gut markiert. Es gibt ohnehin kaum Möglichkeiten sich zu verlaufen, da die ehemaligen Spuren meist abrupt enden. Um das Hofgelände von Kjeåsen zu verlassen, geht man zwischen zwei Häusern hindurch, dort, wo ein Wasserhahn den Brunnen ersetzt. Ohne Gepäck dauert der Aufstieg ungefähr 1.30 Std. Wir empfehlen, ihn nur bei trockenem Wetter und in jedem Fall aufwärts zu machen. Als Folge des Kraftwerkbaus ist der Hof heute durch einen langen Tunnel mit der Außenwelt verbunden und hat sich zu einer kleinen Attraktion entwickelt, da die Ausblicke hinunter auf den Fjord sehr schön sind. Entsprechend viele Fahrzeuge befinden sich meist auf dem Parkplatz. Wer also keinen Fahrer hat, der ihn oben abholt, hat beste Aussichten, eine Mitfahrgelegenheit für den Rückweg zu finden. Für die Kontaktaufnahme bleibt genügend Zeit, da der Fahrweg einspurig ist und es zur vollen Stunde nur hinauf- und jeweils immer eine halbe Stunde später nur hinuntergeht.

## 27

# In der Hardangervidda

**Von Fagerheim zur Krækkjahytta**

Durch die weite, rauhe Hochfläche der Hardangervidda verlaufen zahlreiche Streckenwanderwege. Diese Tour aber führt rund um den See Storekrækkja, wobei der mächtige Eisschild des Hardangerjøkulen und der markante Bergzug Hallingskarvet in der nur sanft gewellten Landschaft für Spannung sorgen.

**WEGVERLAUF:** Fagerheim – Hütte mit Bootsanleger (25 Min.) – Brücke (1.15 Std.) – Krækkjahytta (10 Min.) – Landenge (45 Min.) – Fagerheim (45 Min.)

**DAUER:** ca. 3.20 Std.

**LÄNGE:** ca. 13 km

**SCHWIERIGKEITSGRAD:** einfache, wenig anstrengende Wanderung; Einige flache Bachbetten müssen gequert werden, hier kann der Felsboden glatt sein.

**WEGBESCHAFFENHEIT:** teils ohne Pfad, teils auf markiertem Wanderweg durch einfaches Gelände

**WANDERKARTE:** Spezialkarte 1:200 000 Hardangervidda, Tur- og Fritidskart (1:50 000) Nr. 3, Finse

**RASTMÖGLICHKEITEN:** bewirtschaftete Hütten Krækkjahytta und Fagerheim

**ANFAHRT:** Die R 7 steigt westlich von Haugastøl zur Hochebene der Hardangervidda an, ihr folgt man bis zur Wanderhütte Fagerheim.

## DER WANDERWEG

Von der Hütte **Fagerheim** geht es zur Fahrstraße und auf ihr ein paar Meter nach rechts, über eine Brücke und dahinter bei einem Bootshaus gleich wieder nach rechts ins ufernahe Gelände am See Storekrækkja, der im Laufe der Wanderung umrundet wird.

In Laufrichtung voraus liegt hinter flacheren Kuppen und sanft gewelltem Terrain in der Ferne der Gletscherschild des Hardangerjøkulen, der in der nächsten Zeit immer wieder am Horizont aufleuchten wird. Auch der mit über 1900 m noch etwas höhere Bergzug Hallingskarvet zur Rechten wird von ein paar Hanggletschern und Firnfeldern marmoriert. In der näheren Umgebung ist die Landschaft ruhiger. Die niedrige Tundrenvegetation wechselt zwischen Heidebewuchs an trockenen sowie Gräsern und Moospolstern an feuchteren Standorten. Wo nur noch Geröll zu finden ist, ist dieses vielfach von Flechten überzogen. Oft ist auch zu erkennen, wo in schattigen Mulden der Schnee erst jüngst abgetaut ist, so daß die Vegetation dort für eine kurze Wachstumszeit aus dem Winterschlaf erwacht. Auch letzte Schneeflecken sind hier oben im Juli keine Ausnahme,

**Wanderung 27:** Von Fagerheim zur Kraekkjahytta

doch stellen sie auf dem flachen Gelände keine Schwierigkeit dar. Die Route entlang des Seeufers muß man sich selbständig suchen. Wir fanden einen Abstand von etwa 50 m günstig, denn so muß nicht jede kleine Ausbuchtung der Wasserkante umlaufen werden. Nach 25 Min. liegt eine **Hütte mit Bootsanleger** am Weg, wenig später kann man am jenseitigen Seeufer voraus schon nach der Kraekkjahytta Ausschau halten, dem Ziel der ersten Etappe. Doch bis dahin geht es noch eine Weile weiter am See entlang. Ein paar Steinmänner tauchen in der Nähe auf, sie begleiten die Route aber nur vorübergehend. Ein kleiner Tümpel liegt zur Linken, dann trifft man auf einen kräftigen Bachlauf, der oberhalb aus einer felsigen Kerbe fließt. Wir konnten ihn problemlos auf Steinen queren, doch Vorsicht auf dem anstehenden Felsgrund, der glatt sein kann!

Hier und da finden sich Farne in schmale Felsspalten geduckt, dann wieder leuchtend grüne Moospolster, dazwischen glattgeschliffene Felsplatten, vom fließenden Wasser freigelegt. Eine regelrechte Wasserrutsche ist der nächste Bach, auf den man wenige Minuten später stößt und der ebenso

überwunden werden muß wie der erste. Der dritte kündigt sich schon rauschend an, bevor man das Ufer seines breit aufgefächerten Laufs erreicht. Hier fließt der oberhalb gelegene Dragøyfjord in den Storekraekkja, dessen Ende hier erreicht ist. Die Hütte liegt gegenüber auf einer Landzunge. Um dorthin zu gelangen, muß man zunächst den Seeabfluß überwinden, wozu man am diesseitigen Ufer weiter aufsteigt, bis nach 1.40 Std. eine **Brücke** in Sicht kommt, die seine schmalste Stelle nahe dem oberen See überspannt. Ein Schild erinnert Wanderer daran, zur Sicherheit nur einzeln hinüberzugehen. Jenseits weist nach ein paar Minuten ein Schild nach links Richtung Finse und geradeaus weiter zur **Kraekkjahytta**, die gleich darauf erreicht ist (1.50 Std.).

Weiter geht es von der Hütte dem Schild Fagerheim und dem markierten Weg nach. Am Seeufer führt er einige Meter aufwärts, bald über einen Bach, über dessen flaches Bett Steine gelegt wurden. Wieder weist ein Schild geradeaus die richtige Route, die nun zur Kuppe Svonuten hin leicht ansteigt. Der kleine Gipfel überragt den Wasserspiegel gerade einmal um 80 m, doch versperrt er nach links zunächst noch den Blick auf den benachbarten See Ørteren. Es geht am grasigen Hang entlang, der Untergrund ist nun weniger felsig als auf dem Hinweg am westlichen Seeufer. Nach 2.35 Std. liegt voraus die schmale **Landenge**, die den Storekrækkja vom Ørteren trennt. Wohin man blickt, ist Wasser zu sehen. Der Weg gabelt sich, doch bevor man der rechten Spur folgt, lohnt sich ein kurzer Abstecher über die Landenge, die sich, einen kleinen Tümpel umschließend, glatt und felsig zwischen den Stauseen erstreckt. Ein paar Meter nach rechts bringen einen wieder auf den richtigen Weg, der weiter dem Ufer des Storekrækkja folgt, wieder auf halber Höhe der grasigen Hänge. Bald liegt die Hütte **Fagerheim** voraus, und die Straße kommt in Sicht. Der Blick nach Südwesten wird – anders als auf dem Hinweg – von keiner markanten Landmarke aufgehalten. Über eine letzte kleine Anhöhe hinweg erreicht man nach 3.20 Std. wieder seinen Ausgangspunkt.

Auf der Hardangervidda, im Hintergrund die Krækkjahytta

## 28
# Zum eisigen Riesen

**Von Finse zum Hardangerjøkulen**

Von der Station Finse, die auf 1222 m Höhe an der spekta-kulären Bergenbahnstrecke liegt, scheint der Hardangerjøku-len schon zum Greifen nah. Er läßt sich zwischen zwei Zugab-fahrten problemlos erreichen. Doch auch Radfahrer, Mehrta-geswanderer und im langen, schneereichen Winter Skiwan-derer bevölkern die Gebirgsstation, die mit dem Auto nicht zu erreichen ist.

**WEGVERLAUF:** Bahnhof Finse – Finse-vatnet (15 Min.) – Fußgängerbrücke (1 Std.) – Blåisen (15 Min.) – Hütte am Middalen (30 Min.) – Bahnhof Finse (1.30 Std.)

**DAUER:** ca. 3.30 Std., Abstecher ca. 1.30 Std.

**LÄNGE:** ca. 13 km, Abstecher ca. 3 km

**HÖHENUNTERSCHIED:** knapp 200 m; Abstecher 250 m

**SCHWIERIGKEITSGRAD:** Einfache Wan-derung durch sanft ansteigendes Gelände; bei starker Wasserführung kann die Brücke über den Gletscher-fluß umspült sein, dann muß man bis dorthin notfalls furten. Der Abstecher ist eine kurze, anspruchsvolle Gipfel-tour.

**WEGBESCHAFFENHEIT:** markierte Route, teils Trampelpfade; auf dem Abstecher auf den Kongsnuten Schneefelder und Geröll

**AUSRÜSTUNG:** warme Kleidung (am Gletscher weht oft ein starker Wind)

**WANDERKARTE:** Tur- og Fritidskart 1 : 50 000 Nr. 3, Finse

**RASTMÖGLICHKEITEN:** große, komfor-table Wanderherbergen in Finse, Schutzhütte am Gletscher Middalen

**HINWEIS:** Vorsicht am Gletscher! Der Blåisen bricht steil über dem Berg-hang ab, man sollte deshalb nicht zu nahe an ihn herangehen. Die Glet-scherzungen sind keinesfalls für Wan-derungen auf eigene Faust geeignet; auch die hohen Pflöcke, Überreste der Wintermarkierungen, sollten im Sommer nicht als Hinweise auf sichere Routen mißverstanden wer-den. Aktuelle und zuverlässige Infor-mationen über Wege und Wetter im Gebiet des Hardangerjøkulen be-kommt man in den Unterkünften von Finse, dort werden auch geführte Gletschertouren angeboten.

**ANFAHRT:** Finse hat keinen Straßen-anschluß. Von Geilo, Ustaoset oder Haugastøl (nicht alle Züge halten hier) kann man Finse in einer halben bis dreiviertel Stunde mit dem Zug errei-chen. Die Fahrt führt durch eine gran-

Finse

**Rallarvegen**

**Finsehytta**

*Finsevatnet*
*1214 m*

*Finse-* *fetene*

*Styggelvane*

**Middalen**

*Middalen*

*1541 m*

*n Kongsnuten*
*1616 m*

*1323 m*

*Hansbu-*
*flata*

*Blåisen*

*Krækkja*

*1431 m*

*Hardanger-*

*jøkulen*

*s Kongsnuten*
*1738 m*

1 km

•••••• Winterroute

**Wanderung 28:**
Von Finse zum
Hardangerjøkulen

diose Berglandschaft; Ankunft gegen
8.30 und 11 Uhr, zurück gibt es zwischen 14 und 18 Uhr mehrere Verbindungen. Eine sportlichere Variante
besteht darin, die Strecke auf dem
Rallarvegen mit dem Fahrrad zurück-
zulegen. Der alte Zufahrtsweg aus der
Zeit des Eisenbahnbaus (s. Exkurs, S.
137 f.) ist für Radfahrer erschlossen
und bei diesen äußerst beliebt. Fahr-
radverleih in Finse im Hotelgebäude,
ein Rücktransport ab Haugastøl kann
organisiert werden. Von Haugastøl
(Parkplatz Rallarvegen) nach Finse sind
es 27 km und ca. 200 Höhenmeter.
Man kann sein Rad auch im Zug mit
nach Finse nehmen und nach dem
Wandern talabwärts zurückrollen.

## DER WANDERWEG

Am **Bahnhof von Finse** angekommen,
fällt die Orientierung nicht schwer, denn
die Station besteht eigentlich nur aus
dem langen Abfertigungsgebäude und
dem Hotel in dem malerischen großen
Holzbau daneben. Beide kehren dem
Finsevatnet den Rücken zu. Über den
See hinweg fällt auf einer Landzunge die
große DNT-Wanderhütte ins Auge. Dahinter leuchtet der Gletscher Hardangerjøkulen als weißer Schild auf. Dorthin
soll die Wanderung führen.

Ein Schilderbaum neben dem Fahr-
radverleih weist auf die zahlreichen
Wandermöglichkeiten in alle Himmels-

richtungen hin. Nach links ist der Blåisen ausgewiesen, das Ziel dieser Tour. Ein asphaltierter Weg führt hinunter zum Finsevatnet und an seinem Ufer entlang. Man passiert einen Abzweig zur DNT-Hütte und kommt zu einem zweiten Abzweig, an dem ein Wegweiser das Wanderziel nach rechts ausschildert; hier verläßt man also den geradeaus nach Haugastøl weiterführenden Radweg. Der markierte Wanderpfad erreicht nach 15 Min. die Staumauer des regulierten **Finsevatnet**, auf der er sich fortsetzt. Sogar hier weisen rote Ts den richtigen Weg. Dieser gabelt sich ein Stück weiter. Während die linke Spur zu den Hütten von Krækkja und Kjeldebu auf der Hardangervidda führt, verläuft unser Weg in Richtung des Gletschers. Das Terrain ist felsig, aber recht flach und hier und da mit Gräsern und Moosen begrünt. Es geht sich bequem, so daß sich der Blick immer wieder am bläulich-weißen Eisschild voraus erfreuen kann. Deutlich erhebt sich eine steile Bergflanke aus den Gletschermassen, der gut 1600 m hohe nordre Kongsnuten, zu dem ein Abstecher für erfahrene Bergwanderer führt (s. S. 172). Eingerahmt wird die schroffe Kuppe von der Gletscherzunge Blåisen, die links steil und breit aufgefächert herabstürzt, und dem flacheren Middalen zur Rechten.

Durch das nur leicht gewellte Gletschervorland geht es nun abwechselnd ein paar Meter hinauf, dann wieder hinab. Hier sind oft auch noch im Hochsommer erste Schneefelder zu überqueren. Steinmänner, die roten Markierungen und je nach Untergrund mehr oder weniger deutliche Fußspuren weisen die Route aus, die ohne große Anstrengung zum Gletscherfluß Styggelvane und zu einer **Fußgängerbrücke** führt (1.15 Min.). An sonnigen Tagen, wenn der Fluß besonders viel Schmelzwasser vom Middalen abtransportiert, treten die Fluten manchmal über die felsigen Ufer, und es kann notwendig sein, bis zum Brückenfuß zu furten oder über ein paar Steine zu balancieren. Jenseits ist gleich wieder eine Weggabelung erreicht. Hier folgt man zunächst dem Schild nach links. Durch nun fast unbewachsenes, mit kleineren Seen gesprenkeltes Moränengelände, das den Gletscher ankündigt, erreicht man eine letzte Anhöhe, von der aus nun der **Blåisen** in seiner ganzen Pracht vor einem liegt. Ein Steinmann markiert diesen schönen Aussichtsplatz, der nach etwa 1.30 Std. erreicht ist. Wer die Gletscherzunge noch näher betrachten möchte, steigt wieder hinunter und erreicht ihren Fuß jenseits eines flachen Rinnsals, doch ist hier Vorsicht geboten, denn das zerklüftete Eis kann abbrechen. Spätestens am östlichen Arm des Styggelvane, der, am Blåisen entspringend, breit über flache, blankgewaschene Felsstufen rauscht, endet die Gletschererkundung.

Vom Steinmann aus bietet sich ein weites Panorama, das rechts der steilen, zerklüfteten Gletscherzunge in den schroffen Berghang des nordre Kongsnuten übergeht. Am Fuß der Steilflanken liegen im hügeligen Moränenvorland die Tümpel, an denen man auf dem Hinweg vorbeikam, dahinter auf einer kleinen Anhöhe die dunkle Silhouette der Schutzhütte am Middalen, dem nächsten, nahen Etappenziel. Zurück erkennt man über den Finsevatnet hinweg die kleine Ansiedlung am Fuß der steilen Hänge, nach rechts den markanten Bergzug Hallingskarvet. Auch die Eisenbahnstrecke ist anhand der zahlreichen, an exponierten Stellen erbauten Schutztunnel auszumachen, die eine Beeinträchtigung des Bahnverkehrs durch Schneeverwehungen verhindern.

Man wandert ein Stück zurück und läuft entweder direkt an den Moränentümpeln entlang, parallel zum nordre Kongsnuten, auf die **Schutzhütte am Middalen** zu oder geht bis zur letzten Weggabelung zurück und wendet sich von dort nach links, so daß das zweite Etappenziel der Wanderung nach 2 Std. erreicht ist. Die kleine Schutzhütte liegt am Fuß der flacheren Gletscherzunge, die sich im Middalen aus dem Hardangerjøkulen herunterzieht. Über ein sanft ansteigendes Schneefeld kann man dorthin noch ein kurzes Stück aufsteigen, um vom oberhalb beginnenden Geröllrücken einen Blick auf die Eismassen zu werfen, doch dann führt der einzig sichere Pfad wieder zur Hütte hinunter, von wo man den Rückweg antritt. Zunächst sind die Markierungen und Spuren recht spärlich, so daß man sich im Notfall entlang des Bachlaufs flußabwärts orientiert, ihn kurz darauf quert und ihn allmählich nach rechts verläßt, um die Gabelung mit der Route zum Blåisen zu finden, an der es dann auf dem gleichen Weg zurückgeht, auf dem man hergekommen ist, und nach 3.30 Std. hat man seinen Ausgangspunkt wieder erreicht.

## VARIANTEN

Es besteht die Möglichkeit, von der Hütte aus einen Abstecher zum Doppelgipfel des **nordre Kongsnuten** hinauf zu machen. Eine Winterroute steigt links des Middalen am Westhang des Berges zum Gletscher hinauf und überquert von hier den Eisschild. Die Wanderkarte weist parallel auch eine Sommerroute hinauf zum Kongsnuten aus, doch wurde uns diese von Gletscherführern als nicht sicher geschildert. Sie trifft unterhalb des steilen Westgipfels 1571 auf den Gletscherrand, und es war bei unserer Erkundung unvermeidlich, streckenweise aus dem steilen Geröll auf den angrenzenden Firn auszuweichen. Zwar ist nahe am Fels die Spaltengefahr relativ gering, doch auch hier ist sie nicht mit Sicherheit auszuschließen. Wer Bedingungen vorfindet, die eine durchgehende Route über Gestein ermöglichen, kann um den Kongsnuten herum ansteigen und erreicht seine Gipfelkuppen dann vom flacher ansteigenden Südhang.

Eine andere Variante, den nordre Kongsnuten zu erreichen, führt von der Hütte über das Schneefeld direkt in südliche Richtung auf den schroffen Nordhang zu, in dem schon von hier eine Paßsenke zwischen den Gipfelkuppen zu erkennen ist. Diese Route ist steiler, aber garantiert ohne Gletscherberührung zu bewältigen. Oben bietet sich vom Steinmann des 1616 m hohen östlichen Gipfels eine grandiose Aussicht, nicht nur aus 250 m größerer Höhe als zuvor auf Finse, sondern nach Süden auch auf die weiten Eismassen des Hardangerjøkulen.

## WEITERE HINWEISE

Der **Hardangerjøkulen,** mit etwa 70 km² der sechstgrößte Gletscher Norwegens, erfreut sich seit dem Bau der Bergenbahn Anfang dieses Jahrhunderts ungebrochener Beliebtheit bei den norwegischen Wanderern. Besonders zwischen Ostern und Mitte Mai tummeln sich die Skiwanderer in großer Zahl auf den markierten Routen rings um den und über den Gletscher. Doch auch im Winter wird davor gewarnt, ohne die notwendige Erfahrung und Ausrüstung auf den Hardangerjøkulen zu gehen. So ungefährlich, wie der flache Plateaugletscher wirkt, so unberechenbar sind seine Spalten. Problemlos sind hingegen die Skirouten um Finse, darunter auch die auf S. 104 dargestellte. Die DNT-Hütte und das Berghotel in Finse haben ab Mitte Februar geöffnet.

*An der Gletscherzunge Blåisen*

# Skiwandern in Norwegen

## Mit der Bergenbahn nach Finse und zurück

Kurz hinter Geilo trennen sich bei Haugastøl, der letzten ganzjährig bewohnten Häusergruppe vor der Hardangervidda, die Wege der im Winter meist gesperrten Nationalstraße 7 und der Bergenbahn, die bisher, gemeinsam von Oslo kommend, für fast 100 km durch das Hallingdal aufwärts geführt haben.

Auf dem Weg von Geilo nach Finse hält die Bergenbahn auch in Ustaoset

Unsere Skier lehnen an den roten Holzwänden der Bahnhofsgebäude, deren Fensterumrahmungen und Türen goldgelb in der Morgensonne glänzen. Ein kleiner Weihnachtsbaum, natürlich echt, aber mit Elektrokerzen, versucht den Betonmast zu verdecken, der die Stromleitungen für die Bahn trägt. Seit 1964 ist die Strecke elektrifiziert, die 1909 eröffnet wurde und Oslo und Bergen in nur 6½ Stunden miteinander verbindet. Langsam wird der Bahnsteig etwas belebter. Rote Anoraks scheinen die Lieblingskleidung der mit schwerem Skigepäck abreisenden norwegischen Urlauber zu sein; die Saison ist jetzt nach Neujahr bis zum Februar erstmal wieder zu Ende.

Die Bahn kündigt sich durch eine Schneewolke an, aufgeschoben von dem großen Schneepflug, der vor die Lok montiert ist. Schnell sind die Skier in dem Gepäckteil des Großraumwaggons verstaut, und wir haben Platz genom-

men in den weichen Polstersitzen des gemütlich-warmen
Abteils. Am zugefrorenen Ustevatn entlang und mit Blick
auf den eisig glitzernden Bergrücken des Prestholtskarvet
rollt die Bergenbahn durch die letzten Ansiedlungen, sämt-
lich Ferienhütten, die bis nach Haugastøl die Hänge sprenkeln. Dann gibt es keine Straße mehr, dafür sind in dem
weiten Hochtal jetzt unmittelbar neben den Gleisen in
regelmäßigen Abständen Stecken und Loipenspuren zu
sehen. Die Bahntrasse verläuft nun oberhalb der Baumgrenze, so daß ständig die Gefahr von Verwehungen
besteht. In Finse, das mit über 1200 m Höhe kurz vor dem
höchsten Punkt der Fjellüberquerung liegt, sind denn auch
die Schneeräumkolonnen stationiert, die das ganze Jahr
hindurch für freie Bahn sorgen, und die Schneeschutztunnel
überdachen auf unserer Strecke viele exponierte Stellen.
Die Berge zu beiden Seiten des Tales ragen steil auf, die im
Norden gelegenen funkeln in der Sonne, während die an
der linken Zugseite fast ständig im Schatten liegen. Nur in
großen Rechtskurven, wenn das Tal sich weitet, fällt die
Sonne auch in die Abteilfenster.

Nach kurzer Fahrt erreichen wir gegen 12 Uhr unser Ziel,
die wenigen Häuser von Finse, das seine einzige Verbindung zur Außenwelt über die Bergenbahn hat. Mit uns steigen nur ein paar andere Skiläufer aus, denn auch hier
beginnt die Hauptsaison erst im Februar. Neben dem
Bahnhofsgebäude, dessen rotlackierte Holzwände von
Schneeresten gemustert sind, erkennt man das Gästehaus
denn auch erst auf den zweiten Blick, der Schnee auf dem
schrägen Dach geht nahtlos über in eine mehrere Meter
hohe Wehe. Überall liegt Schnee, strahlend weiß und bei
ungefähr –10 °C pulvrig-trocken.

Zwischen den beiden Gebäuden fallen gleißende Sonnenstrahlen auf den Bahnsteig, und nur mit Sonnenbrille
erkennt man in dieser Richtung den Hardangerjøkulen.
Außer dem (geschlossenen) Wandererheim in einigen hundert Metern Entfernung gibt es bis zum Gletscher nichts
außer großartiger weißer Einsamkeit, in der lediglich ein
leichter Wind sein Spiel mit kleinen Schneekristallen treibt.
Ein wohl drei Meter hoher Schilderbaum weist auf gut ein
halbes Dutzend Wandererhütten in der Umgebung hin, und
ganz unten steht es dann auch: Haugastøl 28 km.

In alle Richtungen führen Ski- und Schneebobspuren, aber
die Orientierung für uns ist einfach: immer den Gleisen
nach. Schon nach wenigen Metern haben wir die Häuser

von Finse hinter uns gelassen und sind inmitten des weiten Schneefeldes. An einem Schutzzaun graben gerade zwei Norweger ihr Zelt aus, in dem sie übernachtet hatten. An Scott und Amundsen bei der Eroberung des Südpols erinnert das Bild, und Roald Amundsen hat tatsächlich hier in Finse am Hardangergletscher für sein Antarktisabenteuer trainiert.

Es geht über die weite Ebene eines zugefrorenen Sees, mal folgt man vorhandenen Spuren, dann wieder legt man sich seine Fährte selbst, mal geht es durch tiefe Schneeanwehungen, dann wieder über blankes Eis. Weit voraus verengt sich das Tal wieder, dort werden wir erneut auf die Eisenbahnlinie treffen. Noch erscheint alles in makellosem Weiß, aber langsam sinkt die Sonne aus strahlend blauem Himmel hinab auf den Gletscher. Sein diesseitiger Hang und seine breiten Zungen liegen schon im Schatten, der unaufhaltsam zu Tal kriecht. Völlig anders die abgerundeten Felsgipfel des Hallingskarvet im Nordwesten: Sie leuchten rötlichweiß, und die flachen Sonnenstrahlen scheinen die starken Vereisungen besonders deutlich zu modellieren. Das Gelände wird welliger, das Tal enger, die Gleise kommen näher, der Talgrund wird vom Schatten der Berge erobert. Alles taucht in ein unwirklich bläuliches Licht, denn nun wird nur noch der Himmel im Schnee reflektiert. Plötzlich hören wir ein leichtes Donnern, und schon bricht wie ein mittlerer Schneesturm ein Zug aus Bergen in unsere Einsamkeit. Schemenhaft sind einige Gesichter an den Fenstern zu erkennen, aber so schnell, wie er gekommen ist, ist der Spuk wieder vorbei. Die Einsamkeit wird auch durch eine schneeverwehte Baustelle für eine neue Brücke nicht gestört, denn die Wohncontainer sind völlig verwaist. Hinter einem Hügel, den es zunächst kurz mühselig bergan, dann aber viel länger genußvoll bergab geht, queren wir die Bahnstrecke. Nun weisen uns Stecken direkt an ihr

entlang den Weg. Wieder gibt es weit und breit nichts als bläulich-weiße Einsamkeit, nur der Hallingskarvet leuchtet immer noch von oben herab. Nach 1½ Stunden erreichen wir zwei, drei einzeln stehende Hütten, alle unbewohnt und verschlossen. Ein Drittel der Strecke zurück in die Zivilisation ist geschafft. Weiter geht es talabwärts, in weiten Bögen weg von den Gleisen, dann wieder dicht an ihnen entlang. Wir bleiben hier und dort stehen, entdecken den einen oder anderen kleinen, vereisten Wasserfall und bewundern die teilweise feine Schichtung des Schnees, die vom Wind freigelegt wurde. Gegen 16 Uhr scheint der Mond schon herab, nun sind die Spuren im Schnee aber deutlicher, ein Weg ist darunter erkennbar, das Loipengebiet von Haugastøl zieht sich weit das Hochtal hinauf. Eine Stunde später ist die Ansiedlung erreicht, und in der warmen Bahnhofshalle warten wir auf unseren Zug nach Geilo.

**29**

# Auf den Hausberg von Geilo

Wo das Hallingdalen zur Hardangervidda aufsteigt, bildet der lange, steil aufragende Gebirgsrücken Hallingskarvet eine weithin sichtbare Landmarke. Vom Touristenzentrum Geilo ausgehend, dem letzten Ort im Tal, überzieht sommers wie winters ein Routennetz die Hänge.

**WEGVERLAUF:** Prestholtseter – Beginn der Scharte Prestholtskardet (30 Min.) – Kuppe in 1700 m Höhe (30 Min.) – Eimefonni (1 Std.) – Steinmann auf 1700 m Höhe (30 Min.) – Prestholtseter (1 Std.)

**DAUER:** ca. 3.30 Std.

**LÄNGE:** 7 km

**HÖHENUNTERSCHIED:** 600 m

**SCHWIERIGKEITSGRAD:** anspruchsvolle Bergwanderung mit steilem Abschnitt durch die Scharte Prestholtskardet

**WEGBESCHAFFENHEIT:** markierte, deutliche Pfadspuren bis zum Beginn der Schneefelder in der Scharte, danach im groben Geröll keine durchgängigen Wege mehr

**AUSRÜSTUNG:** Trinkwasser

**WANDERKARTE:** Tur- og Fritidskart 1:50 000 Nr. 2, Geilo (mit Sommer- und Winterwanderrouten)

**RASTMÖGLICHKEIT:** gemütliche, bewirtschaftete Hütte Prestholtseter (bis 18 Uhr)

**HINWEIS:** Auf dem Nachbarhof des Prestholtseter wird selbstgemachter Ziegenkäse verkauft.

**ANFAHRT:** Auf der R 7 aus Richtung Gol nach Geilo fahrend, passiert man am Ortsanfang von Geilo linker Hand zwei Campingplätze und erblickt bald darauf eine Fußgängerbrücke, die über die Straße führt. Unmittelbar davor zweigt rechts eine Straße ab (u. a. Hinweisschild Prestholt!). Auf dieser geht es gut beschildert in vielen Kurven aufwärts zum Skigebiet und daran vorbei nach Prestholtseter (mautpflichtig).

## DER WANDERWEG

Vom Parkplatz bei der Hütte **Prestholtseter** führt der Fahrweg noch ein Stück geradeaus weiter durch ein Hofgelände und zwei Gatter. Dort zeigt ein erstes Hinweisschild zwei alternative Wanderrouten nach Ustaoset an. Man geht geradeaus weiter. Das Gelände wird zur Rechten von dem markanten Gebirgszug Hallingskarvet überragt, zu dem die Wanderung hinaufführen soll. Linker Hand geht der Blick über eine langgezogene, moorige Senke hinweg, wird dann aber von dem parallel verlaufenden flachen Rücken Eimeheii aufgehalten, der diese Hochfläche zum Hallingdal hin begrenzt. Nach wenigen Metern zeigt ein Schild nach rechts zum Prestholtskardet hinauf. Dorthin wendet sich nun die Wanderung auf deutlich ausgetretenem Pfad. Zunächst ist die Steigung am grünen Hang noch mäßig, die Aussicht wird mit jedem Höhenmeter weiter. Schon taucht das Hallingdalen unterhalb auf, dann wird dort im Talboden der riesige Stausee bei Ustaoset sichtbar, auch die jenseits beginnende Hochebene Hardangervidda überblickt man bald. Ein Bach wird überquert, der Pfad strebt immer steiler der **Scharte Prestholtskardet** zu, die sich rechts voraus in den oberen Steilwänden des Hallingskarvet öffnet. An ihrem Fuß wird der Pfad nach 30 Min. noch steiler. Er führt uns nun in kleinen Serpentinen über schotterigen Untergrund.

Ein Bachlauf kommt oben aus den Schneefeldern und wird gequert. Jenseits ist kurz darauf (45 Min.) eine hübsche Raststelle – eine aus Steinplatten aufgeschichtete Bank – erreicht, von der aus sich ein Blick zurück lohnt. Nun liegt die Hardangervidda schon deutlich tiefer, denn von hier betrachtet man deren sanft gewellte, etwa 1300 m hohen Kuppen schon aus 1600 m Höhe.

Die Pfadspuren verzweigen sich etwas, führen aber noch einmal zum Bachlauf zurück und über ihn hinweg, bevor sie sich verlaufen oder Altschneefelder ohnehin alles zudecken. Solange das Firnfeld zur Linken zu steil geneigt ist, bleibt man am rechten Berghang, dem Skarvsenden. Dann wird der Neigungswinkel aber nach und nach geringer, das Schneefeld weitet sich zu einer riesigen Mulde, die den oberen Teil des Prestholtskardet zwischen den Anhöhen Skarvsenden rechts, Storesåta voraus und Prestholtskarvet links ausfüllt. Hier geht es jetzt halblinks über den Schnee hinweg auf einen mit Steinmann und Holzpfeilern markierten Punkt zu. An dieser **Felskuppe in 1700 m Höhe** ist nach gut 1 Std. der Aufstieg geschafft. Halbrechts fällt der Blick durch das schroffe Tal Tjørnbotn auf das dahinterliegende Sundalen, in dem sich zahlreiche Seen erstrecken.

Vom Steinmann aus wendet man sich in Richtung der flachen Kuppe des Prestholtskarvet. Hier und da stehen weitere Steinmarkierungen, doch verbinden sie sich nicht zu einer deutlichen Route. Es ist empfehlenswert, sich weit nach links zum Steilhang hin zu orientieren, denn dort sind die Ausblicke hinunter ins Tal immer wieder lohnend und lenken etwas von der

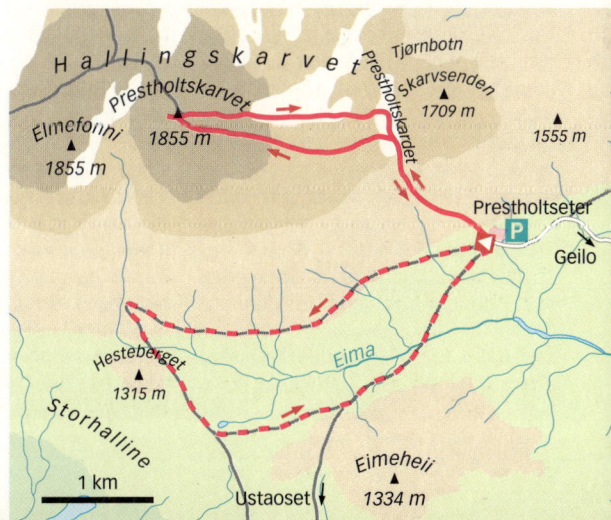

**Wanderung 29:**
Vom Prestholtseter auf den Gebirgszug Hallingskarvet

recht mühseligen Kletterei über die Geröllfelder ab. Erst wenn die Kuppe schon rechts neben einem liegt, wendet man sich dorthin. Ein mächtiger Steinmann markiert nach fast 2 Std. den mit 1855 m höchsten Punkt in dem fast ebenen Terrain. Die Aussicht von dort wird allerdings durch diese Weitläufigkeit beeinträchtigt. Um die angrenzende Kluft mit dem Gletscher **Eimefonni** betrachten zu können, geht man daher wieder einige Minuten in westliche Richtung bergab. Wild und schroff schneidet die Kerbe in die Steilfelsen, und riesige Eisstücke, von der Gletscherkante abgebrochen, befinden sich in ihrem Grund, weshalb dieser Einschnitt auch nicht für einen Abstieg geeignet ist. Es geht vielmehr zurück zur Höhe 1855. Aus der neuen Laufrichtung betrachtet zur Linken (also weiter nördlich), liegt vor den Kuppen des Miljonuten und des Storesåta eine flache, langgezogene Senke, die auch im Hochsommer von ausgedehnten Firnfeldern bedeckt ist. Auf ihnen wandert es sich wesentlich angenehmer und schneller als auf den Geröllfeldern zuvor. Man hält ostwärts auf Tjørnbotn zu und hat den breiten Rücken des Prestholtskarvet nun rechts neben sich liegen. Dort, wo sowohl Rücken als auch Schneefeld wieder in die breite Firnsenke des Prestholtskardet auslaufen, wendet man sich in ihr deutlich nach rechts und befindet sich nach 2.30 Std. wieder auf **1700 m Höhe,** unterhalb des **Steinmanns** mit Holzpfeiler, an dem die Runde über den Prestholtskarvet begann. Der Rückweg verläuft auf der gleichen Route wie der Hinweg: Man quert die Schneemulde und steigt neben dem Skarvsenden abwärts, so daß man jederzeit das Schneefeld verlassen kann, wenn es zu steil oder zu rutschig wird. Dann ist wieder der Weg und nach 3.30 Std. schließlich die Hütte **Prestholtseter** erreicht, die zu einer Kaffeepause einlädt.

## VARIANTE

Bei klarer Sicht können versierte Wanderer auch einen ›Umweg‹ von 2 Std. über Skarvsenden machen. Hier besteht allerdings die Gefahr, daß man in die Steilhänge hineingerät, und auch der ›normale Weg‹, auf den hier und da immer wieder einmal Steinmänner hinweisen, hat seine steileren Tücken und verliert sich zwischendurch im felsigen Gelände. Andererseits sind die Ausblicke durch eine Doppelscharte hindurch hinunter zur Hütte oder nach Nordwesten in die Karwände von Tjørnbotn sehr lohnend. Das Gelände ist in diesem letzten Ende des Hallingskarvet, anders als es die 50 000er Karte vermuten läßt, überaus kleingliedrig und erfordert viele kürzere und längere Auf- und Abstiege. Außerdem muß man immer wieder nach Norden hin Steilabfälle umgehen, so daß sich der eigentliche Rückweg zur Hütte ziemlich hinzieht.

## WEITERE HINWEISE

Wenn sich der Hallingskarvet auch nach der dritten Tasse Kaffee in dem urgemütlichen Gasthaus Prestholtseter noch bedeckt gibt, oder einem nicht der Sinn nach vielen Höhenmetern steht, kann folgende Rundwanderung (Dauer 2.30 Std.) eine Alternative sein:

Man bleibt hinter dem Gatter beim Prestholtseter einfach auf dem gut sichtbaren, mit roten Ts markierten Pfad, der sich parallel zum Prestholtskarvet nahezu steigungslos hinzieht. Nach gut 1 Std. gelangt man auch so bis zur tief eingeschnittenen Kerbe beim Eimefonni, wo der Weg sich gabelt. Mit dem Bach, der aus diesem Einschnitt kommt, geht es im spitzen

Für eine Weile Wegbegleiter: Ziegen von einem Hof beim Prestholtseter

Winkel hangabwärts. Da diese Stelle keine Beschilderung aufweist, ist sie leicht zu verfehlen. Dann muß der Bach gefurtet werden (ggf. Surfschuhe mitnehmen), und es folgt ein kurzer Anstieg zum Hesteberget. Man passiert eine Skiroute, die an den hoch aufragenden Holzstäben zu erkennen ist. Nach knapp 1.30 Std. erstreckt sich zur Linken ein kleiner See. Kurz hinter ihm kreuzt eine deutliche Schafspur den Pfad und führt nach links direkt in Richtung eines großen Felsbrockens. Dieser Spur folgt man, hält die Höhe und kommt so ca. 20 Min. später auf einen markierten Pfad, der nach links in die Senke führt. Nach insgesamt 2 Std. überquert man den mittlerweile recht kräftigen Bach über einen schmalen Holzsteg. Der Weg entfernt sich kurz darauf hangaufwärts vom Gewässer (auf die Ts achten!), erreicht dann die Umzäunung des Hofgeländes von Prestholtseter und bei dem Hinweisschild am Gatter endet die Rundwanderung.

## AM WEGE

**Geilo** ist eines der ältesten und bekanntesten Wintersportzentren Norwegens. Das ist auch im Sommer zu sehen, denn die breiten Schneisen für den Abfahrtsskilauf sind auf beiden Hangseiten in die Wälder geschnitten. Saison ist hier vor allem im Frühjahr, wenn die Tage länger und die Temperaturen nicht mehr so niedrig sind. Zu Weihnachten ist es hier vergleichsweise leer, so daß die geringe Länge der durchaus anspruchsvollen Pisten dann durch kurze Wartezeiten kompensiert wird. Auch gute Skifahrer kommen hier auf ihre Kosten, und sei es, daß sie sich auf die Telemarkski stellen und mit völlig neuer Technik die Buckelpisten meistern. Das Hauptvergnügen findet aber im Fjell statt, wo ganze Familien mit den nordischen Tourenski unterwegs sind. Das sind breite Langlaufski mit Stahlkanten, die auch in ungeloiptem Gelände ein sicheres Vorankommen gewährleisten.

## 30

# Beste Aussichten für Gipfelstürmer

### Auf den Gaustatoppen bei Rjukan

Der lohnende Aussichtsberg Gaustatoppen wird alljährlich von Tausenden erklommen. Problemlos führt ein guter Wanderweg zur Hütte am Beginn des Gipfelgrates hinauf. Bis zum höchsten Punkt in 1881 m Höhe ist dann noch eine kurze Kletterpartie zu bewältigen.

**WEGVERLAUF:** Parkplatz – Abzweig Svineroi (1 Std.) – Abzweig Gausdalen (15 Min.) – Gaustahytta (30 Min.) – Gipfel (30 Min.) – Parkplatz (1.45 Std.)

**DAUER:** ca. 4 Std.

**LÄNGE:** ca. 12 km

**HÖHENUNTERSCHIED:** 700 m

Rote Markierungen weisen den Weg

**SCHWIERIGKEITSGRAD:** Bis zur Hütte problemlos; für die Gratwanderung zum Gipfel ist Trittsicherheit erforderlich; man sollte nicht zu Schwindel neigen. Bei starkem Wind oder Nässe ist hier besondere Vorsicht geboten.

**WEGBESCHAFFENHEIT:** gute, breite Wanderroute, rot markiert; auf dem Grat zerklüftetes Felsterrain

**AUSRÜSTUNG:** Trinkwasser, Fernglas, Übersichtskarte, warme Kleidung zum Wechseln (wegen der exponierten Lage kann das Wetter auf dem Gaustatoppen schnell umschlagen, man sollte darauf eingestellt sein)

**WANDERKARTE:** TK 1 : 50 000, Blatt 1614 IV, Rjukan

**RASTMÖGLICHKEIT:** Im Sommer (Juli, August täglich, im September Sa und So) ist die Gaustahytta nahe des Gipfels bewirtschaftet. Sie bietet auch Unterkunft.

**ANFAHRT:** Von Rjukan auf der R 37 nach Osten bis zum Abzweig der Gaustafjell-Straße Richtung Saurland, auf dieser hinauf bis zum See Heddersvatn, wo beim Kiosk Starvsrobua ein beschilderter Parkplatz liegt.

**Wanderung 30:** Auf den Gaustatoppen bei Rjukan

## DER WANDERWEG

Ein breiter Wanderpfad beginnt jenseits des **Parkplatzes** und ist mit dem Namen des vorausliegenden Wanderziels Gaustatoppen beschildert. Oben auf dem Gipfel fällt ein Turm auf; das Militär hat hier in exponierter Lage einen Horchposten errichtet. Der ausgetretene Weg führt mäßig ansteigend den Hang hinauf, zunächst entlang einer Bachkerbe, vorbei an der rechts aufragenden Kuppe Starvsronuten und schräg auf den langgezogenen Bergrücken des Gausta. Der Anstieg wird steiler, der Weg hält nach links direkter auf den Hang zu (30 Min.). Unterhalb liegt nun bald der kleine Langefonntjørn, voraus kommt mit zunehmender Höhe das tief unterhalb gelegene Vestfjorddalen in Sicht.

Oben auf dem Bergrücken zweigt nach 1 Std. eine steilere Route nach rechts Richtung **Svineroi** ab, während der Hauptweg sich mehr nach links wendet und über das recht flache Gelände auf das **Gausdalen** zuhält. Das von unzähligen Seen gesprenkelte Tal westlich des Gausta ist bald gut einzusehen. Dorthin zweigt eine andere Nebenstrecke ab (1.15 Std.), während die Route zum Gipfel nun direkt auf diesen zuhält. Bald führt der Pfad durch das steile, steinige Gelände in guten Serpentinen hinauf und erreicht unweit des Turmes die kleine **Gaustahytta**, ein 1893 eingerichtetes, an die Felsen geducktes Natursteinhaus (1.45 Std.). Bis hierher ist die Wanderung einfach, der Abschnitt zum nur noch wenig entfernten höchsten Gipfelpunkt des hier beginnenden Grates ist schwieriger, und man sollte vielleicht sein Hauptgepäck bei der Hütte lassen.

Dicht rechts vorbei an dem Turm weisen die roten Markierungen zunächst noch durch niedrige Felsstufen, doch bald verwandelt sich der Grat in ein Auf und Ab von mannshohen Felsblöcken und tiefen Klüften; etwas Kletterei ist nötig, um hier durchzukommen. Vom 1881 m hohen **Gipfel** (2.15 Std.), der kegelförmig ins Tal bei Rjukan abfällt, sind die Aussichten unübertroffen, denn die gesamte Hardangervidda schließt sich auf der anderen Talseite an. Weit hinten ist bei halbwegs guten Sichtverhältnissen der weiße Eisschild des Hardangerjøkulen

Das letzte Stück zum Gipfel ist eine Kletterpartie

leicht auszumachen, und auch in den anderen Himmelsrichtungen sind Berge, Kuppen, Talzüge und Seen zu überblicken.

## ✤ AM WEGE

**Rjukan,** im tiefen Vestfjorddalen zwischen Telemark und Hardangervidda gelegen, entwickelte sich erst mit dem Ausbau der Wasserkraft zu Beginn dieses Jahrhunderts zu einer Ortschaft. Zuvor hatte das enge Tal im Schatten der Bergzüge nur wenigen Höfen ein Auskommen geboten. Hauptlieferant für die Stromerzeugung wurde der berühmte Rjukanfossen, der für den Be-

trieb der Vemørk-Kraftstasjon trockengelegt wurde. Ein Fußweg führt neben dem Straßentunnel oberhalb von Vemørk an der beeindruckenden Schlucht entlang. Die gewonnene Energie nutzte ein Salpeterwerk für die Produktion. So wurde Rjukan einer der wichtigsten Industrieorte. Seine Geschichte wird im **Industriearbeitermuseum** in der ehemaligen Kraftstasjon eindrucksvoll dokumentiert. Von Rjukan führt die 1928 eröffnete und vor wenigen Jahren restaurierte Seilbahn **Krossobanen** zum Rand der Hardangervidda bei der knapp 900 m hoch gelegenen Bergstation Gvepseborg hinauf. Wer die Anstrengung einer Gipfeltour auf den Gaustatoppen scheut, hat ihn von hier am besten im Blick.

**31**

# Auf den Spuren des Silberbergbaus

Die beschauliche Rundwanderung führt durch abwechslungsreiches Gelände mit kahlen Felskuppen, waldigen Hängen und wasserreichen Mulden. Das Fjell rund um den Jonsknuten ist von jahrhundertealten Spuren des Bergbaus geprägt. So liegen kleine Stauseen und alte Wasserrinnen sowie eine Grubenanlage mit Schächten und Abraumhalden am Wege.

**WEGVERLAUF:** Knutehytta – Jonsknuten (30 Min.) – Kongensdam (45 Min.) – Haus Sachsen (1 Std.) – Knutehytta (1 Std.)

**DAUER:** ca. 3.15 Std., Abstecher 1.30 Std.

**LÄNGE:** 10 km

**HÖHENUNTERSCHIED:** ca. 300 m

**SCHWIERIGKEITSGRAD:** Wanderung durch einfaches Gelände. Etwas Orientierungsvermögen ist erforderlich, um immer die richtige Spur zu finden. Der Abstecher verläuft auf breiten Wegen und stellt für sich allein einen gemütlichen Spaziergang dar.

**WEGBESCHAFFENHEIT:** Durchgehend erkennbare Pfade, teils etwas spärliche blaue Markierungen. Das einzige Orientierungsproblem ergibt sich dadurch, daß zahlreiche Pfade verschiedenen Alters und Ursprungs das Gelände durchziehen.

**WANDERKARTE:** Freizeitkarte 1 : 25 000 Knutefjell Vest, erhältlich in der Touristeninformation Kongsberg

**RASTMÖGLICHKEITEN:** gemütliche bewirtschaftete Hütte Knutehytta am Ausgangs- bzw. Endpunkt der Wanderung, geöffnet Di–So 11–18 Uhr

**HINWEIS:** Da die meisten Stauseen heute der Trinkwasserversorgung Kongsbergs dienen, ist das Baden in ihnen nicht erlaubt. Eine Ausnahme bildet der Elsedam, nahe Haus Sachsen (s. »Varianten«, S. 191).

**ANFAHRT:** Von Kongsberg aus fährt man auf der Hauptstraße nach Süden bis zur Gabelung der R 40 und der R 11. Man folgt der R 11 nach rechts Richtung Notodden, bis nach etwa 2 km rechter Hand die Silbergruben bei Saggrenda (De gamle gruver) ausgeschildert sind. An dieser sehenswerten Museumsgrube vorbei geht es durch ein sehr schönes Waldgebiet auf dem Fahrweg bis zur Knutehytta.

## DER WANDERWEG

Der Parkplatz an der **Knutehytta** grenzt an einen kleinen Teich, an dessen Ufer ein Wegweiser zum Jonsknuten

und zum Nordskaret weist; ihm folgend geht es links vom Zufahrtsweg in das flach ansteigende Felsterrain hinein. Ein paar Meter höher erkennt man links unterhalb schon den großen Jakobsdam, der durch eine Halbinsel fast in zwei Seen geteilt ist. Jenseits ist die Staumauer auszumachen, die ihn als künstlich angelegt ausweist. Auch die Endung »-dam« zeigt dies an, sie kennzeichnet generell künstliche Seen.

Voraus erhebt sich auf dem Gipfel des Jonsknuten der mächtige Sendeturm, der auf der Wanderung immer wieder als Orientierungspunkt dienen kann. Über felsige Absätze steigt die blau markierte Route an, verzweigt sich

hier und da, doch die Spuren vereinigen sich wieder. So gewinnt man schon etwas an Höhe und Übersicht, bevor der eigentliche Anstieg zur Gipfelkuppe beginnt. Man passiert ein hoch aufragendes Schild, das im Winter die Skiwanderer vor Eisfall am Sendeturm warnt. Dahinter liegt der Jonstjørn am Wege, und nicht weit hinter diesem See trifft man auf einen schlecht markierten Abzweig: Während die Hauptroute geradeaus weiter um den Jonsknuten herumläuft, führt der rechte, schmalere Weg direkt dorthin aufwärts. Diesem folgend erreicht man eine längliche Senke unterhalb des Gipfels, aus der man am Betonsockel der Seilbahn vor-

**Wanderung 31:** Am Jonsknuten bei Kongsberg

kiert – das alte Bergmannszeichen paßt gut zu dieser Route. Schon nach wenigen Metern tritt ein Pfeil als Markierung hinzu. Auf felsigem Gelände geht es am Rand einer rechts flach aufragenden Kuppe entlang. Dann passiert man einige Tümpel, und mit Blick über die rechts vorausliegende Wasserfläche des Kongensdam gelangt man leicht absteigend zu einer Mulde mit einem länglichen See. Der Sendeturm liegt nun direkt hinter einem, unmittelbar voraus erhebt sich der Mokollen, unterhalb seiner flachen Gipfelkuppe erstreckt sich ein runder Teich. An einer Pfadgabelung weist ein blauer Pfeil in diese Richtung. Durch teils moorige, teils buschige Stellen geht es wieder leicht aufwärts und auf dem weniger feuchten, rechts angrenzenden Felsgelände an dem runden Teich vorbei.

In einem Bogen wendet sich die Wanderroute nach etwa 1 Std. nun dem unterhalb liegenden Kongensdam zu, dem größten Stausee, der in dieser Region für den Bergbau angelegt wurde. Abwärts geht es über blanken Fels, dann am linken Rand einer sumpfigen Senke entlang, ein Stück durch dichtes Nadelgehölz und über ein paar Planken direkt auf die Staumauer zu. Doch die Spur führt nicht zu ihr hinauf, sondern passiert sie unterhalb, vorbei an einer neueren Hütte, um am jenseitigen Ende des Staudamms auf den Seeabfluß zu stoßen (1.15 Std.). Das Wasser wird hier in eine künstliche Rinne geleitet, die mit Holzplanken überdeckt ist und nun den Weg eine Weile begleiten wird. Man folgt ihr jedoch nicht direkt auf den Planken, sondern auf dem Trampelpfad daneben. Schilder weisen darauf hin, daß heute das Trinkwasser für Kongsberg durch die Rinne fließt. Rechts steigt der Fels steil und kahl an, links ist der abfallende Hang mit Nadelwald bestanden.

bei zum Turm hochsteigt (30 Min.). Von hier ist das Fjell in allen Richtungen weit zu überblicken, denn der Jonsknuten ist mit 904 m bis zum Blefjell im Norden und dem Lifjell im Westen weit und breit die höchste Erhebung. Hat man das Panorama genossen, wendet man sich zur Seilbahn. Sie ist nur im Winter in Betrieb. Am Fuß des Betonsockels, der den obersten Pfeiler trägt, beginnt der markierte Abstieg. Unten an einem kleinen Teich angekommen, geht es über ein paar Holzbohlen, und in einer deutlichen Rechtskurve trifft man auf einen Abzweig, der nun nach links weiter verfolgt wird. Er ist mit zwei gekreuzten Hämmern blau mar-

# Kongsberg und der Silber-
# bergbau

Verschiedene Geschichten kursieren über die ersten Silber-
funde im Knutefjell oberhalb von Kongsberg: Mal wird
erzählt, Kinder seien beim Schafehüten auf das Edelmetall
gestoßen, ein anderes Mal, ein Ochse habe mit seinen
Hufen die ersten Silberklumpen freigelegt. Wie dem auch
sei, es hatte schon lange Indizien dafür gegeben, daß das
Fjell mit seinen kalkspat- und sulfithaltigen Schichten Silber-
erz bergen könnte. Einzigartig jedoch war, daß man auch
auf reines Silber stieß. 1663 begann die systematische
Suche unter Leitung von Spezialisten aus dem Harzer
Raum, die auf königlich-dänische Anordnung mittels zahlrei-
cher Privilegien in den unterentwickelten Norden gelockt
wurden. Die zahlreichen deutsch klingenden Namen gehen
auf diese Frühzeit zurück.

Eine Siedlung wurde angelegt, das heutige Kongsberg, und
entwickelte sich im frühen 18. Jh. mit 8000 Einwohnern zur
größten des Landes. Das Silberbergwerk stellte die größte
Produktionsanlage der vorindustriellen Zeit dar, mit über
4000 Arbeitern. Wo immer silberhaltige Gänge an der Oberfläche gefunden wurden, begann die Arbeit, zuerst nur mit
Brecheisen und Hammer. Die Schächte entlang der Erz-
adern wurden immer tiefer in den extrem harten Fels
getrieben, das Edelmetall mit Hilfe der Brandmethode

Ab und zu ist in Biegungen die Mauer zu erkennen, auf der die Rinne mit kaum merklichem Neigungswinkel über Einschnitte geleitet wird. Zur Zeit des vorindustriellen Bergbaus spielte Wasser als Antrieb für die großen Förderräder eine wichtige Rolle, Reservoire wie Kongensdam wurden möglichst hoch im Fjell angelegt. Das Ziel dieses Leitungssystems war die Grube Haus Sachsen, zu der auch diese Wanderung führen wird. Ein kurzer Abstecher weist von der Rinne hoch zu einem hübschen Aussichtsplatz, stößt dahinter aber gleich wieder zu ihr. Wenig später zweigt rechts eine markierte Route zur Knutehytta ab, die man ignoriert.

Weiter geht es um den felsigen Hang des Aksla herum. Bald liegen ein paar Wochenendhütten unterhalb der Rinne, die kurz dahinter in einen offenen Bach mündet. Der Weg steigt ein paar Stufen hinab und entfernt sich vom Wasserlauf, der seinen Weg zum Gyldenløvedam nimmt. Der kleine See liegt kurz darauf rechts in einiger Entfernung zwischen Bäumen versteckt. Auf trockenem Felsgelände und dann abwärts durch den Wald gelangt man zum Ufer, an ihm entlang zum Seeabfluß und in seiner Nähe weiter hinab. Nach knapp herausgelöst: An der Grubenstirn wurden Feuer entfacht und das so erhitzte Gestein später mit Wasser schlagartig abgekühlt, durch die Temperaturdifferenzen entstanden darin Risse.

Mit Leitern kamen die Bergleute in die Schächte, Pferdekraft förderte die an umlaufenden Ketten befestigten Erzeimer zutage. Doch bald wurden die Distanzen zu groß, um sie mit Menschen- und Pferdestärke zu bewältigen, und man begann ab der Mitte des 17. Jh. die Wasserkraft zu nutzen. Dämme wurden angelegt, um Wasser im Fjell zu stauen, Rinnen verbanden diese mit den Gruben. Dort wurden mächtige Schaufelräder durch das Wasser in Gang gesetzt und trieben ihrerseits eine ausgeklügelte Wasserkunst an, die für Hebe-, Pump- und Förderarbeiten genutzt wurde. Bis zu 300 m Höhendifferenz konnten mit ihrer Hilfe überwunden werden. Damit verbunden war die Einführung der Fahrkunst, eines gegenläufig auf- und absteigenden Leitersystems, das die Bergleute schneller hinauf und hinunter beförderte. Eine noch erhaltene Fahrkunst ist in der Kongensgruve bei Führungen zu besichtigen.

Neue Techniken machten die Silberförderung effizienter: Um 1700 begann man Schwarzpulver für die Sprengung des Gesteins einzusetzen, später ersetzte man die Wasser- durch die Dampfkraft. Als 1957 die letzten Gruben wegen sinkender Rentabilität geschlossen wurden, hatte man bei Kongsberg 1350 t reines Silber gefördert.

2 Std. beginnt die nächste überdeckte Wasserrinne, an der es weiter entlanggeht. Einige Minuten später trifft man wieder auf eine Weggabelung: Ein Schild Richtung Funkelia weist auf einen alten Fahrweg nach links, auf diesem entfernt man sich nun wieder von der Rinne und gelangt nach ein paar Minuten zum Grubengelände von **Haus Sachsen** (2.15 Std.). Zwei Wegweiser sollte man sich merken, bevor man das Grubengelände durchstreift: Man kommt von Knutehytta over Renne und geht später weiter nach Knutehytta over Gyldenløve. Doch zuvor lohnt sich eine Besichtigung des Geländes: Linker Hand endet es in riesigen, aus dem bewaldeten Hang kahl aufragenden Abraumhalden. Davor erheben sich verschiedene Gebäude der 1629 gegründeten Silbergrube, darunter der kegelförmige Holzturm, in dem Pferde die Förderketten mit den Erzeimern antreiben mußten. Daneben liegt der Eingang in die etwa 500 m tiefe Grube, und oberhalb davon sind die steinernen Fundamente der alten Radstube zu erkennen, in der ein riesiges Wasserrad für den Antrieb von Förderanlagen, Pumpen und Fahrkünsten sorgte. Ein Miniaturturm am Wegrand enthält einen voll funktionierenden

Die Wanderung führt
an blankgeschliffenen
Felsen und kleinen
Seen vorbei

Trinkwasserbrunnen. Die hölzernen Werksgebäude liegen, teilweise mit alten Gerätschaften und Gerümpel vollgestellt, gegenüber, als sollte doch noch einmal Leben in die alten, Mitte dieses Jahrhunderts aufgegebenen Anlagen kommen. Wer sich zu dem unter »Varianten« beschriebenen Abstecher zur Kongensgruve entschließt, trifft dort auf weitere eindrucksvolle Zeugnisse der Bergbaugeschichte.

Über Gyldenløve geht es nun Richtung Knutehytta zurück. Die Route quert eine breite Wasserrinne, steigt dann in einer felsigen Kerbe wie über Treppenstufen an, erreicht oberhalb das Ufer des kleinen Vannintaksdam, an dem sie rechts vorbei zu einer weiteren Rinne gelangt. Über dieser erhebt sich ein Häuschen, an dem der Weg links abbiegt, um sanft ansteigend auf die Felshänge zu führen. Hier muß man auf die Markierungen achten; außer den blauen Farbtupfern helfen auch einzelne Steinmänner bei der Orientierung. Zwischen alten, knorrigen Kiefern geht es zu den beiden Seen lille und store Sachsentjørn. Über den kleineren hinweg fällt der Blick weit ins Vorland. Dann führt die Wanderung am Ufer des linken, größeren entlang, über die grasbewachsene, niedrige Staumauer hinweg und um ein paar Felsblöcke herum weiter hinauf. Halblinks voraus taucht der Sendemast auf dem Jonsknuten auf. Ein natürlich entstandener Tümpel mit moorigen Ufern, dann wieder ein künstlicher See, der Delesteinstjørn, erstrecken sich zur Linken. Der Sendemast liegt nun direkt voraus, eine andere Kuppe links nahe der weiter ansteigenden Route, die bald mit dem großen und dem kleinen Jerntjørn die nächsten Seen passiert. Die Staumauer des größeren wird nach rechts überquert, unterhalb kommt der Henriksdam in Sicht. Von einer letzten Kuppe beginnt nach gut 3 Std. der Abstieg ins Tal zu diesem Stausee, der bereits dicht an die noch nicht sichtbare Knutehytta grenzt. Erst nach einer Kurve taucht die Hütte hinter Felsblöcken unvermittelt vor einem auf (3.15 Std.).

## VARIANTE

Der Abstecher zur **Kongensgruve** führt auf dem Fahrweg nach rechts, am herrschaftlichen Wohnhaus vorbei und bei einer Gabelung am lille Sachsendam nach halblinks. Auf dieser alten Fahrspur kommt man an der Prins Carl Gruve und einem dort von rechts hinzustoßenden Weg vorüber. Es geht immer weiter geradeaus, vorbei am 1647 errichteten Elsedam, dem ältesten Wasserreservoir. Man passiert einen Abzweig nach links und stößt kurz dahinter auf die hoch aufragenden Fundamente der 1838 errichteten Radstube der Grube »Gottes Hülfe in der Noth«. Auch der Eingang in den 765 m tiefen Schacht ist links des Wegs hinter der Umzäunung zu erkennen. Dann geht es an mehreren Stauseen vorbei bis zur Wegkreuzung, an der die Kongensgruve nach rechts ausgeschildert ist. Auf dem Gelände dieser größten und ertragreichsten Grube sind verschiedene Schächte zu sehen, alle sind mit Zäunen gesichert. Bis 1070 m tief führen die Schächte unter Tage, das sind 560 m unter dem Meeresspiegel. Zurück an der Kreuzung wendet man sich nun nach rechts, passiert den Kongensgruvedam, biegt an der nächsten Gabelung wieder nach links und kommt an einem Skilift vorbei. Vor dem markanten Radstuben-Fundament mündet die Tour wieder in den Hinweg ein. Den Weg nach rechts fortsetzend, erreicht man nach 1.30 Std. wieder seinen Ausgangspunkt.

Wer den Abstecher als eigenständigen Spaziergang machen will, stellt sein Auto auf dem Parkplatz vor dem mit einer Schranke abgesperrten Grubengelände ab. Zu Haus Sachsen gelangt man, wenn man unter einer hoch über den Weg geführten Wasserleitung hindurchgeht. Für den Spaziergang wählt man jedoch den mit Steinen gesperrten Zugang rechts davon und trifft bei der Prins Carl Gruve nach wenigen Minuten auf die beschriebene Route, der man nach rechts folgt.

## WEITERE HINWEISE

Eine **Fahrt mit dem Grubenzug** in die Kongensgruve ist bei Saggrenda (De gamle gruver) möglich (s. »Anfahrt«). Von Mitte Juni bis Ende August geht es täglich um 11, 12.30 und 14 Uhr unter Tage, in der Hochsaison zusätzlich um 15.30 Uhr. Man fährt durch einen der später angelegten Entwässerungsstollen über 2 km in den Berg, wo die Führung (norwegisch/englisch) beginnt. Eine Ausstellung im benachbarten Sakkerhus informiert über das Leben der Grubenarbeiter.

Alte Bergwerksgräben dienen heute der Trinkwasserversorgung von Kongsberg

**32**

# Schleusen und Schiffe am Telemarkkanal

**Von Ulefoss nach Vrångfoss**

Man kann mit dem Auto in Ulefoss oder Vrångfoss vorfahren und sich dort den Schleusenbetrieb anschauen, wenn die Scharen von Menschen, die mit der gleichen Absicht hierhergekommen sind, es zulassen. Schöner ist jedoch ein Spaziergang entlang des Telemarkkanals. Vielleicht darf man dann in Eidsfoss beim Schleusen mithelfen.

**WEGVERLAUF:** Ulefoss – Hovedgaard (15 Min.) – Eidsfoss (30 Min.) – Parkplatz (15 Min.) – Ulefoss (1 Std.)

**DAUER:** ca. 2 Std.

**LÄNGE:** 9 km

**SCHWIERIGKEITSGRAD:** Spaziergang

**WEGBESCHAFFENHEIT:** gute, breite Wege, als »Kultursti« markiert

**RASTMÖGLICHKEITEN:** Sommercafé Vrångfoss, täglich 11–20 Uhr, Café im Ulefoss Hovedgaard, So–Fr 11–17 Uhr

**HINWEIS:** Besonders attraktiv ist ein Besuch der Schleusen natürlich, wenn eines der beiden alten Ausflugsschiffe, MS Victoria oder MS Henrik Ibsen, sie passiert. In Ulefoss geschieht dies um 10.30 Uhr und 15.40 Uhr, in Eidsfoss um 11.15 Uhr und 15.10 Uhr und in Vrångfoss um 11.50 Uhr und 14.20 Uhr.
Es besteht die Möglichkeit, den Spaziergang mit einer Schiffs- oder Busfahrt zu verbinden. Die Abfahrtszeiten der Kanalbuslinie erfährt man in der Touristeninformation in Ulefoss. Allerdings ist die Etappe Ulefoss – Lunde die beliebteste und daher teuerste der

gesamten Strecke (1996: 170 NOK). Eine Kombination Bus/Schiff lohnt sich deshalb eher für einen längeren Streckenabschnitt an einem wanderfreien Tag.

**ANFAHRT:** Ulefoss liegt an der R 36, die bei Skien von der Küste (E 18) abbiegt und weiter nördlich auf die R 11 trifft. Beim Jachthafen biegt man von der Hauptstraße Richtung Ulefoss slusser ab und parkt bei der Touristeninformation.

## DER WANDERWEG

Mit den Schleusen von Ulefoss beginnt der Abschnitt des Kanals, der die größte Höhendifferenz auf dem Weg aus der inneren Telemark zur Nordsee überwindet. Der Nordsjø liegt auf nur 15 m über NN. Die Schleusen befördern die Schiffe zum gut 10 m höheren Niveau des Eidselva hinauf.

Vom Ausgangspunkt des Spaziergangs, den **Ulefoss-Schleusen,** geht es über die Brücke zur anderen Seite des Eidselva hinüber, dort der Straße ein paar Meter nach, bis ein Fahrweg in einer Kurve geradeaus weiter hangauf-

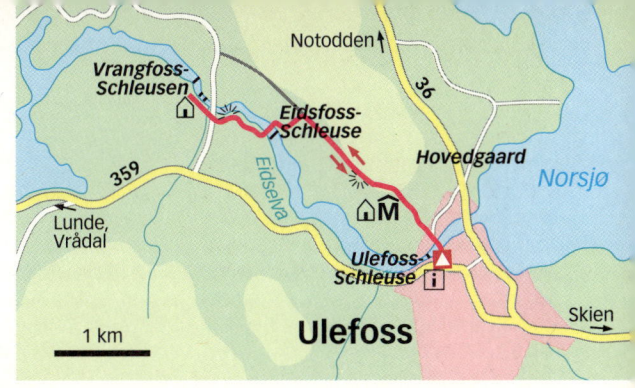

**Wanderung 32:**
Von Ulefoss
nach Vrångfoss

1 km

wärts verläuft. Er führt zum **Hovedgaard.** Durch Wald und Felder, vorbei am Abzweig nach Lille Ulefoss folgt man dem Zufahrtsweg bis zum Beginn der Parkanlagen des herrschaftlichen Anwesens und spaziert anstatt auf der Schotterstraße nun durch die Grünanlagen die letzten Meter hinauf bis zu den Gebäuden (15 Min.). Das weiße Wohnhaus mit der schwarz glänzenden Dachkuppel wird passiert, und vorbei am gelben Wirtschaftsgebäude – heute Café und (Pferde-)Wagenmuseum – geht es geradeaus weiter einen Fahrweg entlang, der voraus deutlich mit einer Schranke für den Verkehr gesperrt ist. An dieser vorbei und an einem Getreidefeld entlang kommt man in bewaldetes Terrain. Zuvor lohnt sich ein Blick nach links über den unterhalb gelegenen Ort und zurück auf den Herrensitz. Der breite Weg ist nun hier und da mit niedrigen Holzpflöcken und der Aufschrift »Kultursti« markiert. Er führt eine Weile durch den Forst, bevor bei einer Informationstafel der unterhalb gelegene Kanal in den Blick kommt. Auch die Schleuse und das Fließwasserkraftwerk von Eidsfoss sind von hier schon zu erkennen. Weiter geht es auf dem breiten Weg, entlang des rechts steil aufragenden Felshanges. Ein kleiner Steinbruch liegt am Weg, eine Stromleitung quert ihn. Hier zweigt die Route nach links in den Wald ab. Der schmale Pfad ist markiert, doch sollte man trotzdem die Augen offenhalten, um diesen Abzweig nicht zu übersehen. Abwärts durch den Wald, vorbei an einem älteren Wohnhaus, geht es über eine Wiese auf die Schleusen von **Eidsfoss** zu (45 Min.). Die alte Anlage mit dem Schleusenwärterhäuschen lohnt sicher eine längere Unterbrechung, bevor es weitergeht. In den beiden Schleusenkammern werden weitere 10 m Höhendifferenz überwunden.

Man überquert den Kanal auf der Brücke am neuen Wasserkraftwerk, wendet sich jenseits auf dem Fahrweg nach rechts und wandert mit Blick auf den Kanal leicht bergan. Bald kommt der Leitdamm der nächsten Schleusen in Sicht, dann entfernt sich die Route nach halbrechts vom Fahrweg und überquert auf einer Holzbrücke einen tief eingekerbten Seitenbach. Dahinter folgt man dem Schild »Utsikten« und hat gleich darauf an dem kleinen Aussichtspunkt die Vrångfoss-Schleusen direkt vor sich liegen. In fünf Stufen werden hier 23 m Höhenunterschied bewältigt. Hat man sich abwärts zum Hauptweg begeben, sind es nur noch ein paar Meter, bis dieser bei einem kleinen Sägewerk – hier wurden die Schleusentore gefertigt – auf den **Parkplatz** bei den Schleusen trifft (1 Std.). Zurück geht es auf demselben Weg.

## AM WEGE

Der in der zweiten Hälfte des 19. Jh. gebaute **Telemarkkanal** verbindet Dalen mit dem Küstenort Skien über eine 105 km lange Wasserstraße aus zahlreichen langgestreckten Seen, Flüssen und künstlich angelegten Kanalabschnitten. Mit Hilfe von 18 Schleusen werden die über 70 m Höhendifferenz zwischen dem Bandak und dem Meer überwunden. Ursprünglich als Transportweg, besonders für Holz, angelegt, wurde der Kanal schnell für die Passagierschiffahrt wichtig. So bildete die Fahrt per Schiff in die innerste Telemark vor dem Bau der Bergenbahn 1909 eine Etappe auf dem Weg von der Hauptstadt ins Zentrum des Westens. Nachdem die Flößerei in den 60er Jahren endgültig aufgegeben und der Holztransport auf Schiene und Straße verlegt wurde, ist der Kanal nur noch von touristischer und kulturgeschichtlicher Bedeutung; 1995 erhielt er den Europa Nostra Preis für erhaltenswerte Kulturdenkmäler.

## WEITERE HINWEISE

Nicht nur eine Bootstour auf dem Telemarkkanal lohnt sich, auch eine Fahrt an seinen Ufern entlang ist ein besonderes Erlebnis. Die Landschaft aus blanken Felsrücken, einsamen Seen und Wald, durch die sich der Wasserweg zieht, ist typisch für die Telemark.

Von Vrångfoss fährt man auf dem »Kanalvegen« nach Lunde und kommt an weiteren Schleusen vorbei, bevor Flåbygd erreicht wird. Dort folgt man der Uferstraße auf der Nordseite des Flåvatnet via Kilen bis zur Kabelfähre bei Østenå, wo man ans Südufer übersetzt (7–8 Uhr, 12–15 Uhr, 18–19 Uhr). Anschließend geht es weiter bis zur R 41 (Kviteseid–Vrådal).

Das alte Fahrgastschiff MS Victoria läuft in die Schleusen von Vrångfoss ein

# 33

## Graue Felsrücken über grünen Wäldern

### Von Vrådal zum Roholtfjellet

Typisch für die Telemark ist der krasse Gegensatz zwischen den bewaldeten Hängen und den blanken Felsrücken, die steil daraus aufragen. Das Roholtfjell ist beeindruckend – aus welcher Richtung man sich ihm auch nähert. Von seinen beiden Gipfeln überblickt man ein ›Meer‹ aus Wald und Wasser, aus dem sich wie schroffe Schären weitere Felskuppen erheben.

**WEGVERLAUF:** Vrådal – Ende des »Natursti« (30 Min.) – Fureskaret/P 9 (1 Std.) – Plateau (45 Min.) – Paßsenke (15 Min.) – 2. Gipfel (30 Min.) – Høydalen/P 6 (30 Min.) – Felsmulde am Såta (30 Min.) – Fureskaret/P 9 (30 Min.) – Aussichtspunkt (15 Min.) – Stemmyr/P 20 (30 Min.) – Vrådal (45 Min.)

**DAUER:** ca. 6 Std.

**LÄNGE:** 18 km

**HÖHENUNTERSCHIED:** 950 m insgesamt, davon etwa 300 m steiler Anstieg zum 1. Gipfel

**SCHWIERIGKEITSGRAD:** Trittsicherheit auf steil geneigtem Fels sowie Orientierungsvermögen und Ausdauer sind erforderlich; zu der beschriebenen Wanderung gibt es kürzere und einfachere Varianten. Insbesondere bei regnerischem Wetter sind diese vorzuziehen, da man dann die beiden steilen Felshänge des Roholtfjellet meiden sollte.

**WEGBESCHAFFENHEIT:** Durchgehend markierte Routen (im ersten Teil Kennzeichnung »Natursti«, später rote und gelbe Punkte/Pfeile, rote und gelbe Holzanhänger in den Bäumen), teils auf breiten Spazierwegen, teils Saumpfade durch dichtes Unterholz. Auf blanken Felsen sind zwischendurch keine Spuren zu erkennen. Verschiedene Punkte entlang der Strecke sind mit Nummern versehen, die sich in der u. g. Karte wiederfinden und auch hier zur Orientierung erwähnt werden (P 6, P 20 etc.). Wir hatten Schwierigkeiten, den nur noch spärlich vorhandenen Markierungen südlich des Vesle Roholtfjellet (nahe P 7) zu folgen. Diese sollen jedoch erneuert werden.

**AUSRÜSTUNG:** Übersichtskarte für die Ausblicke vom Gipfel, Trinkwasser

**WANDERKARTE:** Turkart 1 : 50 000 Vrådal

**ANFAHRT:** Vrådal liegt an der R 38/41 und ist von der Küste bei Kragerø gut zu erreichen. Von Norden biegt man bei Kviteseid von der R 11 ab. Von der Gabelung R 38/R 41 sind es nur wenige hundert Meter bis zu einer Brücke über einen Bach. Direkt dahinter beginnt der beschilderte »Natursti«;

**Wanderung 33**: Von Vrådal zum Roholtfjellet

Parkmöglichkeit auf der anderen Straßenseite.

▶ **DER WANDERWEG**

Eine große Tafel gibt am Beginn des »Natursti« in Vrådal Aufschluß über dessen Verlauf. Von hier folgt man seiner Beschilderung und geht zunächst auf dem Fahrweg an einem Wohnhaus vorbei, bevor man nach links in einen Fußweg einbiegt. Dieser stößt oberhalb einer Ferienhausanlage auf einen Forstweg und den Punkt 18. Der hübsch angelegte Steig führt ein paar Meter nach rechts und beim nächsten Schild wieder nach links.

Zahlreiche Tafeln geben mehrsprachig Aufschluß über alles, was thematisch zum Gelände paßt. Der Weg verläuft nun oberhalb des Ortes. Immer wieder blitzt zwischen den Bäumen der Vråvatn auf.

Ein schotteriger Fahrweg wird gekreuzt, Roholtfjellet und Langto sind in Laufrichtung ausgeschildert. Wieder führt der Pfad durch Wald, bis er auf eine weitere Forststraße stößt, die rechts mit einer Schranke für Fahrzeuge gesperrt ist. Man umgeht die Sperre, wandert die breite Spur ein kurzes Stück aufwärts, bis der Steig sich wieder links von ihr wegwendet und nun entlang einer alten Reitspur hangaufwärts gerichtet ist. Von Felsen gesäumt, hält der Pfad bald deutlich auf die Steilhänge von øvre Langto zu, wo eine Tafel auf einen alten Grabhügel etwas links der Spur aufmerksam macht. Die Route wendet sich nach halbrechts und beschreibt gleich darauf einen deutlichen Bogen, dabei bleibt sie nahe der links ansteigenden Felswände, führt durch licht bewaldetes, buschiges Gelände und erreicht kurz hinter einer Linkskurve eine Gabelung. Linker Hand geht es zum Aussichtspunkt auf 400 m Höhe, rechter Hand führt unsere Route noch ein kurzes Stück parallel zum wieder in Sichtweite kommenden Fahrweg bergauf, mündet in ihn ein und folgt ihm nach links. Bald zweigt der »Natursti« wieder nach rechts ab (30 Min.).

Man bleibt auf der Forstspur und steigt in mäßigem Neigungswinkel bergan. Das Gelände oberhalb ist schon felsiger, nach rechts blickt man über den Wald hinweg bis zum See. Bei Punkt 13 verdeutlicht eine Informationstafel den Standort: Man befindet sich 420 m hoch und 2 km von Vrådal entfernt. An der Gabelung ist das Roholtfjell nach rechts mit 5,2 km ausgeschildert. Kahl ragt der Skurven links auf und verdeckt vorerst noch den Hauptberg. Diese vorgelagerte Kuppe wird nun bis zum nächsten Schild am Punkt 11, »Tremyr«, passiert. Dahinter beschreibt der Weg einen Bogen. Bald sind links die ersten blanken Hänge des Roholtfjell zu sehen. Auch der Wanderweg verläuft auf unbewachsenen Felsplatten, die sich hangaufwärts zu einer steinernen Mulde verlängern. Rechts gehen sie in steilere Absätze über, von denen ein kleiner Wasserlauf breit herunterplätschert. Der Weg quert den Bach am Fuß der Felsabsätze, unmittelbar davor trifft er noch auf den Punkt 10. Der Pfad führt deutlich erkennbar in einer Kehre hinauf und quert den Bach auf der Felsstufe, die schon von unten zu sehen war. Vorsicht ist geboten, denn auf dem schwarzen glitschigen Flechtenbewuchs kann man leicht ausrutschen. Sollte sich der Bach als sehr wasserreich erweisen – wir trafen nur ein winziges Rinnsal an –, bietet sich als Alternative kurz vor Punkt 10 ein Anstieg in der Mulde links der Felsabsätze an. Nachdem man den Bach so umgangen hat, wendet man sich nach rechts zum Weg, wobei eine unmarkierte Pfadspur helfen kann. Oberhalb finden sich wieder flachere, bewaldete Hänge, über die der nun markierte Pfad (gelbe und rote Pfeile) absatzweise ansteigt. Im weiten Gelände des unteren Såtedalen stößt man nach 1.30 Std.

auf den **Punkt 9, »Fureskaret«.** Gut 300 Höhenmeter trennen die felsigen Kuppen hier noch vom ersten Gipfel des Roholtfjell, das sich links des Weges steil und kahl erhebt. Dorthin soll es nun, der linken Pfeilmarkierung folgend, gehen. Der mittlere Pfeil weist in die Bachkerbe des oberen Såtadalen – von dort wird man später hierher zurückkommen –, der rechte zeigt über den Bacheinschnitt hinweg auf eine niedrige Felswand. In dieser Richtung verläuft der letzte Abschnitt der Rundtour, der in Vrådal endet.

**Abkürzung:** Wer nur eine 3stündige, einfache Wanderung machen will, geht dem rechten Pfeil nach, überspringt also die folgende Beschreibung, bis der Punkt 9 erreicht ist.

Nun steht die anspruchsvollste Etappe der Wanderung bevor. Man folgt den linken Markierungen (gelb) zum Fuß der Hänge und auf unbewachsenem, anstehendem Gestein aufwärts. Der Anstieg wird steiler und anstrengender, man schafft ihn gerade noch, ohne die Hände zu Hilfe nehmen zu müssen. Längliche Streifen in verschiedenen Grauschattierungen deuten auf das hin, was hier nach starkem Regen los ist: Das Wasser, das am Hang nirgendwo versickern kann, rinnt dann ungebremst nach allen Seiten zu Tal.

Oberhalb kommt eine Scharte in Sicht, auf die die Spur zuhält. Dort hat man wieder Bewuchs unter den Füßen, steigt nun entlang der Kerbe und der rechts davon aufragenden Felswände weiter auf. Links ist das Gelände bald sanfter geneigt, öffnet sich dann zu einem **Plateau**, das man mit der Rinne nach etwa 2.15 Std. erreicht hat.

Um die grandiose Fernsicht zu genießen, gibt es nun zwei Alternativen: Man kann weitere 50 m steil zur Höhe 1005 hinaufklettern. Bei einer an den Fels geduckten Eberesche führt eine Spur durch die Felsen hoch. Die unteren 10 m sind die schwierigsten, danach kommt man ohne größere Kletterkünste aus. Um sich beim Rückweg nicht zu versteigen, ist es sinnvoll, sich die Route einzuprägen. Wer nicht klettern will, wandert zur Abbruchkante des Hochplateaus, von der die Aussicht ebenfalls großartig ist. Über die Vorkuppe des Skurven fällt das Gelände in den Wald ab, darunter ziehen sich bogenförmig die langen Seen Nisser und Vråvatn durch die Täler. Jenseits steigt das Kahlfjell im Storroan fast 1200 m an, und im Hintergrund sind die weiten Hochflächen der Setesdalheiene zu erahnen.

Die Wanderung wendet sich ab der Rinne nun in Richtung des zweiten Gipfels des Massivs und verläuft dabei zunächst über das weite, steinerne Plateau. Erst spät weisen die Markierungen den Weg zu einer deutlichen Einkerbung weiter rechts, jedoch nur, um den Wanderer zum Wegweiser am Punkt 8 zu führen.

**Abkürzung:** Wer eine gute Stunde abkürzen will, kann ab Punkt 8 in der Einkerbung bleiben und sich direkt zum ausgeschilderten Damtjørn wenden: Es geht zum rechten Rand der Kerbe hinauf, vorbei an kleinen Seen, problemlos über Felsen abwärts und am kahlen Hang des Roholtfjell oberhalb vom linken Ufer des ersten Roholttjørn entlang. Bei einem Tümpel quert man, sich nach rechts orientierend, eine Senke, um dann am rechten Ufer des unteren Roholttjørn weiterzuwandern. Beim etwas versteckt gelegenen Wegweiser am Punkt 7 trifft man oberhalb des Damtjørn wieder auf die beschriebene Route.

Die Wanderung wendet sich ab dem Punkt 8 sofort wieder steil zum Fels-

plateau zurück und führt auf eine **Paßsenke** zu, in der mehrere kleine Tümpel liegen. Spätestens dort ist dann auch die unterwegs etwas spärlich markierte Route wieder zu finden (2.30 Std.). Sie verläuft am linken Rand einer bewachsenen Einsenkung entlang zunächst hangaufwärts bis zur Abbruchkante, über die hinweg man nach Vrådal hinunterblickt. Hier wendet sich die Spur nach rechts, quert die mit Buschwerk bestandene Einsenkung und steigt dann durch die Steilhänge auf gut angelegter und markierter Route hinauf. Der 1018 m hohe **Gipfel** (3 Std.) erhebt sich über einem nach Westen nur allmählich abfallenden Grat, auf dem man die Wanderung fortsetzt. Auch wenn die Markierungen nicht auf Schritt und Tritt den Weg begleiten, erweist sich dieser Abschnitt doch als problemlos.

Wanderer auf dem Weg zum Roholtfjellet

Mit weiten Ausblicken in beide Richtungen bleibt man immer oben auf dem Höhenrücken. Nach einer Weile liegt eine links vorragende Kuppe am Weg. Nun behält man die Markierungen im Blick, die kurz darauf nach rechts hangabwärts weisen. Das Gelände ist wieder bewachsener, so daß der Weg bald wieder als Spur zu erkennen ist. Sie führt auf eine kleinere Felskuppe zu, die durch eine Kerbe vom Haupthang getrennt ist. Durch die baumbestandene Senke geht es steil hinunter und zu der Höhe 899 m wieder hinauf. Der Weg läßt ihren Gipfel links liegen und steigt dann am jenseitigen Hang abwärts. Nach 3.30 Std. erreicht man im **Høydalen** den Punkt 6 und folgt dort der Beschilderung nach rechts, Richtung Damtjørn. Der Pfad verläuft auf gleichbleibender Höhe am bewaldeten Hang

entlang, rote Anhänger in den Bäumen markieren ihn. Links unterhalb liegt eine längliche Senke, eine Hütte kommt dort in Sicht, dahinter der Damtjørn. Jenseits begrenzt der steile Rücken Vesle Roholtfjellet dieses Tal. Kleine Sumpfstellen müssen überwunden werden, und bald ist der Punkt 7 erreicht, dessen Wegweiser etwas versteckt zwischen dem hohen Bewuchs aufgestellt ist. Hier stößt die Abkürzung vom Paß zwischen den Gipfeln zu unserem Pfad (s. o.).

Bald verliert die Route etwas an Höhe, passiert den Damtjørn, um dann wieder auf gleichbleibendem Niveau zu verlaufen, vorbei an einem zweiten länglichen Teich. Hier fanden wir nur spärliche Markierungen und brauchten einige Zeit, um den Pfad im dichten Gestrüpp zu finden. Man hält zunächst Richtung und Höhe und ver-

meidet die rechts steiler ansteigenden Felsrücken. Nahe des dritten Tümpels verläßt man das Tal. Man hält sich halbrechts und trifft bald auf den oberen Rand einer weiten **Felsmulde.** Halbkreisförmig zieht sie sich aus den Hängen des Såta zu einer Senke hinunter, deren Boden mit einem kleinen See gefüllt ist. Dieser außergewöhnliche Anblick bietet sich dem Wanderer nach etwa 4 Std. Der Weg wendet sich nun hinauf zum Såta. Man läuft wieder auf flachem Felsgrund und kommt an einigen Steinmännern vorüber. Der Gipfel wird rechts in geringem Abstand passiert, dann steigt die Route nach halbrechts zu einer Bacheinkerbung hin ab. Der Blick in die Talschüssel, die man zuvor gesehen hatte, wird jetzt von einem Grat versperrt. Bald ist der Bach erreicht, dem man eine Weile folgt, bevor man ihn schließlich quert. Zwischen bemoosten Felsbrocken, umgestürzten Bäumen, dichten Farnen und plätscherndem Wasser kommt die Assoziation Urwald auf. Der Weg bleibt in der Kerbe, bis diese in flacheres Terrain mündet. Nach 4.30 Std. biegt er rechts ab auf das angrenzende Felsplateau und erreicht ein kurzes Stück weiter ziemlich überraschend den **Punkt 9, »Furuskaret«,** an dem sich die Runde über das Roholtfjell schließt.

Nun geht es nach links gleich wieder in die Bachschlucht und durch sie hindurch auf eine Felswand zu, durch die der gelb markierte Pfad in gut angelegten Kehren problemlos aufwärts führt. Oben angekommen, erblickt man einen von flachen Felsrücken eingerahmten See. Es geht links an ihm vorbei und einen Absatz hoch, dann stößt man in moorigem Terrain auf weitere Tümpel; man hält sich links von ihnen. Eine Hochspannungsleitung wird passiert, und zwischen flachen Rundhöckern hindurch geht es in trockeneres Gelände. Auf einen von Heide und Kiefern gepräg-

ten Wegabschnitt folgt eine weitere Senke mit kleinen Tümpeln. Bald darauf fällt in der Nähe der Route ein großer Steinmann auf. Er markiert den Rand einer steilen Bergflanke, zu der sich ein Abstecher lohnt (4.45 Std.). Unterhalb dieses **Aussichtspunktes** liegt die Seenlandschaft am Telemarkkanal mit dem Strauman, der sich zum Kviteseidvatn verbreitert. Dieses Bild kommt noch einmal ins Blickfeld, wenn die Route im Rechtsbogen zum Smøtjørn abgestiegen ist. Vorbei an diesem und einem benachbarten See geht es leicht abwärts, bald ist ein deutlich abfallender Grat erreicht, über dessen felsige Absätze die Route unproblematisch hinabführt. Die Aussicht von hier ist hervorragend: Links umfaßt das Panorama den Telemarkkanal bei Kviteseid, rechts die Region um Vrådal und davor den Presttjørn. Zügig geht es bergab zum Middagsnuten und über dessen flacheres, bewaldetes Plateau. Die Spur wendet sich bald nach rechts und setzt sich durch dichtes, mannshohes Birkengehölz in einer ehemaligen Schneise fort. Weiter absteigend stößt man nach 5.15 Std. auf den **Punkt 20.** Geradeaus geht es unter einer Hochspannungsleitung hindurch und an dem Moorstück **Stemmyr** entlang. Bei Punkt 12 b setzt man den Weg nach links um die sumpfige Wiese herum fort, passiert Punkt 12 a und kurz darauf Punkt 12 (5.30 Std.).

Geradeaus sind es nun noch 3,5 km bis Vrådal. Der Weg verwandelt sich in eine lehmig-braune Traktorspur und gabelt sich wenig später. Halbrechts geht er in einen breiten Waldweg über, dem man nun abwärts folgt. Der Punkt 14 wird passiert und voraus kommt zwischen den Bäumen der Vråvatn in Sicht. Schließlich ist der Punkt 18 oberhalb der Ferienhäuser erreicht, wo es nach links zum Startpunkt des »Natursti« zurückgeht. Hier endet die Wanderung nach 6 Std.

# 34

## Blankgeschliffene Hänge und ein Naturmonument

**Rundwanderung in der Gautefallheia**

Die Rundwanderung zieht ihre Reize einerseits aus dem Detail, denn die Gletscher haben beim Abhobeln dieser Region viele Nischen geschaffen, die heute von kleinen Seen, Sümpfen und abgerundeten Felsbuckeln eingenommen werden. Andererseits ist auch für gute Aussicht und mit der »Himmelsrike« für ein großartiges Naturmonument gesorgt.

**WEGVERLAUF:** Hotel Gautefall – Beginn des Schotterweges (25 Min.) – zweiter Parkplatz (30 Min.) – Weggabelung (25 Min.) – Grønlivarden (1 Std.) – Weggabelung (1 Std.) – Teich in der »Himmelsrike« (30 Min.) – Hotel Gautefall (40 Min.)

**DAUER:** ca. 4.30 Std.

**LÄNGE:** ca. 15 km

**HÖHENUNTERSCHIED:** ca. 400 m

**SCHWIERIGKEITSGRAD:** einfache Rundwanderung

**WEGBESCHAFFENHEIT:** In weiten Teilen führt diese Wanderung an kleinen Sümpfen und Feuchtstellen vorbei.

**AUSRÜSTUNG:** Badesachen

**WANDERKARTE:** Im Hotel Gautefall ist kostenlos eine Karte im Maßstab 1 : 50 000 erhältlich, auf der alle Sommer- und Winterrouten verzeichnet sind.

**RASTMÖGLICHKEIT:** im Hotel Gautefall am Ausgangspunkt der Wanderung

**ANFAHRT:** Gautefall ist von Vrådal aus zu erreichen, wenn man auf der R 41 bis zum Südende des Sees Nisser fährt, dort zweigt die R 358 Richtung Drangedal ab. Nach 18 km ist die Hotelanlage Gautefall beim Skigebiet erreicht, wo die Rundwanderung beginnt. Von der Küste aus verläßt man die E 18 nördlich von Kragerø auf der R 38 und wechselt 12 km hinter Drangedal auf die R 358.

### DER WANDERWEG ▶

Mit Blick auf den Hoteleingang wendet man sich über den Parkplatz hinweg nach links, geht am Hauptgebäude entlang und anschließend ein asphaltiertes Straßenstück hinauf. Direkt hinter einem freistehenden Gebäude auf der linken Seite steht der erste Holzpflock mit blauem Kopf. So sind alle Sommerrouten markiert, in der Karte sind sie jedoch grün eingetragen. Sowohl die

Wegebauer vor Ort als auch die Karten-zeichner stehen vor einem Dilemma: Grüne Markierungen lassen sich im Grünland schlecht finden, blaue Eintra-gungen auf Karten sind mit Bächen und Seen zu verwechseln. Verwechseln könnte man die Wegweiser zudem mit jenen, die im Winter die Loipen kenn-zeichnen. Bei diesen handelt es sich aber um mannshohe Stäbe, die oben Farbringe tragen. Auf dem ersten Stück der Tour besteht jedoch kaum die Gefahr, den falschen Weg einzuschla-gen, da die Winterroute weit links durch sehr feuchtes Terrain führt, während die Wanderung sich dicht an die felsigen Hänge hält und dort recht malerisch über schmale Felsrücken, durch Waldstückchen, an Wiesen, einem kleinen See und Sümpfen vor-beigeleitet wird. In gebührender Entfer-nung verläuft parallel zu unserem Pfad die Hauptstraße zum See Nisser.

Nach 25 Min. erreicht man, den Mar-kierungen folgend, bei einem zweiten Ferienhaus einen **Schotterweg,** der im rechten Winkel vom bisherigen Pfad abzweigt und bergan führt. In zwei Ser-pentinen und dann kontinuierlich an-steigend wandert man aufwärts und kommt durch ein Gebiet mit Ferienhäu-sern, wie sie in Norwegen allgegenwär-tig sind. Sie gruppieren sich insbeson-dere zur Rechten in der Nähe des steil eingekerbten Bachlaufs. Bei einem **zweiten Parkplatz** ist dann die Be-bauung zu Ende und man hat den Haupt-anstieg der Wanderung von ungefähr 150 Höhenmetern hinter sich (55 Min.).

Gut markiert setzt sich der Weg über z. T. heidebewachsene Buckel in der eingeschlagenen Richtung fort. Zur Rechten weitet sich das Bachbett zu einer Mulde, in der sich kleine Seen mit sumpfigen Senken abwechseln. Auf blankem Fels postiert, zeigen verein-zelt Steinmänner die Richtung an. Rechts voraus erhebt sich deutlich die Höhe 704, deren linke, also westliche Ausläufer angesteuert werden. Kurz

nachdem man einen hübschen See passiert hat (1.20 Std.), trifft man auf eine querverlaufende Spur, die direkt von der Skianlage hochkommt und spä-ter den Rückweg bildet. Man sollte sich diese **Weggabelung** also merken.

Zunächst aber geht es nach links zum Grønlifjell. Dabei ist die Aussicht von dem mit 741 m höchsten Berg der Region bei guter Sicht zwar recht um-fassend, das Schöne an diesem Ab-schnitt ist aber der Weg selbst. Man wandert durch eine Landschaft, die – 600 m tiefer gelegen – ein schönes Schärengebiet wäre, doch statt des Segelbootes benutzt man hier nun seine Füße, und statt einer Meeresfläche fin-den sich viele kleine Seen und Tümpel, eingerahmt von zum Teil üppiger Vege-tation. Zunächst führt der Pfad an einem hohen, glatten Fels entlang, um gleich darauf deutlich nach links auf die andere Seite einer flachen Einkerbung zu gelangen, an deren Rand sich der Weg nun entlangschlängelt. Weißes Woll-gras zeigt an, daß es weiter in der Mitte sumpfig ist. Die abgeschliffenen Felsen sind teilweise von grünlichen Flechten bedeckt, dann schauen sie wieder zwi-schen Büschen, vereinzelten Birken oder Nadelbäumen hindurch. Der Baum-bewuchs wird wieder dichter und rahmt nach 1.30 Std. einen klaren See ein, in dem es sich hervorragend baden läßt. Man verläßt den See auf dem Pfad und findet kurz darauf eine Kiefer in einen Schilderbaum verwandelt, unzählige Hinweise für den Wintersport sind hier angebracht. Nun wechselt man hinüber auf die linke Seite einer neuen Einsen-kung, man sollte sich diese Stelle auch für den Rückweg einprägen.

In der bisherigen Laufrichtung geht es nun nach und nach deutlich aufwärts, zunächst an einem kleinen Rinnsal ent-lang, später an immer wieder anders ge-stalteten Tümpeln und Felsformationen vorbei. Dann verändert sich das Land-schaftsbild für kurze Zeit und zur Linken kann der Blick weit über die sanften

**Wanderung 34:** In der Gautefallheia

Kuppen der Telemark gleiten (1.45 Std.), die in dieser Höhenlage insgesamt nur spärlich bewaldet, aber von unzähligen Seen durchsetzt sind. Bei einem weiteren größeren Gewässer, an dem der Pfad rechts vorbeiführt, öffnet sich auch die Aussicht voraus in die bisherige Laufrichtung (Nordwesten). Am Ende dieses Sees steht wieder ein Schilderbaum, an dem auch unser Ziel, der Grønlivarden, angezeigt ist. Dieser riesige, weithin sichtbare Steinmann auf der breiten Kuppe des Grønlifjell ist jetzt noch 1 km entfernt. Die blauen Markierungen führen um den See herum und einen sanft geneigten Hang hinauf, dann verlieren sie sich jedoch und es gibt nur noch die hohen Stangen des Winterweges. Allerdings ist der Steinmann auf der höchsten Erhebung voraus bereits gut zu erkennen. Sollte er aufgrund des Wetters nicht zu sehen sein, kann man hier schon umkehren, weil sich dann die folgenden 20 Min. durch eine breite Senke nicht lohnen. Hat man den **Grønlivarden** jedoch nach 2.20 Std. erreicht, ist es ratsam nicht gleich zur Rast zu schreiten, sondern noch zu einer nächsten, etwas tiefer gelegenen Kuppe halblinks vorzutreten, da diese erst die

Aussicht auch in südliche Richtung gestattet, wo die beiden großen Seen heimre und austre Tørsvatn, mit vielen kleinen Felsinseln fast 100 m tiefer, also ›zum Greifen nah‹ liegen.

Zunächst geht es dann erst einmal auf dem gleichen Weg zurück, dabei wird man sicherlich aus dem veränderten Blickwinkel viele neue Details in der kleingliedrigen Landschaft entdecken. Man sollte aber vor lauter Begeisterung nicht vergessen, an die beiden Stellen zu denken, an denen die Hangseite gewechselt werden muß, natürlich wieder nach links. Nach 3.20 Std. reiner Wanderzeit ist man dann wieder bei jener Gabelung angekommen, die 2 Std. zuvor das erste Mal erreicht wurde. Nun weiter geradeaus wandernd, nähert man sich dem nächsten Höhepunkt der Tour.

Nach wenigen Metern zweigt links eine Spur hinauf auf die Höhe 704 ab, eine Variante, die wir außer Acht lassen wollen. Vielmehr führen die Markierungen nun leicht abwärts in ein weites, felsiges Terrain, das einen schönen Gegensatz zum bisherigen Gelände darstellt. Beim Zurückschauen fällt auf, daß die Hänge der Höhe 704 nach Osten hin völlig vegetationslos sind. Aus der ebenfalls mit wenig Vegetation versehenen Senke geht es wieder leicht bergan und schon wieder finden sich Heidegewächse und einige alte Kiefern ein. Dann geht man einige Minuten lang durch ein Waldstück. Kurz hinter dieser Passage gabelt sich der Wanderweg nach ca. 3.35 Std., was leicht zu übersehen ist, da hier keine Hinweisschilder stehen. Unsere Wanderung benutzt den Abzweig nach links zur Hauptattraktion der Gautefallheia, der **»Himmelsrike«**, der Weg ist ebenfalls blau markiert. Bald hat man wieder eine hervorragende Sicht auf die blanken Hänge der vorherigen Anhöhe, die nun zur Linken liegt. Auch die eigene Spur wird immer felsiger, nur noch einzelne Vegetationsinseln halten der hier stattfindenden Bodenabtragung stand. Es ist regelrecht zu sehen, wie das Oberflächenwasser an ihren Kanten nagt.

Nach und nach führt der Weg hinunter in ein immer weiter werdendes Halbrund, das an eine Arena erinnert. Die blankgewaschenen Felsen weisen in der Fallinie verschiedenfarbige Streifen auf, Einfärbungen, die auf unterschiedli-

Die »Himmelsrike« ist erreicht

che gelöste Mineralien oder pflanzliche Stoffe zurückzuführen sein mögen, die durch das Oberflächenwasser aufgetragen werden. Wie durch einen Trichter geleitet, landet man nach 3.50 Std. am tiefsten Punkt dieses Kessels, einem kleinen **Teich,** der sich nach jedem Regenguß schlagartig ausdehnen muß. Hier weisen die Markierungen nach rechts. Man kommt an einem Behältnis vorbei, in dem ein Buch darauf wartet, von Wanderern mit Namen und Adressen versehen zu werden – sicherlich eine Falle eines einheimischen Sportartikelversandhauses.

Im weiten Rechtsbogen steigt man langsam wieder etwas an und kann sich über die Vegetation freuen, die sich nach und nach wieder einstellt. Nach fast 4 Std. ist ein flacher Rücken überwunden und voraus schon das Haupttal mit Hotel und Hauptstraße zu sehen. Auf der Gegenseite ziehen die Skipisten und Liftspuren als grüne Schneisen einen sonst bewaldeten Hang hinunter bzw. hinauf. Nun verläuft die Tour nur noch abwärts, zunächst an einer (geschlossenen) Skihütte und dann an zwei weiteren Weggabelungen vorbei. Auch hier sind die Hänge zum Teil glattgewaschen, aber die blauen Sticks sind mit sehr viel Sorgfalt gesetzt: Hier wird noch einmal über einen kleinen Felsvorsprung geleitet, dort eine prächtige alte Kiefer umrundet. Einzelne Hütten stehen am Hang, dann scheint man hinter einer Brücke geradezu durch ein Wohnhaus hindurchzulaufen, so dicht geht es daran vorbei. Die Zufahrt dieses Anwesens endet direkt an der R 358. Nach wenigen Metern rechts abbiegend, kann man diese Verkehrsachse wieder verlassen, denn ein Weg führt parallel zu ihr direkt zum Hotel. Eine geschlossene Bretterbude am Wegrand entpuppt sich als »Gautefall Fjellkyrkje«. Nach 4.30 Std. reiner Wanderzeit schließt sich dann die Runde wieder auf dem Parkplatz des Hotels.

## 35
# Moore, Kahlfjell und ein Sprung im Gebirge

**Von der Bjørnevasshytta nach Bykle im Setesdalen**

Entlang lieblicher Feuchtwiesen und Birkenhaine steuert die Streckenwanderung die schmale Felsspalte Mjågeskor an, in der es zum Rotafjell hinaufgeht. Zum Setesdal hin sind die Hänge sanft und bewaldet, dann führt ein alter Karrenweg durch das schroffe Flußtal in den Ort hinüber.

**WEGVERLAUF:** Parkplatz nahe Bjørnevasshytta – Seter Kyreli (30 Min.) – Beginn der Mjågeskor (30 Min.) – Paßhöhe des Rotafjell (45 Min.) – Alm Reidalstølen (45 Min.) – Stavern (45 Min.) – Bykle (15 Min.)

**DAUER:** ca. 3.30 Std.

**LÄNGE:** ca. 12 km

**HÖHENUNTERSCHIED:** Aufstieg 450 m, Abstieg 600 m

**SCHWIERIGKEITSGRAD:** Nadelöhr und Hauptattraktion der ansonsten unproblematischen und beschaulichen Streckenwanderung ist die Scharte Mjågeskor. In ihr und auf dem angrenzenden unbewachsenen Felsen ist Trittsicherheit erforderlich. Vorsicht ist wegen des Algenbewuchses auf nassem Gestein geboten.

**WEGBESCHAFFENHEIT:** durchgängig markierte Route, größtenteils erkennbare Pfade

**WANDERKARTE:** Turkart 1 : 80 000 Setesdal Austhei Nord

**HINWEIS:** Nach oder während starker Regenfälle sollte man die Wanderung nicht unternehmen, da der Bach in der Scharte dann Probleme bereiten kann.

Auf einer Wanderung von Bjørnevasshytta zur Scharte und zurück kann man ebenfalls die Höhepunkte der beschriebenen Tour erleben (3.30 Std.).

**ANFAHRT:** Die Bjørnevasshytta liegt an der R 45 Dalen–Valle am Store Bjørnevatn. Etwa 1 km hinter der Hütte Richtung Valle befindet sich vor einem kleineren See rechts der Straße ein Parkplatz. Hier ist der Ausgangspunkt, und ein Wegweiser zeigt schon das Ziel Bykle an. Von Bykle aus kann man morgens mit dem lokalen Bus Hovden–Kristiansand bis zur Kreuzung Rotemo fahren. Dort hält der Überlandbus Stavanger–Valle–Oslo im Sommer um 12.15 Uhr, mit dem man zur Bjørnevasshytta kommt.

## DER WANDERWEG

Es geht an der moorigen Ebene entlang, die den kleinen See umgibt, und gleich unter einer Hochspannungsleitung hin-

durch. Einmal verläuft der Weg zwischen niedrigen Birken, dann wieder durch offenes Grasland. Voraus ist über das nur sanft gewellte Gelände hinweg deutlich der kahle Felsrücken zu sehen, in dem der Weg später durch die Mjågeskor aufsteigen soll. Diese Scharte ist als schräg nach links aufsteigende Linie schon auszumachen. Der See bleibt zurück, und zwei Hütten werden nacheinander passiert, unmerklich steigt der Pfad an. Rechts kommt ein neuer Teich in Sicht, an ihm entlang und über ein paar sumpfige Stellen hinweg geht es auf den **Seter Kyreli** zu (30 Min.). Auf einer Holzbrücke überquert man den Abfluß des Kyrelitjørn. Jenseits weist eine Tafel das umliegende Moor als Naturschutzgebiet aus. Die Route hält auf die Almhütten und dahinter, an mehreren Steinmännern vorbeiführend, weiter auf den Felshang zu. Wo der Bewuchs – halb Baum, halb Strauch – stärker wird, ist der Pfad wieder deutlich zu erkennen. Im grasigen Terrain dazwischen müssen bei einem Rinnsal noch einmal kleine Feuchtstellen überwunden werden. Nach 45 Min. beginnt der Anstieg am Geröllfuß der Felsrücken. Zunächst geht es zwischen einzelnen Gesteinsbrocken und buschigem Bewuchs hindurch. Der Steigungswinkel nimmt zu, und zwischen Farn und Fels ist etwas Aufmerksamkeit erforderlich, um nicht fehlzutreten. Oberhalb rinnt ein Bach breit über den blanken Hang, fällt zwischendurch als feiner Wasserschleier zu Tal, wenn nicht gerade ein Windstoß seinen Fall aufhält und die Tropfen in alle Richtungen zerstiebt. Die Route wendet sich etwas nach rechts von diesem Anblick weg, um in einer nächsten Kehre wieder links zurückzukommen, dort, wo die Scharte beginnt.

Nach 1 Std. hat man die rote Aufschrift am Felsen mit dem Namen **Mjågeskor** erreicht. Unmißverständlich weist ein Pfeil in dem kaum meterbreiten, begrünten Sprung den Weg hinauf. Bequem wie auf Treppenstufen geht sich das erste Stück, dann jedoch vereinnahmt der Bach die Rinne, und der Pfad führt links auf das benachbarte blanke Gestein, wo wir jedoch auch problemlos vorankamen. Bald weisen die Markierungen wieder rechts über die Spalte hinweg, wo sie den Wasserlauf noch einmal treffen, um nach oben auf wieder bewachsene Bereiche auszuweichen. Je nach Wasserführung muß man sich seine Route hier selbst suchen, der Aufstieg ist an beiden Rändern der Spalte möglich. Bald weitet sie sich zu einer Kerbe, in der Platz für Bach und Pfad ist. An ihrem rechten Hang geht es weiter aufwärts, bis sich kurz vor der Paßhöhe die Kluft noch einmal verengt. Dahinter quert die Spur den Bach zweimal kurz hintereinander, führt dann am rechten Rand eines felsengesäumten Tümpels und möglicherweise über angrenzende Schneeflecken hinweg, um nach 1.45 Std. den **Paß** auf 1220 m zu erreichen. Links hebt sich das **Rotafjell** zu einer nur noch wenige Meter höheren flachen Kuppe, die einen kurzen Abstecher lohnt. Die Aussicht zurück über den Felshang, die moorige Ebene darunter, den großen Bjørnevatn und umliegende bewaldete Hügelrücken ist von hier besonders gut. In der neuen Richtung liegt nun weites Fjell voraus, das sich im Finndalsenden recht schroff erhebt. Noch ist das Setesdalen nicht einzusehen, zu dem die Wanderung nun auf mäßig geneigtem Hang hinabführt.

Über einen schmalen Bach hinweg hält man auf einen kleinen Tümpel am Fuße des Finndalsenden zu. Entlang des Wasserlaufs, dann über flache Kuppen, zwischen denen man das Ufer des kleinen Sees erreicht, führt die Route an diesem Berg vorbei, steuert dann auf ein unterhalb gelegenes Quertal zu und folgt dem nun schon bewaldeten Hang abwärts. Unten rauscht vernehmlich der Reidalsåni, der von den Seiten noch Zulauf erhält – ein Nebenbach wird gequert. Voraus kommt Reidalstølen am anderen Flußufer in Sicht, einer der inzwischen aufgegebenen Sommersitze, die für die Heuernte in den Heie-Regionen angelegt wurden. Noch ist die grasige Lichtung mit der Hütte darauf ein Stück entfernt. Man nähert sich durch Buschwald dem hübsch über felsige Stufen rauschenden Bach und überquert ihn wenig später auf ein paar großen Steinen. Am anderen Flußufer wandert man weiter abwärts, mal durch Wald, dann wieder durch üppiges Grasland, dem vereinzelt aufragende Nadelbäume einen parkartigen Charakter geben.

Bald kommen die Bergzüge jenseits des Setesdalen in Sicht, auch links erhebt sich eine felsige Kuppe. Der Weg verläuft zwischen ein paar großen Felsbrocken, führt über anstehendes Gestein und trifft auf eine querverlaufende Straße, an der ein Wegweiser zurück nach Bjørnevatn zeigt. Hier wendet man sich nach links, erreicht wenig später das weitläufige Gehöft **Stavern** (3.15 Std.), hält am Ende des neuen Fahrwegs über Grasland unweit einer Telefonleitung auf eine alte Karrenspur zu und wandert auf dieser in die Schlucht der Otra hinunter. Der Weg führt über eine Brücke nahe eines Stollens, in dem das Flußwasser zwecks Energiegewinnung aufgefangen wird. Jenseits geht es auf einer steilen Schotterspur wieder hinauf, und nach 3.30 Std. erreicht man Bykle bei einem kleinen Industriegebiet. Das Ortszentrum liegt ein Stück weiter links.

## AM WEGE

**Bykle** im oberen Setesdal ist lange ein abgeschiedener Ort gewesen, zu dem außer den langen Wegen übers Fjell nur der berüchtigte Saumpfad **Byklestigen** führte. Dieser ist heute restauriert und beschildert; einige Kilometer südlich des Ortes vor einem Straßentunnel ist der Einstieg. Der Weg ist recht spannend angelegt, bietet allerdings nur Abwechslung für eine halbe Stunde.

## 36

# 400 Meter über dem Prekestolen

Zum Kjerag am Lysefjord

Oberhalb von Lysebotn beginnt die Wanderung, die über rundkuppiges, kaum bewachsenes Fjell zur 1000 m abfallenden Felskanzel Kjerag führt.

**WEGVERLAUF:** Øygardstølen – Abzweig Langavatn (30 Min.) – Bachkerbe (30 Min.) – Gipfelsteinmann (1 Std.) – Øygardstølen (2 Std.)

**DAUER:** ca. 4 Std.

**LÄNGE:** ca. 9 km

**HÖHENUNTERSCHIED:** gut 500 Höhenmeter (über die Strecke verteilt)

**SCHWIERIGKEITSGRAD:** Einige steile Anstiege, teils über kahlen Fels, bilden die einzige Schwierigkeit. Natürlich ist an der 1000 m abfallenden Steilkante ein Sicherheitsabstand ratsam.

**WEGBESCHAFFENHEIT:** zuverlässig markierte Route (rote Ts, z.T. Steinmänner), je nach Untergrund auch Pfade

**WANDERKARTE:** Turkart 1:80 000 Suldal – Setesdalsheiene

**RASTMÖGLICHKEIT:** Gasthof Øygardstølen

**HINWEIS:** Ein spektakuläres Fotomotiv ist der nahe der Aussichtsstelle in einer Spalte der Steilwand eingeklemmte Felsbrocken, der manche Besucher zu Mutproben herausfordert.

Bevor man sich dorthin wagt, sollte man jedoch an den Rückweg denken: Beim Umdrehen auf dem Stein bleibt einem der Blick in die Tiefe – 1000 m Abgrund – nicht erspart!

**ANFAHRT:** Aus dem Setesdal führt die R 45 bei Nomeland hinauf zur Setesdalsheiene und via Sirdal nach Stavanger. Bei Ådneram zweigt nach 38 km die Stichstraße Richtung Lysebotn ab. Vor den Serpentinen liegt das Panoramalokal Øygardstølen.

## DER WANDERWEG

Am Parkplatz vor dem Lokal zeigt ein Schild die Route zum Kjerag an; es weist am felsigen Hang hoch zu einer ersten Kuppe. Dorthin steigt man über fast unbewachsenes Gestein an, orientiert sich also *nicht* an den zahlreichen, nach rechts zum hohen Fjordufer verlaufenden Spuren, die Besucher dieser schönen Aussichtsstelle auf der Suche nach dem besten Standplatz fürs Stativ hinterlassen haben. Keine Sorge, später bekommt man den Lysefjord wieder ausgiebig zu Gesicht. Der erste Anstieg ist zwar recht steil, aber die Markierungen weisen doch zuverlässig den Weg hinauf, und bald kommt auch Lysebotn im Fjordende wieder in Sicht. Es geht zur

Nicht unbedingt nach-
ahmenswert – der ›Ab-
stecher‹ auf den Stein
zwischen den Felsen

Höhe 825 hinauf, wo der Weg sich von dieser Aussicht wegwendet und hinunter in ein Quertal führt. Dort liegt voraus, von Karhängen eingerahmt, ein kleiner See. Unten im Talboden ist nach 30 Min. ein Wegweiser erreicht, an dem eine Route zum **Langavatn** abzweigt. Über den Seeabfluß und durch die Senke verläuft unsere Spur nun auf die jenseitige begrünte Bergflanke zu und auf ihr deutlich erkennbar wieder steil hinauf. Bald ist der Untergrund wieder felsiger. Auf knapp 900 m wird der Steigungswinkel allmählich flacher, die Aussicht weiter. Zwischen kleinen Tümpeln und Rundhöckern hindurchwandernd, erreicht man eine weitere schmale Einsenkung mit einem länglichem See. Unten wird der daraus abfließende Bach überquert, die Route steigt dann am neuen Hang

zunächst parallel zu dem Rinnsal auf, so daß man dessen Fall durch eine schroffe **Kerbe** noch einen Moment im Blick hat (1 Std.). Dann weisen die Markierungen wieder geradeaus hinauf, bis der etwa 1000 m hoch gelegene flache Rücken erreicht ist, auf dem man nun den Rest der Strecke zurücklegt. Immer wieder ist unterhalb der Lysefjord zu sehen, dessen Wasserfläche sich an sonnigen Tagen tiefblau von dem grauen Gestein abhebt, das ihn umgibt. Zur Linken ist das Hochtal, das man zuvor gequert hat, eine Weile zu sehen, dann werden die Kuppen des Hochplateaus Kjerag in dieser Richtung höher. Die Route hält sich näher an den Fjordrand, jedoch ohne daß man die tieferliegenden Steilhänge schon zu sehen bekäme. Auf sanft geneigtem Gestein erreicht man eine

**Wanderung 36:** Zum Kjerag am Lysefjord

Spalte, die u. U. selbst im August noch schneegefüllt ist. Über diese hinweg führt die Route dann zur nächsten Längskerbe, die umgangen wird. Gleich dahinter trifft man auf ein Schild, das geradeaus weiter zum Kjeragsbolten weist.

Ein turmartiger, klotziger **Gipfelsteinmann** markiert weithin erkennbar den obersten Rand der Abbruchkante, die nach 2 Std. erreicht ist. Atemberaubend und dramatisch ist die Aussicht über den Lysefjord, der unübersehbar weit in das rauhe Fjell einschneidet. Links kerben sich die fast 1000 m hohen Steilwände hufeisenförmig in das Hochplateau ein. Geht man entlang der Kante ein Stück in diese Richtung, variieren die Bilder. Mal blickt man durch eine schmale Kerbe, dann durch eine Klamm, in der fotogen ein Steinbrocken eingeklemmt hängt. Rückwärts schauend sieht man, daß der Steinmann auf einer exponierten Felskanzel errichtet wurde, ähnlich dem berühmten, aber überlaufenen Prekestolen weiter fjordauswärts. Wie lange man die Kante des Kjerag entlangstreift, bleibt einem selbst überlassen, aber Vorsicht ist hier natürlich überall geboten (vgl. »Hinweis«, S. 208)! Der Rückweg verläuft dann auf derselben Strecke, und nach 4 Std. Gehzeit ist der Ausgangspunkt wieder erreicht.

## AM WEGE

Der Lysefjord wird auf zahlreichen Ausflugsfahrten ab Stavanger angesteuert. Eine Fährfahrt und eine Fahrt mit dem eigenen Auto lassen sich zur Rundtour verbinden: Ab Stavanger bis Lysebotn, von dort vorbei am Ausgangspunkt dieser Wanderung zur R 45 und auf ihr zurück.

## WEITERE HINWEISE

Natürlich ist auch die Aussicht von der 600 m hohen Felskanzel **Prekestolen** spektakulär, doch dorthin wandern jährlich rund 50 000 Menschen. Die Wanderung ab der Prekestolhütte dauert insgesamt ca. 3 Std. Die Tour ist zwar nicht schwer, aber das Publikum, das sich hierher aufmacht, ist großteils wanderunerfahren, so daß etliche Besucher sich unter viel Ach und Weh hinaufquälen. Angesichts des Andrangs wurde im vergangenen Jahr der Bau einer Seilbahn zum Aussichtsplateau diskutiert, doch wurde dieser Plan, für den man in Stavanger Meinungsumfragen durchführte, bislang noch nicht realisiert.

Auf der Fahrt über die **Setesdalsheiene** passiert die R 45 Energiegewinnungsgebiet. Direkt an der Fahrbahn erhebt sich der mächtige Staudamm des Rosskreppfjorden, der zusammen mit dem Svartevatn die Kraftwerke im Sirdal speist. Der Wasserkraftausbau hat zu einer Abnahme des Bestands der ohnehin gefährdeten Wildrentiere geführt, deren Wanderung zwischen den – nicht überfluteten – Weidegründen durch die riesigen Wasserreservoire behindert ist. Auch das sich über die Hochflächen erstreckende Wegenetz des Wandervereins ist nicht unberührt geblieben. Eine der Begleiterscheinungen ist, daß der Straßenan-schluß Tageswanderungen über die Setesdalsheiene erleichtert. Folgende markierte Rundwanderung um den Øyuvsvatn gewährt Einblicke in typische Landschaftsformen: Vom Parkplatz nahe dem Ivelungsvatn (ca. 20 km ab Setesdalen) den Schildern zur nahen Øyuvsbu nach, ab dieser Hütte am See entlang Richtung Gaukhei (wo die Route dorthin sich gabelt, die rechte Spur wählen), dann nach rechts Richtung Håhelleren, an der nächsten Gabelung wieder rechts nach Øyuvbu zurück, von dort wie auf dem Hinweg zur Straße (ca. 4 Std.).

Die Felskanzel Prekestolen am Lysefjord

## 37

# Ferien in den Schären

Südlich von Larvik ist es den Wegbereitern des Kyststi-Projekts gelungen, einen Pfad anzulegen, der über weite Strecken alles bietet, was man von einem Küstenwanderweg erwartet: kleine Buchten, blankgeschliffene Schären, malerische Hafenorte und rauschende Brandung mit salziger Meeresluft.

**WEGVERLAUF:** Abzweig von der Hauptstraße – Holzbude (30 Min.) – schmaler Pfad neben Feld (30 Min.) – Findling (30 Min.) – Ortseingang von Nevlunghavn (30 Min.) – Bootshafen (15 Min.) – Campingplatz Oddane-Sand (15 Min.) – Mølen (30 Min.) – Helgeroa (45 Min.)

**DAUER:** ca. 3.45 Std.

**LÄNGE:** 14 km

**SCHWIERIGKEITSGRAD:** leichte, fast ohne Höhenunterschiede verlaufende Streckenwanderung

**WEGBESCHAFFENHEIT:** Felsen, Sand, Fahr- und Fußwege, blaue Markierungen

**AUSRÜSTUNG:** Badezeug, Trinkwasser

**WANDERKARTE:** Faltblatt Kyststien i Larvik ca. 1:40 000 (in der Touristeninformation in Larvik kostenlos erhältlich)

**RASTMÖGLICHKEITEN:** in den Ortschaften Nevlunghavn, Helgeroa und Stavern

**HINWEIS:** Der Kyststi der Kommune Larvik führt von Helgeroa nach Stavern. Außer dem hier als Wanderroute vorgestellten Streckenabschnitt ist auch die Etappe Nalumstrand–Stavern lohnend (s.u. »Weitere Hinweise«). Der 8 km lange Abschnitt zwischen Hummerbakken und Nalumstrand (Gehzeit 2 Std.) ist unserer Meinung nach wenig zu empfehlen. Entweder hat man keine Sicht auf das Meer, weil diese für mehr oder minder prächtige Ferienhäuser reserviert ist, während der »Kyststi« zwischen parkenden Autos auf den Zufahrtswegen verläuft, oder man stapft über Sandstrände, die, am Rande riesiger Dauercampingplätze gelegen, die Wanderung zu einem Slalomlauf um Handtücher und Sandburgen werden lassen.

**ANFAHRT:** Ab Larvik auf der R 302 bis Helgeroa. Von Helgeroa-Jachthafen aus fährt man zurück auf die R 302 und dort nach rechts. Nach 500 m geht es links ab auf die R 301, wo nach ca. 3 km rechts die Straße nach Hummerbakken abzweigt. Nach 500 m geht rechts eine Schotterstraße ab (Bushaltestelle Guslandsvingen), auf der die Wanderung beginnt. Will man das Problem der Rückkehr zum Auto umgehen, empfiehlt es sich, das Auto am Jachthafen in Helgeroa abzustellen und für die knapp 5 km bis zum Ab-

**Wanderung 37:** Küstenwanderung bei Larvik

zweig vor Hummerbakken ein Taxi zu nehmen. Parallel zur Küste verkehren – etwas kostengünstiger – die Busse der Linie 205 Larvik – Stavern – Helgeroa. Von Helgeroa (Hauptstraßengabelung 200 m oberhalb des Jachthafens) kann man bis Guslandsvingen kurz vor Hummerbakken fahren. Ein Fahrplanheft ist in der Touristeninformation in Larvik erhältlich.

## ▶ DER WANDERWEG

Blaue Markierungen zeigen am Ausgangspunkt der Wanderung an, daß man sich nun auf dem »Kyststi« befindet. Dieser folgt dem Fahrweg durch ein landwirtschaftliches Gebiet. Links voraus ist der breite Hummerbakkfjord zu sehen, der allerdings nichts mit den Fjorden gemein hat, die man von der Westküste her kennt. Bei diesem handelt es sich um eine breite, flache Bucht. Zwei Bauernhöfe werden passiert, dann findet sich hinter einigen Ferienhäusern ein Parkplatz, auf dem ein Hinweisschild nach etwa 20 Min. über den »Kyststien« informiert. Direkt

dahinter geht es auf den ersten blankgeschliffenen Felsen, über den blaue Pfeile den Weg weisen. Zuvor empfiehlt sich ein kurzer Abstecher nach halblinks auf den höchsten Punkt, da die Aussicht über das Meer mit einigen Schären von hier noch besser ist.

Auf dem schmalen Weg wird bald ein Wäldchen durchquert, dann ist nach 30 Min. das Meer erreicht, wo sich eine kleine, abseits gelegene **Holzbude** als WC erweist. Da die steilen Felsen hier unmittelbar im Wasser enden, ist ein schmaler Steg an den Klippen befestigt worden, auf dem man nun entlangwandert. Unterhalb im klaren Wasser wiegen sich die Algen, und weiter draußen spült die Brandung über die flachen Felsen hinweg. Nun wechseln die Aussichten im Minutentakt: Gerade noch am Meer mit Blick auf eine nette Bucht, eine steile Schäre oder eine kleine Bootsanlegestelle, ist man schon im nächsten Moment von dichtem Unterholz und hohen Bäumen umgeben, um gleich darauf wieder an einer hübschen Badestelle vorbeizuwandern. Direkt am Wasser erleichtern Holztreppen das Erklimmen der blankgehobelten Felsen. Vereinzelte Ferienhäuser, meist in für beide Seiten akzeptablem Abstand, sorgen eher für Abwechslung, als daß sie stören.

Bei einer schmalen Bucht mit benachbartem Campingplatz wird man für wenige Minuten auf einem Fahrweg vom Meer weggeführt. Das etwa 300 m lange Stück ist auf dem Faltblatt etwas makaber als für Rollstuhlfahrer geeignet ausgewiesen. Nach 1 Std. geht es dann im spitzen Winkel auf **schmalem Pfad** in 5 Min. wieder an die Küste, wobei diese kurze Passage durch dichtes Unterholz mit angrenzenden Feldern ausgesprochen reizvoll ist. In der neuen Bucht sind die steilen Felsen zur Linken schön gebändert. Die blauen Markierungen leiten uns nun in weitem Bogen rechtsherum und über flache Rundkuppen. Gut 1 km entfernt liegt draußen in der See die Schärengruppe Bramskjæra. Vereinzelt tuckern kleine Motorboote vorbei, denn gegenüber in der weiten Bucht liegt Nevlunghavn. Blaue Markierungen – auf dem Gestein Punkte und Pfeile – oder aber Holzpflöcke weisen den Weg entlang des »Kyststi«. Man sollte sie im Auge behalten, weil man sonst schnell in einer Sackgasse am Meer landet oder sich Anlieger durch unerwünschten Besuch bei ihren Grillvorbereitungen gestört fühlen.

Nach einem kurzen Abschnitt auf einer Fahrspur unweit eines Bootsanlegers taucht man dort, wo nach 1.30 Std. ein riesiger **Findling** am Pfadrand aufragt, in das vielleicht schönste Stück dieser Wanderung ein. Der Weg verläuft mal durch Strandhafer und an Buschrosen vorbei, dann wieder auf blankem Fels oder durch übermannshohes Schilf, zur Abwechslung auch mitunter über kleine Holzstege. Nach 1.45 Std. stößt man bei einer weißen Villa mit schwarzem Dach wieder auf einen Fahrweg, der direkt an der Küste entlangführt. Man läßt einen kleinen Campingplatz rechts liegen, dann erstrecken sich zur Linken nur noch flache Dünen mit Strandhafer, in denen sich bei schönem Wetter die Badenden tummeln. An einem Parkplatz vorbei ist nach 2 Std. direkt am **Ortseingang von Nevlunghavn** die Hauptstraße (R 302) erreicht, auf der man sich nach links in Richtung des kleinen Ortes wendet.

Nevlunghavn

Es geht an einer schmalen Land-zunge vorbei, die ein paar Booten Schutz bietet. Dahinter biegt man halb-links in die Seitenstraße Blåbakken ein und gelangt an einem Badeplatz vorbei zum **Bootshafen.** Voraus bildet am Scheitelpunkt der Hafenmole ein klei-ner belebter Platz mit Laden und Café das Zentrum der maritimen Flanier-meile von Nevlunghavn (2.15 Std.). Rechts herum folgt man in einem Bogen dem unmarkierten Havneveien landeinwärts (die blau markierte Route kürzt den Weg zwar ab, führt aber durch eine weniger interessante Nebenstraße dorthin). Gegenüber einer Bushaltestelle zweigt links, nun wieder blau gekennzeichnet, die Seitenstraße Blombakken ab. Man geht auf ihr auf-wärts und vom Hafen weg, vorbei an gepflegten weißen Holzhäusern und von ebensolchen Zäunen umgrenzten Vorgärten, bis sie auf den Oddaneveien stößt.

Nach links über den Parkplatz einer Ferienhausanlage hinweg hält man auf den Eingang zum **Campingplatz Oddane-Sand** zu. Links davon führt der »Kyststi« über eine kleine, felsige Halb-insel auf die Sandbucht zu, an die das Campinggelände grenzt (2.30 Std.). Die Markierungen folgen ein Stück dem Strandweg, dann wendet man sich zwi-schen Wohnwagen nach rechts, über-quert den Parkplatz bei einem Kiosk und folgt jenseits dem Weg zu den Wasch-häusern. Geradeaus an ihnen vorbei ver-läßt man den Campingplatz wieder durch ein Gatter. Bald wendet sich der »Kyststi« nach links und der hier wieder ruhigeren Uferzone einer flachen, schilf-bestandenen Bucht zu. Der Pfad schlän-gelt sich durch die Strandvegetation, die bald im felsiger werdenden Gelände lichtem Baumbewuchs, dann Heide und Wacholder weicht. Der Pfad entfernt sich nun etwas von der Wasserlinie, doch führen Stichwege mehrmals zwi-schen glattgeschliffenen Klippen zu schönen Rast- und Badestellen; das

Gelände ist als »Friområde« (übersetzt etwa »Naherholungsgebiet«) ausgeschil-dert und deshalb für private Ferien-anwesen tabu. So führt der Steig nun also wieder ein Stück die unverbaute Küste entlang. Die felsigen Klippen und Schären gehen bald in einen weiten Kiesstrand über, an den die Wellen ungehindert anrennen. Die Route wen-det sich hier wieder landeinwärts, um den Weg über die flache Halbinsel bei **Mølen** abzukürzen. Nach 3 Std. ist ein Parkplatz erreicht, auf dem eine Tafel über ein hier entdecktes prähistorisches Gräberfeld informiert, erkennbar an den Steinhügeln im Gelände. Über die Zu-fahrt des Parkplatzes geht es zu einem Fahrweg, auf diesem an einer Telefon-zelle vorbei zu einem großen Gehöft mit einer Gärtnerei. Vorbei am Hauptge-bäude und den Gewächshäusern hält man sich sofort links, passiert auf einem Wirtschaftsweg ein kleineres Wohnhaus zur Rechten und wandert nun an Äckern entlang. Eine alte Feldsteinmauer wird überquert, und unter Bäumen dahin-wandernd, passiert man einzelne Som-meranwesen. Sie versperren nach links den Blick auf die etwas entfernt liegende Küste, die hinter landwirtschaftlichen Nutzflächen wieder in Sicht kommt. Der Pfad quert zwei schmale Bäche, nähert sich wieder dem schilfbestandenen Ufer und erreicht über eine kleine Landzunge hinweg einen weiteren Campingplatz.

Auf dem Strandweg geht es unter vereinzelten Kiefern entlang um die schöne Sandbucht herum. Dann wei-sen die Markierungen rechts zu den Hauptgebäuden hoch, dort dann nach links, bis der Uferweg wieder erreicht ist. Auf ihm umrundet man einen schmalen Landzipfel, bleibt weiter an der Küste und verläßt schließlich das Campinggelände auf einem Pfad, der nun oberhalb einzelner Ferienhäuser verläuft. Die Zufahrten zu mehreren Anwesen werden gequert, der Pfad wird besser, und bei einem kleinen Wendeplatz mündet er in einen brei-

In den Schären von Larvik

ten Schotterweg, der nun wieder unmittelbar am Ufer der weiten Bucht von Helgeroa entlangführt. An Holzstegen dümpeln Boote im klaren Wasser, auf schmalen Sandstreifen sonnen sich Urlauber, andere bummeln über die Strandpromenade – Freiluftleben in der Küstenvariante. Voraus ist schon die Hafenmole von **Helgeroa** zu sehen, auf die der Weg nach 3.45 Std. bei einem Café trifft.

## WEITERE HINWEISE

Ein weiterer lohnender Abschnitt des »Kysstien« beginnt am Parkplatz von Nalumstrand, einem schönen Badeplatz knapp 1 km von der Bushaltestelle beim Brekke Landhandel entfernt (an der R 301; Bus Nr. 205, s. S. 213), und führt in 1.45 Std. nach Stavern.

Am Strand markiert ein Doppelpfeil den Küstenstieg in beide Richtungen, allerdings fehlt ein Schild, das zurück zum Parkplatz weist. Wer die kurze Strecke hin und zurück wandern will, sollte sich die Stelle also einprägen.

Nach links geht es zwischen Strand und Feldern wenige Meter durch Wald um die Bucht herum und zur nächsten Bucht, die von rundgeschliffenen Felswülsten gesäumt ist. Die Route quert eine zipfelige Halbinsel mit schönen Rastplätzen, bevor sie auf die Zufahrt zu einer links gelegenen Ferienhütte stößt und ihr zur nächsten schmalen Bucht und dort an einem Feld entlang in Richtung einer bebauten Anhöhe folgt. Bevor man diese erreicht, geht es auf einen anderen Fahrweg nach rechts und durch ein Ferienhausgebiet, bis die Markierungen nach rechts durch eine Pforte weisen. Man betritt das Privatgrundstück, passiert kurz darauf das

Wohnhaus und gelangt über flache Felsen wieder hinunter zum Ufer (30 Min.). Traumhaft schön ist die Røvika – von sandfarbenen Felsen eingerahmt, die sich zahlreich als Schären vor der Küste fortsetzen. Über die Felsrücken weisen die blauen Markierungen nun den Weg um idyllische Buchten herum, an Schären und Strand vorbei, bis man auf einer Felskuppe zu einem Schotterweg kommt. Der »Kyststi« führt am Zaun eines Militärgebietes entlang, auf ein großes, von Getreidefeldern umgebenes Gehöft zu und erreicht bei einer Schranke und einer Informationstafel die Asphaltstraße. Auf ihr geht es geradeaus, dann rechts auf die Schotterzufahrt zu einem Campingplatz. Nach links durch den Haupteingang und dann geradeaus weisen die Markierungen den Weg über das Campinggelände zwischen dem Café und einem Wohnhaus hindurch. Dahinter verläßt man das Terrain halblinks auf einem breiten Waldweg.

Man passiert das rechts gelegene Areal des Kysthospitals, erreicht einen Vorort von Stavern und eine Bushaltestelle. Kurz dahinter biegt die Route scharf rechts, um ein Wohngrundstück herumführend, von der Straße ab und folgt dem Weg über einen großen Schotterplatz bis zum Meer. Dort geht es links unter mächtigen Kiefern zu einer Hügelkuppe hinauf, vorbei an einem großen Holzgebäude – mit Blick auf eine oben aufragende Steinpyramide. Dieses Denkmal für norwegische Seeleute, die im Zweiten Weltkrieg umkamen, wird passiert. Dahinter führt ein guter Spazierweg abwärts zu einer kleinen Bucht mit Badeplatz, von der aus man durch ein Tor das Gebiet der alten Festungsanlage von Stavern betritt (geöffnet 1. 5. – 30. 9. täglich 7.30–22 Uhr, in der übrigen Zeit 9–15 Uhr). Das heute noch unter militärischer Verwaltung stehende Gelände mit seinen Gebäuden aus dem 18. Jh. beherbergt mittlerweile Galerien und Museen, die Staverns in das 17. Jh. zurückreichende Geschichte als Hafenstützpunkt thematisieren. Über einen alten Kanal hinweg und durch ein zweites Tor gelangt man ins Ortszentrum von Stavern.

## AM WEGE

Es ist nicht nur die Höhe über »Normal Null«, die eine Küstenwanderung von den sonst üblichen Touren unterscheidet, meint der norwegische Wanderverein zum Thema **Kyststi** zu Recht. Sich zu Fuß entlang der Meeresküste zu bewegen, hat in diesem wanderbegeisterten Land kaum Tradition. So gut zugänglich wie das Land sonst ist, so ›verheckt‹ ist die Uferzone. Überall, sogar mitten in den so umschwärmten ›weißen‹ Orten der Sørlandküste, verhindern Zäune, »Privat«- und »Adgang forbudt«-Schilder das Weiterkommen. Gerade um den Oslofjord und in Vestfold, wo der ›Strandadel‹ besonders fest im Sattel sitzt und jedes idyllische Uferstückchen in privaten Händen ist, haben sich Wandervereine und Kommunen zu dem Projekt »Kyststi« zusammengefunden, um diese Region für Wanderer zu erschließen. Stellenweise wurde Meter für Meter in umständlichen Verhandlungen mit Eignern und Anwohnern für die Öffentlichkeit ›erobert‹, doch andernorts waren diese Bemühungen um schöne Küstenstücke umsonst. Das Ufer bestand und besteht aber nicht nur aus Ferienhäusern und einsamen Schären, sondern Straßen verlaufen unmittelbar an der Küste, Industrieansiedlungen und Städte suchten das Meer. So blieb den Projektplanern häufig nichts anderes übrig, als die Route auch dort hindurchzuführen. Von dem noch im Aufbau befindlichen Küstenwanderweg durch Vestfold, ist außer den hier und in Wanderung 38 (s. S. 218 ff.) beschriebenen noch der Abschnitt von Horten nach Åsgård-Strand zu empfehlen, der sich auch für eine Fahrradtour eignet.

## 38

# Verwunschene Wälder in Hauptstadtnähe

**Wald- und Küstenwanderung am Oslofjord**

Die in Berger beginnende Rundwanderung führt durch einen verwunschenen Wald mit überraschenden Felsformationen, an Feldern und Obstgärten vorbei, um sich schließlich auf einem Teil des örtlichen »Kyststi« fortzusetzen. Viel Abwechslung ist südlich der Hauptstadt garantiert.

**WEGVERLAUF:** Berger Café – Skihütte Seterdammen (15 Min.) – Abzweig beim Blindevannet (30 Min.) – Gabelung vor Steilanstieg (30 Min.) – Gipfel des Høgåsen (15 Min.) – Beginn des Forstwegs (30 Min.) – R 319 bei Auke (30 Min.) – Kreuzung in Sand (30 Min.) – Ulvika (15 Min.) – Fossekleiva (30 Min.) – Berger Café (15 Min.)

**DAUER:** ca. 4 Std., Variante: 3.30 Std.

**LÄNGE:** ca. 15 km

**HÖHENUNTERSCHIED:** 300 m

**SCHWIERIGKEITSGRAD:** So lange man sich in den Waldregionen an die beschriebene Route hält, sind keine besonderen Schwierigkeiten zu erwarten. Das Gelände ist allerdings absolut ungeeignet, um sich auf eigene Faust ohne sehr detaillierte Karte darin zu bewegen, man würde sich garantiert verlaufen.

**WEGBESCHAFFENHEIT:** Pfade und Forstwege durch den Wald, teils markiert. Der neu angelegte »Kyststi« ist deutlich beschildert. Man muß 30 Min. der Straße folgen, es sei denn, man wählt die kürzere Variante (s. u.).

**AUSRÜSTUNG:** Badezeug für eine Pause am Strand

**WANDERKARTE:** Karten 1 und 2 des Berger Idrettslag, Orienterings-Gruppa, 1 : 15 000, erhältlich im Kiosk neben dem Berger Café. Kleinere Maßstäbe sind nicht geeignet.

**RASTMÖGLICHKEITEN:** Café in der Fossekleiva. Im Eckladen an der Kreuzung in Sand kann der Proviant aufgefüllt werden.

**HINWEIS:** Die Wanderroute folgt Pfaden und Markierungen durch ein unübersichtliches Gelände aus Wald, Fels und Moor, das ein klassisches Terrain für *Orientering* darstellt. Dies ist in Norwegen eine sehr beliebte Freizeitaktivität, die von den Sportvereinen organisiert wird. Anhand von speziellen Karten und darin markierten Punkten, die man in möglichst kurzer Zeit erreichen muß, werden vielerorts Meisterschaften im Orientierungslauf durchgeführt.

**ANFAHRT:** Von Oslo aus zweigt in Drammen die R 319 von der E 18 ab. Über Svelvik gelangt man nach Berger, wo zunächst ein Abzweig nach Berger skole, dann einer nach Berger

**Wanderung 38**: Am Oslofjord

selbst passiert wird. Links im Tal ist
die alte Fabrik Fossekleiva mit dem
benachbarten Teich zu erkennen,
wenige Meter weiter liegt direkt an
der R 319 zur Linken das Berger Café,
wo die Wanderung beginnt und
endet.

## DER WANDERWEG

Vom Café aus überquert man die R 319.
Auf der anderen Seite verläuft eine
Straße, die am kleinen Stausee Berger-
dammen entlang zum Skigebiet (sla-

Die alte Fabrik Fossekleiva ist heute ein Kulturzentrum

*Iombakke)* führt, ihr folgt man. Kurz hintereinander werden der Abzweig zum Hof Brecke zur Rechten, sowie ein Wohnhaus zur Linken jenseits eines Baches passiert. Dann ist halbrechts voraus schon der Skihang zu erkennen, an dem der neue Weg, einen Halbkreis beschreibend, aufwärts führt, um nach etwa 15 Min. am zweiten kleinen Stausee **Seterdammen** auf eine neue (Ski-) Hütte zu stoßen. Am Gewässer entlang führt die Wanderung nun idyllisch auf schmalem Pfad weiter: Zur Linken liegt der See, zur Rechten ragen steil die Felswände auf. Alles ist üppig begrünt, denn schließlich befinden wir uns ja nur wenige Meter über Fjordniveau. In regelmäßigen Abständen wird der Wanderpfad von Lichtmasten flankiert, ein Hinweis darauf, daß hier im Winter eine beleuchtete Loipe verläuft. Vereinzelt sind jetzt schon blaue Markierungen zu finden, die später, wenn der Pfad über Felsen führt, die sicherste Orientierung bieten. Nach 30 Min. ist ein Meßpfeiler für die aktuelle Schnee-höhe erreicht, die hoffentlich bei Null liegt. 5 Min. später zeigt ein blauer Pfeil nach rechts in die Büsche, wo bei genauerem Hinsehen auch ein schmaler Pfad zu erkennen ist. Zuvor sollte man aber noch wenige Meter geradeaus auf dem Hauptweg bis zur Staumauer des schmalen Blindevannet weitergehen. Er dient der örtlichen Trinkwasserversorgung, weshalb auch Baden und Zelten im bzw. am See verboten ist. Der See liegt eingeklemmt zwischen dichten Wäldern und Bergrücken am Ende des Loipenweges und ist im Winter die Fortsetzung des Skiweges nach Norden.

Zurück beim Abzweig taucht man nach 45 Min. für längere Zeit in ein Gebiet ein, in dem unterschiedliche landschaftliche Erscheinungen in einer unglaublichen Dichte aufeinanderfolgen: Auf gewundenem, gut markiertem Pfad geht es mal durch meterhohen Farn, mal steil einen Felsen hinauf, dann wieder an einem reizvoll gelegenen kleinen Sumpf vorbei, hohlwegartig zwischen glattgeschliffenen Felsen oder – mit großartiger Sicht – einen Bergrücken entlang. Hinter jeder Ecke wartet eine neue Überraschung. Vielleicht sollte man diese Wanderung erst zum Abschluß eines Norwegenurlaubs machen, denn dann empfindet man den Gegensatz zu den großartigen Weiten der Fjell- und Fjordlandschaften ganz besonders.

Die Wanderroute steigt zunächst bergan. Immer wieder blitzt links der See auf, während der Pfad auf und neben einem schmalen Rücken weiterführt. Nach 1 Std. scheint es an einer Felswand nicht mehr weiterzugehen; die blauen Punkte, gut sichtbar auf die Steine gemalt, zeigen uns aber, daß es hinaufgehen soll. An freien Baumwurzeln finden die Hände guten Halt. Oben angelangt hat man zur Rechten nun eine tief eingeschnittene Felsschlucht neben sich und muß einen sehr steilen Abstieg zwischen Bäumen hindurch bewältigen, um gleich darauf nach einer deutlichen Rechtskurve in dem engen Kerbtal eines Bachbettes wieder anzusteigen. Der kleine Wasserlauf kommt direkt aus einer schmalen Einsenkung im felsigen Untergrund, die von einem kleinen Sumpf ausgefüllt wird, an dessen Rand man nun weiterwandert. Nach ca. 1.15 Std. ist neben einem steil aufragenden Fels eine **Weggabelung** erreicht. Geradeaus führt ein Pfad weiter nach Høyensetra (vgl. »Variante«), unsere Rundwanderung folgt dem Schild nach links steil hinauf zum Høgåsen. Wieder einmal durch üppiges Blaubeergesträuch geht es neben der wohl 15 m hohen, senkrechten Felswand des Høgåsen dahin, bis er an einer geeigneten Stelle erklommen werden kann. Wenn man zurückblickt, scheint zwar schon auf diesem Wegstück zwischen den Bäumen der Oslofjord hindurch, doch die bessere Sicht hat man vom **Gipfel des Høgåsen**. Dieser ist bei einer weiteren Weggabelung rechts nach knapp 1.30 Std. erreicht. Mit seinen 311 m ist der Berg in der näheren Umgebung unübertroffen, entsprechend gut ist der Blick in alle Richtungen. Da die Spitze eher

einem mit Heidekraut und Blaubeerbüschen sowie vereinzelten Kiefern bewachsenen Schild gleicht, muß man hier etwas umherlaufen, um von kleinen Felskuppen den breiten Oslofjord im Süden mit seinen beiden Seitenarmen Drammensfjord im Osten und Sandebukta im Westen voll überblicken zu können. Zu den Meeresarmen hin bricht der Høgåsen in einer senkrechten Wand unvermittelt ab, hier sollte man etwas vorsichtig sein.

Ab der oben genannten Weggabelung führt die Wanderung dann weiter nach Norden. Sie bleibt zunächst auf dem breiten, felsigen Rücken, wo mitunter das Auffinden der blauen Markierungen etwas mühsam sein kann, da der Pfad auf dem Untergrund nicht zu erkennen ist. Die gelben Zeichen, die vereinzelt Bäume zieren, zeigen den Winterweg an. Dieser verläuft zwar ungefähr in der gleichen Richtung, nimmt aber keine Rücksicht auf Feuchtstellen. Bei einem Steinmann kann man etwas nach links vortreten und hat einen weiten Blick nach Westen. Dann geht es durch einen Nadelwald deutlich abwärts auf eine

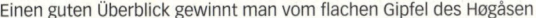

Einen guten Überblick gewinnt man vom flachen Gipfel des Høgåsen

# Oslo

Norwegens Metropole erstreckt sich um das Ende des Oslofjords und wird von den weiten, bewaldeten Hügelkuppen der Marka eingerahmt. Ein Siedlungs- und Handelsplatz entstand hier vermutlich während der Wikingerzeit, er wurde 1070 Bischofssitz und im 13. Jh. Hauptstadt. Aus dieser Zeit stammt als einziges erhaltenes Bauwerk die Festung Akershus. Mit dem Ende der norwegischen Unabhängigkeit wurde die Stadtentwicklung unterbrochen. Die Pest hatte zuvor stark unter der Bevölkerung gewütet, politische und wirtschaftliche Macht lagen ab dem 15. Jh. vor allem in dänischen Händen. Große Brände zerstörten die Siedlung mehrfach, 1624 so stark, daß sie vollständig neu geplant und aufgebaut wurde – der dänische König Christian IV. benannte sie bei dieser Gelegenheit in Kristiania um. Handel, vor allem mit dem Holz aus dem waldreichen Hinterland, seit der Industrialisierung Textilproduktion und Metallverarbeitung, zogen in der Folgezeit Arbeitskräfte an. Erst im 19. und 20. Jh. entstand das heutige Stadtbild, das sich besonders im letzten Jahrzehnt großstädtisch verändert hat.

Vom Bahnhof zieht sich schnurgerade die berühmteste Straße Karl Johannsgate bis zum Schloß. In bester Citylage reihen sich die Geschäfte aneinander, dazwischen die arkadengesäumten Basarhallen, dahinter etwas unscheinbar die Domkirche von 1697. Wo die Fußgängerzone sich zur breiten Prachtstraße weitet, hat links das Parlament Storting seinen Sitz. Vor dem monumentalen Bau von 1866 beginnt der Grünstreifen Eidsvollpark/Studenterlunden, der sich bis zum Nationaltheater an der Prachtstraße entlangzieht. Kleinkünstler, Imbißverkäufer und Straßenhändler versuchen die zahlreichen Passanten anzulocken. Rechts erheben sich die Fassaden herrschaftlicher Gründerzeitgebäude, darunter das Grand Hotel, dessen Café sich rühmt, Ibsen als Stammgast gehabt zu haben. Die Universität schließt sich mit einem klassizistischen Gebäude von 1854 an, dahinter liegt an der Universitätsgate die Nationalgalerie, die bedeutendste Sammlung norwegischer Malerei. Die Hauptstraße endet vor dem Schloß von 1848, das eher durch seine Lage in herrlichen Parkanlagen als durch baulichen Prunk auffällt. Die Roald Amundsengate führt am Kuppelbau des Nationaltheaters vorbei zum Rathaus, einem klotzigen, doppeltürmigen Klinkergebäude in funktionalistischem Stil. Die obere Halle, von der wasserabgewandten Seite zugänglich, ist mit riesigen Wandfresken zur norwegischen Geschichte ausgemalt. Das 1950 fertiggestellte Rathaus grenzt an das mittlerweile verkehrsberuhigte Ufer der Hafenbucht Pipervika, an der Ausflugsboote dümpeln und die Fähre nach Bygdøy ablegt. Rechts erhebt sich hinter dem alten Westbahnhof, heute Sitz der Touristeninformation, auf einem ehemaligen Werftgelände der postmoderne Konsumtempel Akerbrygge über dem belebten Kai. Links grenzt die alte Festung Akershus an die Pipervika. Die mittelalterliche Burg wurde um 1700 im Renaissancestil umgebaut. Das dort untergebrachte Hjemmefrontmuseum dokumentiert den Widerstand gegen die deutsche Besetzung im Zweiten Weltkrieg.

Das Rathaus von Oslo

Vom Rathausanleger gelangt man per Fähre nach Bygdøy, Oslos Museumsinsel, wo man im Fram-Museum die Expeditionen Nansens, im Kon-Tiki-Museum die von Thor Heyerdal, im Vikingeskibmuseum die der Wikingerschiffe und im Sjøfartsmuseum die Geschichte der Seefahrt allgemein nachvollziehen kann. Das Norsk Folkemuseum ergänzt das maritime Programm um eine Sammlung zur Bau- und Wohnkultur auf dem Festland. Über 150 Gebäude aus allen Regionen Norwegens wurden in der beeindruckenden Freilichtanlage zusammengetragen.

Mit der Holmenkollbahn T 15 erreicht man die berühmte Sprungschanze, wo eine Ausstellung die Geschichte des Skilaufs dokumentiert. Der Blick über die Stadt am Fjord ist sehenswert. Der Wanderverein OOT hat eine blau markierte Route von hier über Frognerseter, Tryvannsstua, Tryvannstårnet, Voksenkollen und Kragstøtten angelegt, die in drei Stunden Gehzeit durch die Naherholungsgebiete der Oslomarka und zu schönen Aussichtsplätzen führt. Unzählige Wanderwege durchziehen von hier die Marka und werden auf der traditionellen Sonntagstour sommers wie winters von vielen Hauptstädtern genutzt.

feuchte Senke im Tal zu, vor der der Pfad aber nach 1.45 Std. deutlich nach links abbiegt. Man steigt etwas abwärts und gleich wieder rechts herum in eine enge Spalte mit glattgewaschenen Felswänden zur Linken und knapp 10 m hohen Felswänden zur Rechten, die allerdings schon stark zersprungen und entsprechend zerklüftet sind. Die Spalte leitet über in einen Fichtenwald, in dem die Bäume wie mit dem Lineal gezogen kerzengerade gen Himmel streben. An einem kleinen Sumpfstück vorbei erreicht man durch eine neue Schlucht wieder eine Senke, in der ein Pfeil deutlich um einen Tümpel herumführt und eine Richtungsänderung nach Nordost anzeigt. Wie zuvor schon, sind auch jetzt Zeichen der Waldnutzung zu erkennen: Teilweise ist der Pfad mit Überresten von Baumfällaktionen bedeckt. Über Äste und Baumrinden steigend, hält man sich tendenziell etwas mehr links in der breiten, abwärtsführenden Einkerbung, wo immer wieder die blauen Markierungen zu finden sind.

Schließlich ist nach gut 2 Std. unvermittelt ein breiterer **Forstweg** erreicht, der allerdings bereits wieder zuwächst. Auf ihm kommt man links nach wenigen Minuten auf einen deutlich erkennbaren Wirtschaftsweg. Hier sind an einem Baum mehrere Hinweisschilder angebracht. Sie zeigen u. a. zurück zur Ortschaft Berger und zum Høyenåsen sowie nach rechts zum nächsten Ziel der Wanderung, **Auke**. Zu diesem Hof führt der Weg nun bequem immer mehr oder minder stark abwärts. Es geht durch die Schlucht Pina hindurch. Voraus sind bald auch schon der Fjord und zur Linken die steilen Felshänge des Sukkerer Kollen zu sehen. Durch das Hofgelände mit kleinem Stabbur und anschließende Obst- und Getreidefelder gelangt man nach 2.30 Std. schließlich auf die **R 319**. Unmittelbar neben der Einmündung liegt links ein einzelnes Wohngebäude, rechts wird ein Bach unter der Hauptstraße hindurchgeleitet.

Nun muß man leider die Hauptstraße nach rechts benutzen. Da ist es nur ein geringer Trost, daß diese ein Teil des »Kyststi« ist. Der Verkehr hält sich aber in Grenzen. Nach 2.45 Std. verläßt der Küstenwanderweg bei einem großen Gewächshaus die Hauptstraße, verläuft bergaufwärts, um recht mühsam querfeldein durch Wälder und schließlich durch ein Wohngebiet zu führen. Wir schenken uns diesen fast einstündigen Umweg und legen noch einmal ein ähnlich langes Stück wie zuvor auf der Straße zurück. Nach gut 3 Std. erreicht man die **Kreuzung in Sand,** wo bei einem Lebensmittelgeschäft der blau markierte Wanderweg wieder von oben herunterkommt und es links nun tatsächlich zur Küste geht.

Vorbei an Obstplantagen und vereinzelten Wohnhäusern gelangt man zu einem kleinen Wendeplatz, und geradeaus weiter ist gleich darauf die Küste erreicht. An einem von Freizeitbooten gesäumten Steg weisen die Markierungen nach rechts. Ihnen folgt man

an einem Wohnhaus vorbei und um eine sandige Bucht herum. Auf Planken überquert man ein Rinnsal, wandert dann zwischen zwei Privatgrundstücken hindurch, über deren Zufahrtsweg hinweg und auf einem breiten Pfad in ein Waldstück hinein. Ein weiterer Bachlauf wird auf einer Brücke überquert, dann mündet der Pfad in einen anderen ein, dem man nach links folgt. Er führt zum Badeplatz **Ulvika.** Zwischen hohen Felsen hindurch ist die schmale Bucht bald erreicht, die zwischen Felshängen eingeklemmt liegt (3.15 Std.). Am rechten Rand der Steilküste weist ein Schild auf den »Kyststi« hin, der im nun folgenden Abschnitt seinen Namen wirklich verdient. Über blanken Fels und zurechtgelegte Steine führt er problemlos an der unwegsamen Uferzone entlang. Oberhalb liegt die steile, bewaldete Kuppe Bergeråsen, und über den Fjord hinweg blickt man auf eine hügelige Landzunge. Oft bevölkern Segler und andere Freizeitkapitäne mit ihren Fahrzeugen das Wasser. In einer bewaldeten Kerbe ist eine Bank aufgestellt, ein paar Meter weiter ein Rastplatz auf einer Schäre eingerichtet. Man läßt ein letztes Felsstück hinter sich zurück, dann trifft die Route auf die Mole des ehemaligen Schiffsanlegers von Berger (3.30 Std.). Von hier gelangt man auf einem alten Fahrweg am hübschen Badeplatz vorbei in die Bucht, um deren grüne Hänge sich die kleine, ländliche Siedlung zieht. Der Weg passiert eine Schranke, dann einen schmalen Kanal mit zahlreichen Booten und stößt bei der Brücke auf die Kreuzung von Berger- und Bryggeveien. Letzterer bleibt auf dieser Bachseite, und man folgt ihm, bis eine Fußgängerbrücke erreicht ist. Über diese hinweg und hangaufwärts – vorbei an dem kleinen Rastplatz in der idyllischen Bachschlucht –

Bei Berger wird der »Kyststien« seinem Namen gerecht

folgt man dem ehemaligen Fahrweg halbrechts hinauf Richtung Fossekleiva. Oben, gegenüber von der Stelle, an der man auf die Hauptstraße stößt, liegt die Zufahrt zur ehemaligen Fabrik **Fossekleiva,** dem nächsten Ziel der Wanderung. Das sehenswerte Gebäude liegt am Ufer eines Staubeckens (3.45 Std.). In dem Ambiente alter Industriearchitektur haben Kunsthandwerker ein stilvolles Domizil gefunden. Kleine Läden, Café und Kneipe bilden zusammen mit Wohnungen und Werkstätten einen eigenen Lebens- und Arbeitsraum.

Zum Ausgangspunkt der Wanderung zurück ist es nun nicht mehr weit. Um das Staubecken herum und den Fahrweg hinauf erreicht man den Bergerveien nahe der Post, biegt dort nach links in die oberhalb des Ortes vorbeiführende R 319 ein und erreicht jenseits der Brücke über die tief unterhalb gelegene Bachschlucht nach 4 Std. wieder das Café Berger.

## VARIANTE

Vom Gipfel des Høgåsen ist folgende Abkürzung möglich: Man geht zurück bis zur Weggabelung am Fuß der Steilfelsen und wendet sich dort nach links zu einem nur teilweise markierten, aber deutlichen Pfad und folgt ihm. Durch lichten Wald, vorbei an den felsigen Hängen zur Rechten, führt er in eine links in Sicht kommende tiefe Bachkerbe hinunter, dann über den Bach hinweg und mündet in eine alte, teils schon wieder von dichtem Gesträuch überwachsene Forstspur. Diese stößt auf einen breiten Waldweg, dem man nach links folgt, vorbei an den Feldern und Gebäuden von Høyensetra und einem rechts abzweigenden Weg, bis die Zufahrtsstraße zum Gehöft erreicht ist. Auf dieser Straße nach halbrechts wandernd, erreicht man die Reichsstraße 319 an der Kreuzung in Sand, wo unsere Wanderung dem »Küstensteig« zu folgen beginnt (45 Min.).

## AM WEGE

Der kleine Ort **Berger** verdankt seine Existenz dem Zufall: 1879 machte ein Industrieller auf der Suche nach Anlagemöglichkeiten just in dem Moment hier auf der Durchreise Station, als der Hof Berger Gård zum Verkauf stand. Das Gebiet bot für damalige Verhältnisse günstige Bedingungen für die Textilproduktion: Fluß und Wasserfall konnten die nötige Antriebsenergie liefern, genutzt in großen Turbinen, für deren Speisung die Staubecken im Hinterland angelegt wurden. Die zentrale Lage am Oslofjord war günstig für den Transport der Waren; der Anleger bei Berger Gård, an dem der »Kyststi« vorbeiführt, wurde, ebenso wie die ersten Fahrwege, eigens für die Fabrikanlage gebaut. Turnusmäßig lief das Dampfschiff Juno den Ort an, nachdem um 1880 eine aus zwei Fabriken bestehende Textilindustrieanlage errichtet worden war. Während in der Berger Fabrikker unten im Flußtal nach wie vor Wollstoffe produziert werden, wurde die oberhalb gebaute Anlage Fossekleiva in den 60er Jahren geschlossen. Erst Ende der 70er Jahre entdeckte man den für die Industriearchitektur des 19. Jh. typischen Ziegelbau wieder, und in den folgenden Jahren entstand hier ein bedeutendes Kultur- und Kunsthandwerkszentrum. Auch das unweit der Fossekleiva angelegte Arbeitersiedlung aus der Gründerzeit, erkennbar an der einheitlichen Bebauung mit weißen Holzgebäuden, ist erhalten geblieben. In einem der Wohnhäuser, die einst 2–4 Familien beherbergten, soll ein Museum eingerichtet werden.

Auf dem Weg zum Gaustatoppen, Wanderung 30

# Abbildungsnachweis

Alle Abbildungen in diesem Buch stammen von den Autoren Sabine Gorsemann und Christian Kaiser, Bremen.

Kartographie: Berndtson & Berndtson Productions GmbH, Fürstenfeldbruck.

# Wanderinfos von A bis Z

# ANREISE

Wer mit dem eigenen Fahrzeug nach Norwegen reist, kommt in jedem Fall über's Wasser, braucht also eine **Fähre**. Schiffsverbindungen zwischen Mittel- und Nordeuropa werden von verschiedenen Reedereien angeboten, die teils untereinander kooperieren und Kombinationsmöglichkeiten anbieten. Die Preise variieren stark, je nach Fahrzeugtyp, Saison, Wochentag, Uhrzeit und Personenzahl, so daß neben der Frage, welche Route zeitlich und kilometermäßig die sinnvollste ist, noch die Frage nach der kostengünstigsten zu klären bleibt. Je nachdem, welche Region Norwegens man ansteuert, kann die Anreise über Südschweden sinnvoll sein, wo die Landschaftsformen flacher, die Straßen deshalb geradliniger sind. Zur Femund-Region kommt man durch Schweden schneller als durch Norwegen. Wer hingegen die Telemark oder das Sørland ansteuert, sollte von Nordjütland zur norwegischen Südküste übersetzen. Am besten läßt man sich von einem Reisebüro beraten und besorgt sich dort die nötigen Prospekte. Auch der ADAC gibt eine Übersichtskarte mit allen angebotenen Skandinavien-Fährverbindungen heraus. Sehr nützlich ist zudem die vom Fremdenverkehrsamt herausgegebene Broschüre »Verkehrsverbindungen in Norwegen«, siehe unter Auskunft.

**Deutschland – Norwegen:** Die bequemste Verbindung führt direkt von Kiel nach Oslo. Die lange Überfahrt ist entsprechend teuer, aber man erspart sich eine Menge Straßenkilometer. Color Line, Postfach 26 46, 24025 Kiel, ✆ 04 31/97 41 10

**Dänemark – Norwegen:** Dieselbe Gesellschaft läuft von Hirtshals in Nordjütland Oslo und Kristiansand an, letztere Verbindung bietet sich für den Urlaub in Südnorwegen an.

Die Westküstenroute nach Egersund und Bergen wird ab Hanstholm von der Fjord-Line, c/o Karl Geuther GmbH & Co., Martinistr. 58, 28195 Bremen, ✆ 04 21/1 76 03 62, befahren.

Larvik Line hat sich auf die Strecke Frederikshavn – Larvik spezialisiert, Informationen über NSA Norwegische Schiffahrts-Agentur GmbH, Kleine Johannisstr. 10, 20457 Hamburg, ✆ 0 40/37 69 30.

Die schwedische Stena Line, Schwedenkai, 24103 Kiel, ✆ 04 31/90 90, startet ebenfalls im nordjütländischen Frederikshavn und setzt von dort nach Oslo und Moss am Oslofjord über.

**Deutschland – Dänemark:** Warnemünde – Gedser und Puttgarden – Rødby werden von der Vogelfluglinie bedient, dem Fährunternehmen der Deutschen und der Dänischen Bahn, Informationen: Museumstr. 39, 22765 Hamburg, ✆ 0 40/2 58 00.

Weiter geht es dann entweder mit Scandinavian Seaways von Helsingør nach Helsingborg in Südschweden oder von Kopenhagen nach Oslo, Durchbuchung über die Vogelfluglinie oder direkt: Van-der-Smissen-Str. 4, 22767 Hamburg, ✆ 0 40/3 89 03 71.

**Dänemark – Schweden:** Die Stena Line (s. o.) fährt auch von Frederikshavn nach Göteborg, ebenso auf den Strecken Grenå – Varberg bzw. Halmstad, wo auch Lion Ferry, Postboks 150, DK-8500 Grenå, unterwegs ist. Evtl. kommen diese Verbindungen für das Ziel Ostnorwegen in Frage.

**Deutschland – Schweden:** Die östlichste Linie Saßnitz – Trelleborg bedient Hansa Ferry, Postboks 203, S-23 123 Trelleborg. Zwar wird Trelleborg auch von Rostock und Travemünde aus angefahren, aber für das Ziel Norwegen sind diese Verbindungen eher abwegig.

Die **Eisenbahnfähren** verkehren auf der Vogelfluglinie und sind im Ticketpreis für die Verbindung von Hamburg via Kopenhagen und Göteborg nach Oslo enthalten. Eine andere Möglichkeit besteht darin, den Zug nach Frederikshavn oder Hirtshals zu nehmen und von dort auf die Fähre nach Kristiansand umzusteigen, die dann extra zu zahlen ist.

Die **Linienflüge** der SAS verkehren zwischen fast allen größeren Flughäfen Deutschlands über die Drehscheibe Kopenhagen nach Oslo, wo meist erneut umgestiegen werden muß. Direktverbindungen nach Oslo gibt es von Düsseldorf und Hannover mit SAS, von Berlin mit Lufthansa und von Frankfurt/M., Hamburg und München mit beiden Gesellschaften. Wien, Zürich, Amsterdam und Genf stehen ebenfalls auf dem SAS-Flugplan.

Mit dem **Bus** erreicht man Norwegens Hauptstadt von zahlreichen europäischen Städten mit NOR-WAY Bussekspress, die auch die Überlandlinien im Land betreiben. Informationen über: Deutsche Touring GmbH, Adenauerallee 70, ZOB, 20097 Hamburg, ✆ 0 40/24 98 18.

## AUSKUNFT

Das norwegische Fremdenverkehrsamt, Mundsburger Damm 27, 22087 Hamburg, ✆ 0 40/22 71 08 10, ist für die Reisevorbereitung die erste Adresse. Der jährlich erscheinende Norwegenkatalog enthält die Basisinformationen, für bestimmte Regionen und Themen werden Infopakete angeboten. Weiter findet man in dem Heft alle Adressen der regionalen Touristenbüros.

Wichtigste Wanderorganisation ist der DNT, Den Norske Turistforening, Storgata 3, Postboks 7 Sentrum, 0101 Oslo. Der DNT unterhält Routen und Hütten und gibt das Buch »Til fots i fjellet« heraus, das auch in englischer Übersetzung erhältlich ist (»Norwegian mountains on foot«) und in äußerst knapper Form über die Routen infor-

miert. Mitglieder des DNT haben Vorrang in den Wanderhütten und zahlen weniger, zudem bekommt man nur als Mitglied den Standardschlüssel für die Selbstbedienungshütten.

Sowohl für Oslo als auch für ganz Norwegen erhält man Auskünfte bei Norges Informasjonssenter, Vestbaneplassen 1, N-0250 Oslo.

## DIPLOMATISCHE VERTRETUNGEN

Botschaft der Bundesrepublik Deutschland, Oscarsgt. 45, 0258 Oslo, ✆ 22 55 20 10.
Botschaft der Republik Österreich, Thomas Heftyesgt. 19–21, 0244 Oslo, ✆ 22 55 23 48.
Botschaft der Schweiz, Bygdøy Allé 78, 0268 Oslo, ✆ 22 43 05 90.

## EINREISEBESTIMMUNGEN

Außer einem gültigen Personalausweis sind keine Papiere erforderlich, wenn man bis zu drei Monaten bleiben will. Für das eigene oder gemietete Fahrzeug sind nur der Führerschein und Fahrzeugschein nötig.

Reisende ab 20 Jahren dürfen je einen Liter Wein und Spirituosen unverzollt einführen, weitere 4 Liter können verzollt werden. Raucher dürfen 200 Zigaretten oder 250 g Tabak einführen. Rohes Fleisch, Eier und Kartoffeln dürfen nicht mitgebracht werden.

## ESSEN UND TRINKEN

Selbstversorger müssen sich in den Lebensmittelgeschäften sicherlich an das hohe Preisniveau gewöhnen. Besonders einheimisches Gemüse und Obst, aber auch Fleisch und Wurstwaren haben saftige Preise, von alkoholischen Getränken, die außer Bier nur in den staatlichen Alkoholläden des *Vin-monopolet* zu erstehen sind, gar nicht zu reden.

Doch sind die noch nicht EU-genormten landwirtschaftlichen Produkte auch von sehr guter Qualität. Milch und Milchprodukte stehen bei den norwegischen Konsumenten hoch im Kurs, besonders *H-melk* (Vollmilch) und *Kulturmelk* (Dickmilch). Bei uns bekannte Käsesorten sind *Ridderost* oder *Jarlsberg. D*er beliebte bräunliche *Gudbrandsdalsost,* ein leicht nach Karamel schmeckender Molkenkäse, wird mit dem Käsehobel in hauchdünne Scheiben geschnitten. Er wird teils aus Ziegenmilch hergestellt und heißt dann *Geitost. Gammelost,* was soviel wie alter Käse bedeutet, ist krümelig und scharf, sowohl im Geschmack und Geruch gewöhnungsbedürftig. Wer selbst kocht, sollte sich nach Fisch umsehen, der fast überall im Land tiefgekühlt angeboten wird. Oft bekommt man Lachsforellen *(ørret)* günstig, auch Krabben *(reker)* sind erschwinglich. Die norwegische Dosenfischvariante *Fiskeboller* ist einen Versuch wert, traditionell werden die weißen Fischklößchen mit einer hellen Soße und Kartoffeln kombiniert. Es gibt zahlreiche Brotsorten, sie ähneln sich jedoch alle sehr stark. Meistens wird Weißbrot mit Weizenschrot, Kleie oder verschiedenen Körnern versetzt.

Die norwegische Küche ist bodenständig und schnörkellos. Häufig werden in Cafeterien gute Fischgerichte angeboten, oft auch Hausmannskost neben internationalen Allerweltsgerichten. Lamm und Wild stehen in besseren Restaurants nicht selten auf der Karte. Vielfach werden die Speisen als üppiges Büffet präsentiert, ob zur morgendlichen *Frokost* auf bewirtschafteten Wanderhütten, mittags zum *Lunsj* in einem Innenstadtlokal oder abends zum *Middag* in einem stilvollen Hoyfjellshotel (Hochgebirgshotel).

## FEIERTAGE UND FESTE

Außer den auch bei uns üblichen Feiertagen sind der Nationalfeiertag (17. Juni) und der Mittsommertag (23. Juni) die wichtigsten in Norwegen. Regionale Feste gibt es in großer Zahl; sie sind den örtlichen Veranstaltungskalendern der Touristeninformation zu entnehmen.

## GELD

Ausländische Währungen dürfen ebenso wie Reiseschecks und Norwegische Kronen unbegrenzt eingeführt werden, Banken akzeptieren Euroschecks und Kreditkarten (hohe Gebühren) ebenso wie viele Geschäfte. Bei Postämtern kann man günstig Geld von seinem Postsparbuch abheben. Mit seiner EC-Karte erhält man noch nicht an allen Geldautomaten Bares.

## GESUNDHEIT

Das Formular E 111 der deutschen Krankenkassen gilt auch beim Arztbesuch in Norwegen, Differenzen bei den Gebühren werden allerdings nicht erstattet, so daß sich eine zusätzliche Reisekrankenversicherung auch weiterhin empfiehlt. Regelmäßig benötigte Medikamente sollten mitgebracht werden, da nur wenige Arzneimittel rezeptfrei erhältlich sind. Da nützt es dann nicht viel, daß die Apotheken gut sortiert sind. Die nächste Arztpraxis ermittelt man über das Telefonbuch, wo auf der zweiten Seite unter *legevakten* der Notdienst aufgeführt ist.

## KARTEN

Ohne detaillierte Wegbeschreibungen, wie sie in diesem Buch vorgestellt werden, sollte man nur mit Wanderkarten losgehen. Die topographische Serie des Staatens Kartverk (1 : 50 000) ist für das ganze Land erhältlich, außerdem wurden für die beliebtesten Wandergebiete verschiedene Sonderkarten herausgegeben, teils im Maßstab 1 : 80 000 oder 1 : 100 000. Viele Wanderrouten verzeichnen auch die Autokarten Cappelens Kart 1 : 325 000, in Deutschland vom Verlag Kümmerly & Frey vertrieben, sie geben aber natürlich nur einen groben Überblick und ermöglichen ansonsten die Anreise zum Wandergebiet. Karten, ein Gesamtkatalog und weitere Informationen sind beim Nordis Buch- und Landkartenhandel, Postfach 10 03 43, 40767 Monheim, ✆ 0 21 73/5 66 65 zu bekommen, ebenso beim Nordland-Versand, Postfach 5, 49585 Neuenkirchen, ✆ 0 54 65/4 76 oder direkt in Norwegen: NORTRA-BOOKS, P. O. Box 2893 Solli, Drammensvei 40, 0230 Oslo.

## KINDER

Oft trifft man auf Wanderungen norwegische Familien mit Kindern jeden Alters. Die Kleinsten thronen auf dem elterlichen Rücken, für die größeren gibt es entlang der Wanderrouten oft unzählige Entdeckungen zu machen, so daß eine Zweistundentour sich auch über den ganzen Tag erstrecken kann. Natürlich sollte man mit den einfacheren Wanderungen beginnen – in der Beschreibung auch ›familienfreundlich‹ genannt –, aber welche Touren für Kinder welchen Alters machbar sind, ist nicht allgemeingültig festzulegen.

## NOTRUFE

Feuerwehr ✆ 110
Polizei ✆ 112
Krankenwagen ✆ 113
Pannenhilfe ✆ 22 34 16 00

## ÖFFNUNGSZEITEN

Geschäfte haben unterschiedlich lange geöffnet, viele Supermärkte wochentags bis 20 Uhr oder länger. Banken öffnen zwischen 8 und 8.30 und schließen um 15.30, Do um 17 Uhr, Postämter sind bis 16 Uhr geöffnet, Sa bis 13 Uhr. Das *Vinmonopol* ist werktags mindestens zwischen 10 und 16 Uhr, Sa von 9 bis 13 Uhr zugänglich.

## POST UND TELEFON

Der Postversand wird seit kurzem nach A- und B-Beförderung getrennt, wobei A mehr kostet und schneller geht. Ein entsprechender Aufkleber muß auf den Brief oder die Karte geklebt werden. Briefmarken verkaufen auch zahlreiche Kioske, ebenso wie Telefonkarten.

Telefonieren innerhalb Norwegens ist ohne Ortsvorwahl möglich, es gibt nur die achtstellige Rufnummer. Ins Ausland wählt man 00, nach Deutschland dann 49, nach Österreich 43 und in die Schweiz 41, weiter ohne die Null der Ortsvorwahl. Von Deutschland nach Norwegen wählt man 00 47.

## REISEN IN NORWEGEN

Mit dem eigenen Fahrzeug sind in Norwegen nur einige **Verkehrsbestimmungen** zu berücksichtigen: Abblendlicht muß zu jeder Tageszeit eingeschaltet sein, die Promillegrenze liegt bei 0,5. Wohnanhänger dürfen bis 2,30 m breit und die Gespanne maximal 18,50 m lang sein. Einige Gebirgsstrecken sind für Wohnwagen nicht befahrbar oder werden nur geübten Fahrern empfohlen. Der o. g. Norwegenkatalog gibt darüber Auskunft.

Die **Benzinpreise** sind sehr hoch, egal ob der Wagen Normal = 95 Oktan, Super = 98 Oktan, bleifrei = *blyfri* oder Diesel braucht.

Kostenintensiv sind die auch an einigen aufwendigen Straßenbauten wie Tunnels oder Brücken erhobenen **Mautgebühren** *(bompenge, avgift)*. Auch die Innenstädte von Oslo, Bergen und Trondheim sind nur gegen Gebühr zu befahren, und besonders die vielen kleinen Privatstraßen, die in die Berg- und Wanderregionen führen, kosten in der Regel für das Kfz Eintritt. Das Geld muß dort abgezählt in einem mit dem Autokennzeichen beschrifteten Umschlag deponiert werden, der in einen Briefkasten wandert.

Auch **Fährverbindungen** stellen einen Kostenfaktor beim Herumreisen in Norwegen dar, allerdings ersetzen mehr und mehr Tunnelstrecken die Wege über die Fjorde. Dennoch sind die Fährlinien ein wichtiger Bestandteil des norwegischen Straßennetzes und zugleich eine Attraktion für Reisende.

Wer unterwegs eine **Panne** hat, findet an größeren Straßen in unregelmäßigen Abständen die Nottelefone des NAF, erreicht ansonsten deren Alarmzentrale rund um die Uhr unter ✆ 22 34 16 00. Weitere Informationen sind erhältlich beim NAF, Storgt. 2, N-0105 Oslo oder beim ADAC.

Die **Geschwindigkeitsbegrenzung** von 80 km/h außerhalb von Ortschaften stellt oft keine echte Beschränkung dar, denn gerade wer es nicht gewohnt ist, schmale, kurvenreiche Bergstrecken zu fahren, tut gut daran, deutlich unter dieser Höchstgrenze zu bleiben.

Auch die geplante Fahrstrecke sollte man nicht zu hoch ansetzen, 300 km sind als Tagesetappe nicht wenig. Zwar sind die **Entfernungen** auf Straßenschildern in Kilometern angegeben, doch ist die norwegische Meile *(mil)*, die 10 Kilometern entspricht, nicht ungebräuchlich, und nicht selten werden Touristen mit dieser Angabe verwirrt.

Mit **öffentlichen Verkehrsmitteln** zu reisen und dazu noch zu wandern, erfordert einige Planung. Die Broschüre »Verkehrsverbindungen in Norwegen« des norwegischen Fremdenverkehrsamtes ist ein Muß, wenn man sich ohne eigenen fahrbaren Untersatz durch's Land bewegen will. Zu empfehlen ist in diesem Fall, sich wenige Regionen ›gründlicher‹ ansehen, um nicht zuviel Zeit an Bushaltestellen zuzubringen.

**Busse** verkehren im ganzen Land: die Überlandlinien von NOR-WAY Bussekspress und die Lokalrouten verschiedener regionaler Gesellschaften. Die wichtigsten Verbindungen sind in dem o. g. Prospekt aufgeführt, detaillierte Fahrpläne vergeben die Touristeninformationen der Region. Ein vollständiges Kursbuch ihrer Linien gibt NOR-WAY Bussekspress heraus. Die Gesellschaft bietet auch einen Buspaß an, der unbegrenztes Fahren für eine oder zwei Wochen ermöglicht.

Auch für das allerdings sehr weitmaschige **Eisenbahnnetz** wird ein Zeitticket angeboten, mit diesem Scan-Rail-Paß kann man drei bzw. vier Wochen unbegrenzt Zugfahren, es lassen sich wahlweise auch fünf bzw. zehn Fahrtage in zwei oder drei Urlaubswochen auswählen, was den Vorteil hat, an Wandertagen keine kostbare bezahlte Fahrzeit verfallen zu lassen. Der ScanRail-Paß gilt in ganz Skandinavien und ist an jedem größeren deutschen Bahnhof erhältlich. Informationen über: Reisebüro Norden, Ost-West-Str. 70, 20457 Hamburg, ✆ 0 40/3 60 01 50.

Auf dem sehr dichten **Inlandsflugnetz** verkehren u. a. die Maschinen von SAS (Büros in allen größeren deutschen Flughäfen) und Braathens SAFE, P.O. Box 55, N 1330 Oslo Lufthavn, die Flugpläne sind in der o. g. Broschüre »Verkehrsverbindungen in Norwegen« aufgeführt. Beide Gesellschaften bieten Nicht-Skandinaviern einen Air Pass, auch Widerøe Flyveselskap, Postboks 131, N-1324 Lysaker, bietet Ermäßigungen an, die je nach Reiseroute interessant sein können.

## REISEZEIT UND WANDER-SAISON

Die Hauptreisezeit ist in Norwegen zwischen Mitte Juni und Mitte August. Dann sind alle Straßen und Pässe offen und es ist bis in die Nacht hinein hell. Zum Wandern eignet sich diese Zeit natürlich auch besonders gut, vor allem in den höheren Lagen machen davor die Schneeverhältnisse noch einige Touren zumindest ohne Skier unmöglich. Hingegen läßt sich die Wanderzeit gut über diese Hauptsaison hinaus verlängern, denn bis Mitte September bleiben auch die Gipfelregionen meist noch schneefrei, und in mittleren Lagen setzt die herbstliche Laubfärbung bunte Akzente im Fjell. Ende September neigt sich dann die Freiluftsaison ihrem Ende zu, meist läßt das Wetter ab Oktober keine größeren Wanderungen mehr zu, und für Skitouren fehlt auch noch die nötige Unterlage. Weihnachten ist sie dann in der Regel vorhanden, doch sind die Temperaturen nicht selten extrem, und Wetterumstürze machen zumindest lange Ausflüge in die Wildnis riskant. Ab Februar setzt dann die Skisaison ein und dauert bis Ende April, vielerorts bis Mai an. Besonders während einer schulfreien Woche Ende Februar und in der Osterzeit herrscht auf allen Loipen und Skirouten Hochbetrieb, sind alle Unterkünfte gut belegt und auch die Wanderhütten geöffnet. Während in den Hochlagen noch Winter herrscht, setzt im Mai an den Küsten und in den geschützten Tieflagen das Frühjahr ein, und wer sich an diese Regionen halt, hat den Vorteil, daß die Regenwahrscheinlichkeit im Mai und Juni am geringsten ist.

## SPRACHE UND VERSTÄNDIGUNG

Mit Englisch kommt man fast überall in Norwegen zurecht, zudem wird Deutsch in der Fremdenverkehrsbranche auch oft verstanden und gesprochen. Im Norwegischen gibt es zwei Sprachen, das dem Dänischen sehr ähnliche Bokmål und das ›wiederentdeckte‹ ältere Nynorsk, das aus den stärker altnordisch gebliebenen ländlichen Dialekten entwickelt wurde. Geschrieben wird meist Bokmål, das gut 80% der Bevölkerung benutzen, doch findet man gerade bei Orts- und Flurnamen häufig verschiedene Versionen auch in offiziellen Karten und Veröffentlichungen: Österbö und Øvstebø bezeichnen denselben Ort.

## UNTERKUNFT

Infopakete des norwegischen Fremdenverkehrsamtes sind für verschiedene Unterkunftsarten erhältlich und bieten eine gute Übersicht.

Vollkommen kostenlos übernachtet, wer sein Zelt irgendwo abseits von Zivilisation in der Natur aufstellt, was das Jedermannrecht (s. S. 21 f.) erlaubt. Auch mit Campingfahrzeugen kann man sich in abgelegenen Winkeln des Landes autark machen und ›wild‹ auf irgendeinem einsamen Parkplatz übernachten. Es wird allerdings nicht gern gesehen und mittlerweile in vielen Bezirken untersagt.

Eine Alternative sind die unzähligen **Campingplätze,** deren Preisniveau vergleichsweise moderat ist. Der Norsk Camping Guide, über das Fremdenverkehrsamt zu beziehen, listet nur einen Teil auf. Die Ausstattung ist verschieden, Sterne haben nur einen begrenzten Aussagewert, denn wer interessiert sich schon für ein Bügelzimmer, wenn die Aussicht stimmt. Auf Campingplätzen werden meist auch *hytter* angeboten, kleine Holzhütten mit spartanischer Einrichtung, meistens ein Raum mit Etagenbetten und Küchenecke. Man benutzt die Sanitäranlagen des Platzes mit. Bei Regenwetter sind die preiswerten Campinghütten, die man nicht vorbuchen kann, schnell belegt.

Die Übergänge zu den besser ausgestatteten, ebenfalls *hytter* genannten **Ferienhäusern** sind fließend. Solche z. T. wintertauglichen und komplett ausgestatteten Häuser und Anlagen gibt es natürlich auch unabhängig von Zeltplätzen, sie können über mehrere Anbieter auch vor der Reise (dann allerdings wochenweise) gemietet werden. Informationen: Norsk Hytteferie, Boks 3404 Bjølsen, 0406 Oslo und Fjordhytter, Lille Markevei 13, N-5005 Bergen (Anbieter für Westnorwegen).

*Hytte, Rom* (Zimmer) oder *Overnatting* (Übernachtung) wird auf dem Land auch von Privatleuten angeboten, auf Bauernhöfen oder im privaten Wohnhaus. Schilder an den Straßen weisen auf diese meist preiswerte Art zu übernachten hin, ansehen lohnt sich, das Angebot ist recht unterschiedlich.

Auch **Jugendherbergen** (*Vandrerhjem)* sind als Unterkünfte zu empfehlen, zumal sie keine Altersbegrenzung kennen. Nur werden Reisende ohne eigenes Fahrzeug bei knapper Bettenzahl bevorzugt behandelt. Mit Jugendherbergsausweis wohnt man billiger, meist bieten die Häuser kleinere Mehrbettzimmer für Familien an. Eine Voranmeldung ist in der Saison ratsam. Informationen: Norske Vandrerhjem, Dronningensgate 26, N-0154 Oslo.

Für Wanderer unterhalten der DNT (s. S. 236) und seine Regionalgruppen Unterkünfte an den markierten Wanderrouten fast im ganzen Land. Die einfachsten sind leer und meist offen, heißen *ubetjente hytter* und liegen eher abseits der vielbegangenen Routen. *Selvbetjente hytter* haben wie die unbedienten keinen Hüttenwart, sind aber mit Proviant ausgerüstet und mit einem Standardschlüssel des DNT zugänglich. Für beide Unterkunftsarten gilt: Nach Ankunft ins Hüttenbuch eintragen und für die Übernachtung bezahlen, eine Preisliste informiert darüber, was die vorhandenen Lebensmittel und Brennstoffvorräte kosten. Die meisten **Wanderhütten** im südlichen Norwegen gehören zu dieser Kategorie. Teils auch auf Straßen erreichbar sind *betjente hytter,* oft aus Almhöfen entstandene Wanderhotels, die dann ein ebenso uriges Ambiente wie eine lange Geschichte haben. Sie sind bei norwegischen Wanderern sehr beliebt und bieten zu halbwegs erträglichen Preisen (Ermäßigung für DNT-Mitglieder) eine typische und oft sehr gemütliche Unterkunft, auf Wunsch mit Verpflegung. Auch private Wanderunterkünfte haben sich in den Zentren des Wandertourismus entwickelt und unterscheiden sich nach außen hin kaum von den vom DNT betriebenen.

Auch **Hotels** sind mancherorts recht stilvoll, besonders dort, wo schon um 1900 begüterte Touristen vor allem aus England Norwegens Berg- und Fjordwelt entdeckt hatten. So sind die herrschaftlichen Unterkünfte in Balestrand, Dalen oder Øye schon zu eigenständigen Sehenswürdigkeiten aufgestiegen. Hotels sind die teuerste Übernachtungsart, doch werden verschiedene Rabattsysteme angeboten, über die das Infopaket des Fremdenverkehrsamtes informiert. Da der Begriff *Hotell* in Norwegen gesetzlich geschützt und an einen hohen Standard der Häuser gebunden ist, finden sich daneben etliche Bezeichnungen für einfachere Beherbergungsbetriebe, wie *Pensjonat, Turistheim, Gjestgiveri* oder *Fjellstue.* Meist machen Piktogramme zusätzlich auf die Unterkünfte aufmerksam.

## URLAUBSAKTIVITÄTEN

– **Angeln:** Wer es auf Saibling, Meerforelle, Lachs oder Süßwasserfische abgesehen hat und über 16 Jahre alt ist, muß eine staatliche Angellizenz (ca. 100–200 NOK) erwerben, Formulare liegen in den Postämtern aus. Dazu muß eine Fiskekort für das jeweilige Revier gekauft werden, meist in der Touristinformation oder auf Campingplätzen. Seefischen kann man kostenlos nachstellen. Die mitgebrachte Angelausrüstung muß desinfiziert sein, um Fischkrankheiten zu vermeiden.

– **Baden:** An der Südküste mit ihren flachen Sandbuchten und Felskuppen erreicht das Meerwasser nicht selten sommerliche Höchstwerte nahe 20 °C. Tiefe Fjorde und höhergelegene Seen bleiben dagegen kälter, doch findet man über das ganze Land verteilt schöne und ausgeschilderte Badestellen. FKK ist zwar an belebten Stränden nicht opportun, doch in der Einsamkeit der norwegischen Weite kein Problem.

– **Gletschertouren:** Eine ideale Abrundung des individuellen Wanderprogramms kann eine geführte Tour ins ewige Eis sein. Angeboten werden sie im Sommer täglich am Jostedalsbreen, Hardangerjøkulen und in Jotunheimen.

– **Kanufahren:** Stille Seen und einsame Kanäle bieten sich besonders in der Telemark, in Østfold und der Femundsmarka für beschauliches Wasserwandern an. Kanus gibt es vielerorts zu mieten. Wildwasserstrecken der unterschiedlichsten Schwierigkeitsstufen finden sich im ganzen Land. Informationen bei Norges Padlerforbund, Hauger Skolevei 1, N-1351 Rud, Fax 67 13 33 35.

– **Radfahren:** Die Hauptverkehrsstraßen und besonders Tunnels sind nicht für Radfahrer geeignet, aber abseits gibt es unzählige lohnende Strecken. Flach allerdings geht es selten dahin, so daß ohne Tourenrad oder Mountainbike der Bewegung auf zwei Rädern schnell Grenzen gesetzt sind. Sanft gewellte Regionen finden sich in der Femundsmarka, auf der Hardangervidda (Rallarvegen, vgl. Wanderung 28, S. 169 ff.), entlang der Fjordufer und in Talzügen.

– **Skilaufen:** Auch wenn die Sommerskizentren am Galdhøpiggen und im Strynefjell zahlreiche Skifahrer anlocken, ist das doch nur ein blasser Abglanz des winterlichen Skiangebots, das sich über das Land verteilt. Die unendlichen Weiten des Fjell bieten gepflockte Skiwanderrouten und präparierte Abfahrten fast überall. Zahlreiche Wanderrouten sind vom DNT sommers wie winters markiert, die Hütten um die Osterzeit für die Skiwanderer geöffnet. Norwegen ist ein El Dorado für Langläufer und hat auch Abfahrern mit seinen in den letzten Jahren ausgebauten, wenig überlaufenen Alpinanlagen viel zu bieten. Ein Winterprospekt ist beim Norwegischen FVA erhältlich.

– **Tauchen:** Das klare Meerwasser an den norwegischen Küsten bietet gute Sichtverhältnisse, um die zahlreichen Klippen und Schären findet sich nicht nur eine reiche Unterwasserfauna, sondern auch so manches gesunkene Schiffswrack. Tauchbasen sind zahlreich, Informationen beim Norges Dykkerforbund, Hauger Skolevei 1, N-1351 Rud, Fax 67 56 88 00.

## GLOSSAR GEOGRAPHISCHER BEGRIFFE

| Norwegisch | Deutsch |
|---|---|
| å | Bach |
| botn | Talschluß, Fjordende |
| bre, fonn, jøkul | Gletscher |
| dal | Tal |
| eid | Landenge |
| elv | Fluß |
| fjell | Berg, Gebirge |
| foss | Wasserfall |
| gård | Bauernhof |
| hav, sjø | Meer |
| haug | Hügel |
| myr | Moor |
| øy | Insel |
| seter, støl | Alm |
| skog | Wald |
| tind, topp, pigg | Berggipfel |
| tjern, vatn | Binnensee |
| vidde, heie | Hochfläche |
| vik | Bucht |

# Register